**La sfida del trasferimento tecnologico:
le Università italiane si raccontano**

Sxi – Springer per l'Innovazione

Sxi – Springer for Innovation

Mattia Bianchi • Andrea Piccaluga
(*a cura di*)

La sfida del trasferimento tecnologico: le Università italiane si raccontano

Mattia Bianchi
Department of Management and
Organization
Stockholm School of Economics
Stoccolma, Svezia

Andrea Piccaluga
Istituto di Management
Scuola Superiore Sant'Anna
Pisa, Italia

Sxi – Springer per l'Innovazione / Sxi – Springer for Innovation
ISSN: 2239-2688   e-ISSN: 2239-2696

ISBN 978-88-470-1976-8   ISBN 978-88-470-1977-5 (eBook)
DOI 10.1007/978-88-470-1977-5

Springer Milan Heidelberg New York Dordrecht London
© Springer-Verlag Italia 2012

Quest'opera è protetta dalla legge sul diritto d'autore e la sua riproduzione anche parziale è ammessa esclusivamente nei limiti della stessa. Tutti i diritti, in particolare i diritti di traduzione, ristampa, riutilizzo di illustrazioni, recitazione, trasmissione radiotelevisiva, riproduzione su microfilm o altri supporti, inclusione in database o software, adattamento elettronico, o con altri mezzi oggi conosciuti o sviluppati in futuro, rimangono riservati. Sono esclusi brevi stralci utilizzati a fini didattici e materiale fornito ad uso esclusivo dell'acquirente dell'opera per utilizzazione su computer. I permessi di riproduzione devono essere autorizzati da Springer e possono essere richiesti attraverso RightsLink (Copyright Clearance Center). La violazione delle norme comporta le sanzioni previste dalla legge. Le fotocopie per uso personale possono essere effettuate nei limiti del 15% di ciascun volume dietro pagamento alla SIAE del compenso previsto dalla legge, mentre quelle per finalità di carattere professionale, economico o commerciale possono essere effettuate a seguito di specifica autorizzazione rilasciata da CLEARedi, Centro Licenze e Autorizzazioni per le Riproduzioni Editoriali, e-mail autorizzazioni@clearedi.org e sito web www.clearedi.org.

L'utilizzo in questa pubblicazione di denominazioni generiche, nomi commerciali, marchi registrati, ecc., anche se non specificatamente identificati, non implica che tali denominazioni o marchi non siano protetti dalle relative leggi e regolamenti.

Le informazioni contenute nel libro sono da ritenersi veritiere ed esatte al momento della pubblicazione; tuttavia, gli autori, i curatori e l'editore declinano ogni responsabilità legale per qualsiasi involontario errore od omissione. L'editore non può quindi fornire alcuna garanzia circa i contenuti dell'opera.

9 8 7 6 5 4 3 2 1

Layout copertina: Beatrice ꓧ, Milano

Impaginazione: PTP-Berlin, Protago $\TeX$-Production GmbH, Germany (www.ptp-berlin.eu)
Stampa: Grafiche Porpora, Segrate (MI)

Springer-Verlag Italia S.r.l., Via Decembrio 28, I-20137 Milano
Springer-Verlag fa parte di Springer Science+Business Media (www.springer.com)

Prefazione

"Che cos'è il TTO? Il codice fiscale di Totò?" Questa battuta di un funzionario al vertice della governance universitaria dell'Università di Ferrara nei primi anni 2000 è una parte della storia tratteggiata dal volume *La sfida del trasferimento tecnologico: le Università italiane si raccontano* a cura di Mattia Bianchi e Andrea Piccaluga. Questa storia, la nascita e lo sviluppo delle azioni di trasferimento tecnologico nelle Università italiane, è fortemente connessa alle mutate condizioni culturali, economiche, industriali e sociali del Paese e alla lungimiranza di Rettori e docenti sempre più orientati alla ricaduta e alla valorizzazione istituzionale della ricerca; è anche una storia che ha cambiato in poco più di dieci anni alcuni paradigmi storici del modo di fare Università in Italia.

Ricordo i primi incontri nelle Università dove si iniziava l'attività di brevettazione. Capitava spesso che qualche collega alzasse la mano per intervenire contro "la commercializzazione della ricerca", contro "la proprietà dei risultati". Quei tempi sono passati, quei problemi non ci sono più ed alcuni principi che estendono il ruolo delle Università, più in generale della ricerca pubblica, sono stati stabiliti, condivisi e costituiscono la nuova base su cui si fonda parte della responsabilità sociale di tali istituzioni. Siamo usciti dalla torre di avorio e la ricerca pubblica vuole interpretare, almeno in parte, il ruolo di motore dell'innovazione del Paese trasferendo risultati, progetti e conoscenza alla società, anche al mercato, perché se ne possa ricavare valore.

In questi ultimi dieci anni il trasferimento tecnologico è diventato per molti Atenei la terza missione, a fianco della formazione e della ricerca; i brevetti e gli spin-off della ricerca sono entrati nei criteri di valutazione, costituiscono parte del patrimonio e sono fonte di finanziamento. Sono molte le Università che hanno istituito e finanziano gli uffici di trasferimento tecnologico (TT), o *liaison office*, e la figura del TT manager si sta affermando.

Questo libro offre un quadro di riferimento di questo processo secondo differenti punti di vista.

Il Capitolo 1 analizza i dati che illustrano cosa è stato fatto in questi anni. I dati, in larga misura, provengono dai Rapporti Netval che negli ultimi anni sono diventati il riferimento quantitativo sull'attività delle Università italiane nel campo del trasferimento tecnologico. I dati sono certamente un indicatore che consente di stabilire come evolve il processo e quali siano i problemi e le potenzialità. Sono analizzate le dimensioni degli uffici di trasferimento tecnologico nelle Università, il numero delle invenzioni proposte per la brevettazione, quello dei brevetti effettivamente depositati, estesi all'estero e infine concessi. Si passa quindi ad analizzare la valorizzazione del patrimonio brevettuale che avviene principalmente mediante il contratto di licenza con lo scopo di consentire alle imprese interessate di sviluppare prototipi e successivamente prodotti da portare sul mercato. Le attività di licenza sono le premesse per l'ottenimento di *royalties* che, oltre a premiare gli inventori e finanziare i costi dell'ufficio che gestisce i brevetti, possono essere una fonte di finanziamento per la ricerca. Sono anche analizzate, con un maggior dettaglio, le attività di costituzione e di sviluppo delle società spin-off della ricerca che in questi anni sono state particolarmente studiate dal momento che costituiscono una parte del sistema innovativo delle imprese. Tutti i dati mostrano un intenso aumento positivo degli indicatori, ma anche una forte eterogeneità tra Università. Infatti, i risultati delle 5 Università più efficaci rappresentano circa il 50% del totale rilevato su circa 50 Atenei. Ciò documenta che ci sono ancora larghi margini di miglioramento e che il processo intrapreso deve essere sostenuto per dare piena responsabilità all'autonomia universitaria, almeno in termini di ricaduta benefica della ricerca.

Il Capitolo 2 affronta invece il tema delle persone coinvolte nei processi di TT e la rilevanza del loro ruolo. Nei primi anni si è ritenuto che gli addetti al TT nelle Università potessero essere persone con competenze legali, gestionali o amministrative senza considerare la rilevanza strategica del compito e la necessaria preparazione specifica. Anche su questo fronte è stato fatto molto: sono stati erogati molti corsi sugli strumenti, sulle strategie, sulle esperienze italiane e internazionali, sulla valutazione e sul finanziamento delle azioni di TT. In particolare Netval ha attivato dei percorsi dedicati al personale delle Università con il doppio scopo di formare gli addetti degli uffici di TT e di creare una rete di contatti che consentisse la condivisione, anche operativa, delle pratiche più efficaci e più corrette dal punto di vista strategico. Anche altri hanno attivato corsi di formazione, sia brevi per temi specifici da approfondire, sia più lunghi e completi quali master universitari. La Scuola Superiore Sant'Anna di Pisa, il MIP del Politecnico di Milano insieme alla Sum, ad Area Science Park e a Netval, l'Agenzia per la diffusione delle tecnologie per l'innovazione, l'Università di Bologna, ecc. La formazione ha costituito di fatto una nuova professionalità creando una base di competenze comuni a professionisti provenienti da esperienze e background diversi. Sia ricercatori di discipline scientifiche, sia laureati in giurisprudenza o economia hanno imparato a dialogare e a lavorare insieme in un settore che nessuno sente proprio ma che tutti vogliono condividere. Occorre continuare su questa strada che ha mostrato una straordinaria capacità di coinvolgimento e che sta favorendo lo sviluppo rapido di processi di valorizzazione della ricerca e del ruolo delle Università in Italia. Purtroppo di recente la crisi finanziaria e le difficoltà economiche del Paese hanno portato a tagli nei finanziamenti alle Università da parte del Governo e spesso questo si è ripercosso sulle strutture ancora non completamente consolidate ovvero dove gli addetti non erano ancora nei ruoli a tempo indeterminato. La conseguenza è stata in molti casi la riduzione del personale addetto al TT e, addirittura, la chiusura dell'ufficio di TT. Mattia Bianchi analizza bene il tema e fornisce un quadro chiaro di come lo sviluppo delle azioni di TT debbano necessariamente passare attraverso operatori competenti, ad elevata professionalità e motivati. Personalmente auspico che nel futuro sia riconosciuta questa professionalità a livello europeo e che l'Italia valorizzi questo ruolo che può consentire ai nostri Atenei di assumere un ruolo sociale importante nei confronti dei territori e delle imprese.

Il libro offre quindi una panoramica su alcuni TTO attivi nelle Università italiane. L'idea nuova ed interessante è stata quella di far descrivere i TTO a chi li ha vissuti dall'interno: professori delegati al TT e operatori dei TT. Ciascuno per il proprio TTO ha scritto un capitolo secondo una sequenza di paragrafi uguali per tutti: Come siamo nati, Come siamo cresciuti, Se volessimo essere ricordati per una cosa... Ne sono uscite una serie di storie fra loro spesso molto diverse, storie di persone, di idee, di successi e di insuccessi, ma tutte descritte con l'entusiasmo dell'avventura.

Gli anni Duemila delle Università italiane sono stati anni di difficoltà economiche, anni di continue riforme sul fronte della formazione, sul fronte dei concorsi e su quello degli statuti, sono stati anni di perdita di autorevolezza e di ruolo sociale. Credo però che siano stati anni di grande entusiasmo e soddisfazione per chi ha avuto la fortuna e il coraggio di lanciare la sfida del trasferimento tecnologico e della valorizzazione della ricerca. In dieci anni è cambiato tutto e i risultati ottenuti lanciano una nuova luce sulla ricerca pubblica che spero possa illuminare nuovamente un'istituzione fondamentale per lo sviluppo sociale, economico e democratico del Paese: l'Università.

Riccardo Pietrabissa

Indice

Introduzione
Mattia Bianchi e Andrea Piccaluga 1

Parte I

1 **Il ruolo dei Technology Transfer Office (TTO) nei processi di valorizzazione dei risultati della ricerca pubblica in Italia**
Andrea Piccaluga e Chiara Balderi 7
   1.1 La valorizzazione dei risultati della ricerca pubblica: il dibattito in corso 7
   1.2 Le attività di valorizzazione della ricerca pubblica e la nascita dei TTO nelle Università italiane 9
   1.3 I numeri sul trasferimento tecnologico in Italia 14
   1.4 Prospettive future 23
   Bibliografia 23

2 **Le risorse umane nel trasferimento tecnologico pubblico-privato**
Mattia Bianchi 27
   2.1 Introduzione 27
   2.2 La complessità del trasferimento tecnologico 30
   2.3 Gli individui nel trasferimento tecnologico 33
   2.4 La gestione delle risorse umane nel trasferimento tecnologico 41
   2.5 Conclusioni 44
   Bibliografia 45

Parte II

3 **I primi dieci anni di trasferimento tecnologico al Politecnico di Milano**
Giuseppe Conti e Mattia Bianchi 51
   3.1 Come siamo nati 51
   3.2 Come siamo cresciuti 55
   3.3 Se volessimo essere ricordati per una cosa... 58

4 Il trasferimento tecnologico al Politecnico di Torino. Industrial Liaison Office, Cittadella Politecnica, Innovation Front End: il sostegno all'innovazione come servizio al territorio
Alberto Cuttica 63

- 4.1 Come siamo nati 63
- 4.2 Come siamo cresciuti 65
- 4.3 Se volessimo essere ricordati per una cosa... 69

5 Il trasferimento tecnologico come cultura: l'Ufficio Valorizzazione Ricerche della Scuola Superiore Sant'Anna
Monia Gentile, Alessandra Patrono e Andrea Piccaluga 71

- 5.1 Come siamo nati 71
- 5.2 Come siamo cresciuti 74
- 5.3 Se volessimo essere ricordati per una cosa... 77

6 L'ILO dell'Università degli Studi di Cagliari: Unica Liaison Office
Orsola Macis e Tiziana Mascia 79

- 6.1 Come siamo nati 79
- 6.2 Come siamo cresciuti 81
- 6.3 Se volessimo essere ricordati per una cosa... 83

7 Il TTO dell'Università di Ferrara
Laura Ramaciotti e Sabrina Landini 85

- 7.1 Come siamo nati 85
- 7.2 Come siamo cresciuti 89
- 7.3 Se volessimo essere ricordati per una cosa... 93

8 Università di Milano: UNIMITT si racconta
Alberto Silvani e Dario Casati 97

- 8.1 Come siamo nati 97
- 8.2 Come siamo cresciuti 99
- 8.3 Se volessimo essere ricordati per una cosa... 102

9 I servizi di trasferimento di tecnologia dell'Università di Padova
Andrea Berti 105

- 9.1 Come siamo nati 105
- 9.2 Come siamo cresciuti 108
- 9.3 Se volessimo essere ricordati per una cosa... 111

10 Il TTO dell'Università di Perugia
Loris Nadotti 113
10.1 Come siamo nati 113
10.2 Come siamo cresciuti 116
10.3 Se volessimo essere ricordati per una cosa... 117

11 Il TTO dell'Università "La Sapienza": partenza per la terza missione, destinazione innovazione!
Daniele Riccioni 119
11.1 Come siamo nati 119
11.2 Come siamo cresciuti 121
11.3 Se volessimo essere ricordati per una cosa... 124

12 Università degli Studi di Roma "Tor Vergata": tutte le strade portano a...
Sabrina Corrieri 127
12.1 Come siamo nati 127
12.2 Come siamo cresciuti 129
12.3 Se volessimo essere ricordati per una cosa... 130

13 Dalla rete ILONET all'Ufficio Trasferimento Tecnologico, i servizi di valorizzazione della ricerca nell'Università di Sassari
Giuseppe Demuro e Francesco Meloni 135
13.1 Come siamo nati 135
13.2 Come siamo cresciuti 137
13.3 Se volessimo essere ricordati per una cosa... 140

14 Il Liaison Office dell'Università degli Studi di Siena
Alberto D'Amico 143
14.1 Come siamo nati 143
14.2 Come siamo cresciuti 146
14.3 Se volessimo essere ricordati per una cosa... 148

15 L'ILO dell'Università Politecnica delle Marche
Donato Iacobucci e Alessandro Iacopini 151
15.1 Come siamo nati 151
15.2 Come siamo cresciuti 153
15.3 Se volessimo essere ricordati per una cosa... 156

16 Università di Udine: passione, competenza e reputazione
Manuela Croatto 159
16.1 Come siamo nati 159
16.2 Come siamo cresciuti 160
16.3 Se volessimo essere ricordati per una cosa... 165

17 Il puzzle del Liaison Office dell'Università di Verona
Luca Guarnieri 169
   17.1 Come siamo nati 169
   17.2 Come siamo cresciuti 171
   17.3 Se volessimo essere ricordati per una cosa 173

18 Un'esperienza pilota in Italia: la Rete ILO Puglia
Adriana Agrimi, Paolo D'Addabbo e Stefano Marastoni 177
   18.1 Come siamo nati 177
   18.2 Come siamo cresciuti 179
   18.3 Se volessimo essere ricordati per una cosa 185

19 Conclusioni
Mattia Bianchi e Andrea Piccaluga 187
   19.1 I fattori umani nel trasferimento tecnologico 188
   19.2 I fattori finanziari 191
   19.3 I fattori organizzativi 192

Lista degli autori

Adriana Agrimi. Laureata in Scienze dell'Informazione. È dirigente dell'Ufficio Ricerca Industriale e Innovazione Tecnologica nell'Area Politiche per lo Sviluppo, il Lavoro e l'Innovazione della Regione Puglia. È stata coordinatore tecnico dell'Agenzia Regionale per la Tecnologia e l'Innovazione della Regione Puglia. Ha coordinato l'Innovation Relay Center IRIDE, nodo della rete europea per il trasferimento tecnologico, nel parco scientifico e tecnologico Tecnopolis CSATA Novus Ortus.

Chiara Balderi. Chiara Balderi ha ottenuto il dottorato di ricerca presso l'Istituto di Management della Scuola Superiore Sant'Anna studiando i processi di crescita delle imprese spin-off della ricerca pubblica. Per diversi anni ha svolto un ruolo fondamentale nella stesura del rapporto annuale sul trasferimento tecnologico pubblicato da Netval. Ha inoltre frequentato con successo il Master in Technology and Innovation Management presso lo Spru dell'Università del Sussex a Brighton.

Andrea Berti. Dirigente dell'Università di Padova dal 2001, è responsabile dell'Area Ricerca e Trasferimento di Tecnologia. Membro del Consiglio Direttivo di Netval e di PNI Cube. Esperto di tutela e valorizzazione dei risultati della ricerca pubblica e di business planning di imprese innovative. Direttore dell'incubatore universitario Cube e fondatore della business plan competition Start Cup Veneto. In precedenza si è occupato di relazioni internazionali e di placement all'Università di Padova e, prima ancora, di start-up di banche e di consulenza strategica in McKinsey Italia. Laureato in Statistica Economica, ha conseguito un MBA al Dartmouth College (USA).

Mattia Bianchi. È Assistant Professor of Business Administration alla Stockholm School of Economics (Svezia), dove insegna nei corsi di gestione delle operations e di consulenza aziendale. È inoltre collaboratore di ricerca presso l'Istituto di Management della Scuola Superiore Sant'Anna di Pisa. Nel 2010 ha conseguito il dottorato di ricerca in ingegneria gestionale presso il Politecnico di Milano. È autore di più di 20 pubblicazioni scientifiche sul tema della gestione dell'innovazione tecnologica.

Dario Casati. È Prorettore Vicario dell'Università degli Studi di Milano e ordinario di Economia e gestione dell'innovazione nell'industria agroalimentare. È stato componente del Consiglio Superiore dell'Agricoltura e Foreste, di Comitati tecnici scientifici dell'UE, del Ministero dell'Agricoltura e della Regione Lombardia. La sua attività scientifica riguarda la politica agraria dell'UE, nazionale e regionale, l'economia agroalimentare e di specifici settori. È autore di un elevato numero di pubblicazioni e collabora a giornali di settore e ai principali quotidiani.

Giuseppe Conti. Ingegnere gestionale, è dirigente dell'Area Ricerca e Trasferimento Tecnologico dell'Università di Bologna. È stato fondatore ed in passato Direttore dell'Ufficio di Trasferimento Tecnologico (TTO) del Politecnico di Milano. Ha frequentato il Master in Gestione delle Università e dei Centri di Ricerca Pubblici del MIP-Politecnico. Attualmente è responsabile della formazione Netval ed è stato membro del board di ProTon Europe in rappresentanza dell'Italia.

Sabrina Corrieri. È funzionario tecnico presso l'ufficio Brevetti e Spin Off dell'Università degli studi di Roma "Tor Vergata", PhD candidate in Public Management and Governance. Si occupa da diversi anni di valorizzazione dei risultati della ricerca pubblica e Trasferimento Tecnologico con particolare riguardo alla creazione d'imprese Spin Off e rapporti con l'impresa. Svolge saltuariamente attività di docenza su questi temi e partecipa a commissioni e gruppi di lavoro per la valutazione di progetti imprenditoriali. È componente del gruppo di lavoro dell'Associazione Netval in materia di Formazione. Ha esperienza decennale nell'industria nel settore del controllo strategico.

Manuela Croatto. Laureata in Giurisprudenza, è responsabile Relazioni esterne dell'Università di Udine (già capo dell'Ufficio legale e della Ripartizione Ricerca). Componente del Consiglio direttivo di PNI Cube, l'associazione che promuove le business plan come Start Cup nelle Università italiane e che realizza il Premio Nazionale per l'innovazione, della Commissione di indirizzo e garanzia dello stesso Premio. È stata rieletta vicepresidente di Netval, il network italiano che riunisce oltre cinquanta università ed enti di ricerca impegnati nella valorizzazione della ricerca universitaria e che ha sede a Milano. Relatrice a convegni e seminari è autrice di numerose pubblicazioni sulla qualità dei servizi e sulla valorizzazione della ricerca.

Alberto Cuttica. È responsabile dell'Industrial Liaison Office, nell'Area Supporto alla Ricerca e al Trasferimento Tecnologico del Politecnico di Torino. Dopo la laurea in discipline umanistiche, si è specializzato in studi economico-sociali all'Università di Firenze ed in management universitario e della ricerca alla Business School del Politecnico di Milano. Dopo circa quindici anni di attività nei diversi settori della ricerca, attualmente si occupa della promozione dei rapporti tra Università e impresa. È docente in corsi di formazione e relatore a seminari, in particolare sui temi della complessità delle organizzazioni e della pianificazione dei servizi di supporto alla ricerca.

Paolo D'Addabbo. Economista presso l'Agenzia per la Tecnologia e l'Innovazione della Regione Puglia, si occupa prevalentemente di modelli di valorizzazione della ricerca e start-up innovative. Esperto di trasferimento tecnologico, gestisce la progettazione, l'implementazione e la valutazione di politiche pubbliche per facilitare l'incontro accademia-industria e per sostenere lo sviluppo di idee imprenditoriali basate sui risultati della ricerca e sull'applicazione di nuove tecnologie. Dal 2007 è impegnato nel coordinamento della rete regionale degli Industrial Liaison Office ed è il responsabile della business plan competition Start Cup Puglia.

Alberto D'Amico. Laureato in Scienze Economiche e Bancarie presso l'Università degli Studi di Siena, è responsabile del Liaison Office dell'Ateneo senese presso cui lavora sin dal 1998, anno della sua istituzione. Si occupa della tutela e della gestione della IPR dell'Ateneo, di assistenza a progetti di imprenditorialità accademica (spin-off), di promozione dell'offerta di ricerca dell'Ateneo, di rapporti con le imprese e di progetti di finanziamento per la ricerca industriale. Dal 2009 è direttore del Dipartimento Integrato Interistituzionale presso l'Azienda Ospedaliera Universitaria Senese "S. Maria alle Scotte" e responsabile *ad interim* dell'Ufficio Relazioni Attività Professionalizzanti dell'Università degli Studi di Siena.

Giuseppe Demuro. Laureato in Economia, con specializzazioni in Statistica applicata e Sviluppo locale presso le Università di Firenze e Sassari. È attualmente funzionario dell'Ufficio Trasferimento Tecnologico dell'Università di Sassari e referente per il Progetto regionale INNOVA.RE – Innovazione in Rete. Collabora come cultore della materia ad attività didattica e di ricerca nei corsi di Statistica e Storia Economica presso l'Università di Sassari e ha collaborato con diversi enti pubblici e privati per la gestione e lo sviluppo di progetti di innovazione, pianificazione strategica, cooperazione e marketing.

Monia Gentile. Laureata in Ingegneria Elettronica, è responsabile dell'Ufficio Valorizzazione Ricerche della Scuola Superiore Sant'Anna di Pisa dal 2005. Ha maturato esperienze di gestione della proprietà intellettuale e marketing di prodotti innovativi collaborando con diverse Università italiane ed europee; ha partecipato ed è intervenuta come relatrice a vari convegni, seminari ed iniziative di alta formazione sui temi del licensing, del management dell'innovazione e della gestione delle collaborazioni Università-industria.

Luca Guarnieri. Dal 2004 si occupa delle attività di trasferimento di conoscenze e tecnologie presso l'Università di Verona. Come responsabile del Liaison Office cura gli accordi di collaborazione fra l'Ateneo e le imprese, segue le spin-off e le idee innovative, promuove la valorizzazione e la tutela delle invenzioni universitarie derivanti dai prodotti della ricerca. È referente per Verona del Comitato Organizzatore di Start Cup Veneto e coordina per l'Università di Verona i rapporti con il Comitato Scientifico dell'ufficio di trasferimento di tecnologia di Confindustria Verona.

Donato Iacobucci. È associato di Economia Applicata nell'Università Politecnica delle Marche. È docente di Economia dell'impresa ed Economia dei sistemi industriali presso la Facoltà di Ingegneria. È delegato del Rettore per l'Industrial Liaison Office. I suoi principali interessi di ricerca riguardano l'economia delle piccole e medie imprese, con specifico riferimento alla formazione e alla dinamica evolutiva dei gruppi, e l'imprenditorialità. Di recente si è occupato delle problematiche relative al sostegno dell'imprenditorialità in ambito accademico ed al loro ruolo nell'ambito dei sistemi regionali dell'innovazione.

Alessandro Iacopini. Dottore di Ricerca presso l'Università Politecnica delle Marche, attualmente referente dell'Industrial Liaison Office dell'Università Politecnica delle Marche. Autore di diverse pubblicazioni sul tema dell'innovazione e degli spin-off accademici. In passato ha svolto per diversi anni attività di consulenza e di formazione su business planning, valutazione degli investimenti, analisi di settore, piani strategici e dinamiche industriali. Dal 2001 al 2009 è stato consulente del Centro Studi di Confindustria Marche e coautore di diverse pubblicazioni di natura congiunturale.

Sabrina Landini. È avvocato e responsabile dell'Area Legale e dal gennaio 2009 anche del Liaison office dell'Università degli Studi di Ferrara. Ha conseguito altresì la laurea in Teoria del Diritto e Gestione di Impresa nonché il diploma del Master Universitario di II livello in Management dell'Università e della Ricerca presso il Politecnico di Milano. Attualmente è membro della Commissione Brevetti e Spin Off dell'Ateneo dal 2005 e IP Coordinator in alcuni progetti Europei di Ricerca. È responsabile per l'Ateneo della contrattualistica nell'ambito delle attività del Consorzio Impat.

Orsola Macis. Responsabile di Unica Liaison Office, l'ufficio di trasferimento tecnologico dell'Università di Cagliari. Laureata in Economia e Commercio lavora nell'Ateneo cagliaritano dal 1999 dove ha ricoperto diversi ruoli che le hanno permesso di approfondire le tematiche relative alla valorizzazione della ricerca universitaria. È particolarmente attiva nell'ambito della costruzione delle reti relazionali Università impresa.

Stefano Marastoni. È l'Economista Senior dell'ARTI Puglia (Agenzia Regionale per la Tecnologia e l'Innovazione) in cui ricopre il ruolo di Responsabile dell'Area Politiche per il Trasferimento Tecnologico. Da aprile 2009 è il Coordinatore della Rete ILO Puglia. Vanta un'esperienza ventennale in diverse imprese industriali e studi di consulenza di direzione aziendale. È esperto di Formazione Professionale, ambito in cui ha collaborato con la Regione Toscana. È autore di numerose pubblicazioni in materia di Sviluppo Locale, Territoriale e Industriale e ha redatto, per diversi Enti e Istituti di Studi, Rapporti e Monografie relativi ad analisi strutturali e congiunturali delle economie locali.

Tiziana Mascia. Dottore di ricerca in Discipline giuridiche pubblicistiche, Università di Teramo. Si occupa delle tematiche inerenti al trasferimento tecnologico dal 2008, dapprima per Sardegna Ricerche, come collaboratore della Rete Regionale per l'Innovazione, al momento per la Direzione Ricerca e Territorio dell'Università di Cagliari, come assegnista di ricerca. Ha svolto parte del dottorato presso l'Observatorio de Bioética y Derecho, Università di Bacellona, collaborando con l'équipe multiprofessionale che studia le problematiche legate all'impiego delle biotecnologie. Specializzata in Diritto e organizzazione della funzione parlamentare, ARSSAE, Napoli, ha svolto uno stage presso l'VIII Commissione Permanente, Camera dei Deputati, occupandosi di drafting normativo.

Francesco Meloni. Sassarese, laureato in Economia presso l'Università Cattolica del Sacro Cuore, studente EMBA presso il MIP Politecnico di Milano, è attualmente responsabile dell'Ufficio Trasferimento Tecnologico dell'Università degli Studi di Sassari e referente organizzativo della Start Cup Sardegna e del progetto INNOVA.RE – Innovazione in Rete, per l'Università degli Studi di Sassari, finanziato da POR Sardegna 2007–2013.

Loris Nadotti. Professore Ordinario di Economia degli Intermediari Finanziari presso l'Università degli Studi di Perugia. Abilitato Dottore commercialista ed iscritto all'Albo Ufficiale dei Revisori dei conti. Da novembre 2000 membro della Giunta di Ateneo dell'Università degli Studi di Perugia e delegato per il bilancio, gli spin-off e il trasferimento tecnologico. Docente in numerosi corsi di formazione professionale e post-universitari in materie bancarie e finanziarie. Coordinatore, per delega rettorale dal 2003, del "progetto spin-off" dell'Università degli Studi di Perugia. Presidente da dicembre 2006 della Soc. Cons. a Resp. Limitata I.TRAS.TE., controllata dall'Università degli Studi di Perugia, finanziata con fondi del Ministero dello Sviluppo Economico e deputata alla gestione dell'incubatore di impresa di Ateneo. Membro dal 2009 al 2010 del comitato direttivo dell'Associazione Netval: Nework per la valorizzazione della ricerca universitaria. Segretario Vice-Presidente da novembre 2007 a dicembre 2010 e Presidente in carica dell'Associazione Nazionale tra gli Incubatori Universitari di impresa PNI Cube.

Alessandra Patrono. Svolge attività di ricerca presso l'Istituto di Management della Scuola Superiore Sant'Anna sui settori ad alta tecnologia, con particolare attenzione alle dinamiche di diffusione e consolidamento territoriale, e sul trasferimento tecnologico delle Università. Ha partecipato a diversi progetti di ricerca regionali e nazionali collaborando alla redazione di rapporti di ricerca sull'alta tecnologia in Toscana, sulle performance degli Uffici di Trasferimento Tecnologico degli enti pubblici di ricerca nazionali ed europei, sulle imprese spin-off della ricerca pubblica italiani e sugli incubatori universitari. Dal 2010 collabora con l'Ufficio Valorizzazione Ricerche della Scuola Superiore Sant'Anna.

Andrea Piccaluga. È Professore di Management dell'Innovazione presso l'Istituto di Management della Scuola Superiore Sant'Anna di Pisa, dove è coordinatore del Dottorato in Management e Delegato al trasferimento tecnologico. La sua attività di ricerca riguarda la gestione dei processi innovativi ed in particolare l'organizzazione delle attività di Ricerca e Sviluppo e le dinamiche di trasferimento tecnologico pubblico-privato. Fa parte del Consiglio Direttivo di Netval e di PNI Cube e del board di Proton Europe.

Laura Ramaciotti. È Associato di Economia Applicata presso l'Università degli Studi di Ferrara, di cui è membro della Commissione brevetti e spin-off dal 2004 oltre ad aver ricoperto l'incarico di Delegato del Rettore per il Trasferimento Tecnologico. Fa parte del Consiglio Direttivo di Netval, PNI Cube, Consorzio Impat ed è membro del Consiglio di Territorio Emilia-Romagna di Unicredit. Svolge attività di formazione e ricerca nel campo delle politiche per l'Innovazione, della nuova imprenditorialità high-tech e degli strumenti della valorizzazione della ricerca. Collabora con la Regione Emilia-Romagna in materia di politiche per l'innovazione e con Aster, l'agenzia di trasferimento tecnologico della Regione.

Daniele Riccioni. Laureato in Economia e Commercio presso l'Università "La Sapienza"; responsabile dal 2001, presso la stessa Università, del Settore Trasferimento Tecnologico e Spin Off nell'ambito dell'Ufficio Valorizzazione Ricerca Scientifica e Innovazione. Ha conseguito, nel 2009, il diploma di Master in Imprenditorialità High Tech presso la SIAF, Scuola Internazionale di Alta Formazione di Volterra. Coordina le attività del Gruppo di lavoro sulla valorizzazione del "brand" Sapienza riferita alle collaborazioni di ricerca con enti e società esterne.

Alberto Silvani. È Dirigente di ricerca del CNR sui temi della politica scientifica, del trasferimento tecnologico e della valutazione della ricerca e docente di Management dell'Innovazione. È Direttore del Centro per l'Innovazione e il Trasferimento Tecnologico (UNIMITT) dell'Università di Milano dove è anche Direttore amministrativo. Presiede il Comitato di valutazione della Ricerca della Provincia di Trento e quello della Regione Piemonte. È delegato italiano sui temi regionali e sullo sviluppo delle politiche della ricerca nel Programma Capacità del VII Programma Quadro e al Network europeo di esperti di valutazione della ricerca.

Introduzione

Mattia Bianchi e Andrea Piccaluga

In questo libro vengono presentate sedici storie di Technology Transfer Office (TTO) – anche detti Uffici di Trasferimento Tecnologico (UTT) o Industrial Liaison Office (ILO) – di Università italiane. Le storie rappresentano il cuore del volume e sono precedute da due capitoli che hanno l'obiettivo di definire il contesto operativo dei TTO, fornendo anche interpretazioni di tipo scientifico-teorico, manageriali, evidenze empiriche e, di fatto, i nostri punti di vista su un tema che è oggi al centro di un dibattito piuttosto intenso che coinvolge sia ricercatori che *policy makers*.

Chi si impegna nella scrittura di un libro sostanzialmente ritiene che il risultato finale possa essere di interesse per un buon numero di lettori. Qualcuno in effetti forse scrive per il desiderio e la soddisfazione personale di mettere in forma scritta delle emozioni, delle esperienze o delle idee, senza curarsi di quante persone effettivamente leggeranno quanto scritto. Non è questo il nostro caso. Riteniamo piuttosto che scrivere sui TTO nel modo in cui lo abbiamo fatto possa essere utile – usando un termine forse eccessivamente roboante e spesso abusato – "per il nostro Paese". Ecco di seguito perché.

Una prima motivazione è di tipo scientifico, ma con conseguenze manageriali ed operative. Infatti, con il pieno affermarsi dell'economia della conoscenza e dell'innovazione, il contributo della ricerca pubblica alla competitività degli stati nazionali e delle imprese viene sempre più enfatizzato. Ma esiste un vivace dibattito relativo alle dinamiche, ai processi ed alle regole, attraverso cui la ricerca pubblica dovrebbe produrre, diffondere e trasferire nuova conoscenza scientifica e tecnologica verso l'estero, soprattutto verso il mondo delle applicazioni industriali. Non è obiettivo del presente volume descrivere e trattare dettagliatamente tale dibattito, in merito al quale esiste un'enorme produzione scientifica, ma piuttosto focalizzare l'attenzione su un suo elemento scientifico, e cioè l'esistenza e l'attività dei TTO. Università di tutto il mondo dispongono infatti di propri TTO i quali, nonostante inevitabili caratterizzazioni e differenziazioni nazionali e regionali, hanno una filosofia operativa piuttosto omogenea. A fronte di numerosissimi elementi comuni, possiamo citare, tra le differenze principali, i (pochi) casi di Università che hanno costituito uffici esterni alle proprie istituzioni (spesso sotto forma di vere e proprie imprese, ancorché partecipate dall'Università stessa), il fatto che alcuni TTO puntino più alla massimizzazione dei ricavi piuttosto che alla massimizzazione delle invenzioni trasferite, ed infine la diversa estensione delle attività dei TTO, che in alcuni casi si occupano anche di finanziamenti europei, di contratti di ricerca conto terzi, della gestione di progetti regionale e nazionali, ecc.

Ciò che qui si sottolinea, tuttavia, è che nella letteratura di economia e management dell'innovazione non esiste un pensiero unico in merito all'organizzazione e all'attività di tali uffici. A fronte di chi ritiene che la loro esistenza sia particolarmente utile, altri sostengono che la produttività della ricerca e i processi di valorizzazione dei risultati della ricerca sarebbero superiori in assenza di TTO impegnati a stabilire diritti di proprietà intellettuale sulle invenzioni e a contrattarne i termini di trasferimento con le imprese. È per questo motivo che abbiamo ritenuto utile riproporre i termini del dibattito riguardante i TTO e fornire alcuni approfondimenti in merito alla loro mission e alla loro organizzazione interna.

In Italia si parla molto intensamente di trasferimento tecnologico (TT) da almeno venti anni. Se ne parlava anche prima, ma è solo quando è diventato estremamente evidente che il cosiddetto "miracolo economico italiano" non poteva continuare sulle stesse basi sulle quali era stato costruito, che il TT è diventato un argomento continuamente citato nelle ricette per la futura competitività del sistema economico italiano. Per le piccole e medie imprese non è più così facile esportare facendo leva sui costi del lavoro e sul design? Alle grandi imprese risulta difficile mantenere elevati livelli di produttività? Il livello di innovazione industriale ristagna e gli investimenti in Ricerca & Sviluppo sono scarsi? Le imprese faticano a creare occupazione per i laureati qualificati? Ebbene, i processi di TT dal pubblico al privato emergono come una delle possibili soluzioni. Una delle più importanti e delle più citate. In fin dei conti lo sosteneva anche il famoso *Libro Verde dell'Innovazione* preparato dalla Commissione Europea nel 1995 che il nostro continente poteva crescere impegnandosi di più nel creare "ponti" tra la nostra (buona) ricerca e le nostre (scarse) applicazioni industriali. Da tutto ciò il consolidarsi della convinzione che i risultati della ricerca pubblica possono ed anzi devono dare un contributo alla competitività dei sistemi nazionali. Anche il nostro Paese è stato protagonista di una serie di iniziative e progetti sulla scia di quanto esposto in precedenza, e tra i tanti attori che si sono messi in moto – di cui il presente lavoro non vuole essere né giudice né commentatore – figurano anche le Università.

In effetti, le tanto criticate Università italiane hanno introdotto dei cambiamenti nel loro modo di concepire e gestire le dinamiche di trasferimento tecnologico. Gli impulsi, gli stimoli al cambiamento sono stati spesso diversi tra loro, così come diverse sono state le soluzioni adottate. In alcuni casi è stato il Rettore ad avviare il processo, per convinzione o per effetto imitazione; in altri casi un singolo professore o un dipartimento; in altri ancora all'Università sono arrivati stimoli dall'esterno, come per esempio dalle associazioni di categoria o dai governi regionali. Quasi sempre queste azioni hanno portato alla costituzione di TTO all'interno delle Università. Ma di questi uffici si sa abbastanza poco. Vengono talora citati come esempi positivi, ma in altri casi viene criticata la loro scarsa efficienza o addirittura una loro azione negativa nel rallentare, invece che facilitare, la trasmissione delle invenzioni dall'interno all'esterno degli Enti Pubblici di Ricerca (EPR). Ebbene, attraverso le storie raccolte nel presente volume vorremmo mettere il lettore nelle condizioni di capire meglio l'attività dei TTO e farsi un'idea più informata su di loro.

Un terzo importante motivo riguarda le persone che lavorano nei TTO italiani. Negli ultimi dieci anni abbiamo conosciuto moltissime delle persone che lavorano nelle Università italiane occupandosi di TT. La maggior parte di loro sono molto giovani e moltissime occupano posizioni a tempo determinato. Tuttavia, abbiamo notato in loro un entusiasmo, una voglia di imparare e una voglia di fare, di ottenere risultati, particolarmente sorprendenti.

Si tratta di persone che in molti casi si sono trovate a dover imparare un lavoro per il quale non erano state formate e per il quale di fatto non esisteva neanche un manuale didattico. Persone che spesso hanno fatto esperienza di vicissitudini di vario tipo dal punto di vista organizzativo, poiché l'ufficio in cui lavoravano, dopo la fase di avvio, è magari caduto in una sorta di "limbo", senza chiari obiettivi né riferimenti gerarchici. Persone che si sono trovate a gestire situazioni piuttosto complesse, come la stipula di contratti di licenza o l'avvio di una nuova impresa spin-off e che non si sono tirate indietro, magari citando la propria debole posizione contrattuale per evitare di essere coinvolte, ma che si sono invece assunte le proprie responsabilità, andando ben oltre ciò che l'Università di appartenenza si aspettava da loro.

Di questo gruppo fanno parte anche funzionari e dirigenti con posizioni a tempo indeterminato, che hanno creduto fermamente che l'ambito del TT fosse un'area di attività emergente nella loro istituzione e che hanno investito tempo e cuore per formarsi e per dare vita ad un gruppo di persone competenti, nonostante tutti i vincoli esistenti all'assunzione di nuovo personale. Fanno parte del gruppo anche professori universitari, sebbene in numero un po' più limitato. L'ambito del TT nelle Università richiede una forte interazione tra personale docente e personale amministrativo, ma purtroppo è insufficiente – sebbene in crescita – il numero di docenti universitari che si impegnano a comprendere pienamente e a intervenire nelle dinamiche di TT. Si tratta per lo più dei delegati al trasferimento tecnologico che oggi, in Italia, costituiscono una rete di riferimento piuttosto affidabile, sia per i colleghi interni sia per le imprese e le istituzioni terze, su questi temi.

È quindi anche per descrivere e testimoniare il lavoro quotidiano, nel corso degli anni, di queste persone, che sono stati raccolti i sedici casi. Dalla loro lettura emerge molto chiaramente come la maggior parte dei successi ottenuti dalle Università italiane nel campo del TT dipendano fortemente dall'operato di poche, pochissime persone all'interno di ogni Ateneo.

Ci preme infine rivolgere un sentito ringraziamento a tutti i "TT manager" che abbiamo incontrato in questi anni, soprattutto, ma non solo, in occasione di corsi di formazione e assemblee di Netval, che hanno condiviso con noi le loro esperienze, sia durante i corsi, in aula, che nel corso di pranzi, cene e passeggiate.

Ringraziamo anche Francesca Bonadei, di Springer, che ha creduto al nostro progetto da subito, dopo la prima presentazione, e si è sempre mostrata comprensiva nei confronti dei ritardi e delle distrazioni dei due autori accademici.

Parte I

Il ruolo dei Technology Transfer Office (TTO) nei processi di valorizzazione dei risultati della ricerca pubblica in Italia

1

Andrea Piccaluga e Chiara Balderi

Punti chiave

> La valorizzazione dei risultati della ricerca pubblica: il dibattito in corso
> Le attività di valorizzazione della ricerca pubblica e la nascita dei TTO nelle Università italiane
> I numeri sul trasferimento tecnologico in Italia
> Prospettive future

1.1
La valorizzazione dei risultati della ricerca pubblica: il dibattito in corso

Con il progressivo affermarsi dell'economia basata sulla conoscenza, la competitività dei sistemi nazionali dell'innovazione è sempre più influenzata dalle caratteristiche e dalla performance della ricerca pubblica e dalla capacità del sistema della ricerca di contribuire alla valorizzazione dei propri risultati, facilitando la diffusione della conoscenza scientifica e tecnologica prodotta, gestendo la proprietà intellettuale (PI) e favorendo la nascita e la crescita di imprese ad elevato contenuto tecnologico, oltre che il consolidamento di quelle esistenti. A livello internazionale, già da diversi anni le Università stanno fornendo il loro contributo allo sviluppo economico locale e nazionale mediante l'adozione di specifiche azioni che hanno favorito la nascita di nuove iniziative imprenditoriali e più in generale processi di trasferimento tecnologico più intensi ed efficaci.

Di recente, anche in Italia il dibattito e le azioni concrete su questo tema si sono intensificate. Gli Enti Pubblici di Ricerca (EPR) – tra i quali le Università – hanno iniziato ad assumere un ruolo più dinamico, promuovendo specifiche attività di trasferimento tecnologico (TT) attraverso l'istituzione di appositi uffici (Technology Transfer Office – TTO), specifiche procedure amministrative e gestionali e l'approntamento di adeguate risorse tecniche, umane e finanziarie. Questi interventi si inseriscono nel più ampio insieme dei processi di promozione, gestione, diffusione e valorizzazione dei risultati della ricerca pubblica, che rappresentano nel loro insieme un'attività sicuramente complessa, da tempo caratterizzata da un intenso dibattito che coinvolge sia studiosi che *policy makers*. Questi sono spesso divisi – semplificando un po' i termini della questione – tra i fautori della cosiddetta "Open Science" e coloro che invece si riconoscono maggiormente nel modello della cosiddetta "Università Imprenditoriale". Nell'ambito di tale dibattito, i mutamenti avvenuti negli ultimi anni nel sistema della ricerca scientifica ed in particolare nelle dinamiche di valorizzazione dei suoi risultati sono oggetto di interpretazioni discordanti.

Da un lato, alcuni studiosi [12] sono favorevoli ad una crescente finalizzazione industriale dell'attività di ricerca promossa dagli EPR, ed in generale ad un loro maggiore coinvolgimento con soggetti esterni. Secondo questa visione, la maggiore integrazione tra il mondo della ricerca e il mondo industriale non rappresenta una minaccia per le attività accademiche istituzionali (formazione e ricerca), ma favorisce, al contrario, il trasferimento di conoscenze scientifiche e tecnologiche verso ambiti applicativi, la creazione di nuova occupazione qualificata, nonché un aumento delle risorse finanziarie destinabili alla ricerca universitaria. Le ricadute derivanti da un maggior impegno nella valorizzazione dei risultati della ricerca sarebbero quindi positive sia per gli EPR, che per le imprese utilizzatrici, nonché per le regioni nelle quali gli EPR sono localizzati. Il rischio di un eccessivo orientamento della ricerca pubblica verso obiettivi industriali (spesso di breve e medio termine), sebbene presente, sarebbe più che compensato dall'afflusso di maggiori finanziamenti per la ricerca pubblica (anche di medio e lungo termine) e dalla proficua interazione tra ricerca pubblica e industriale.

Contrariamente a questa visione, altri studiosi [27, 36] sostengono che gli EPR debbano invece focalizzare la loro attività sulla formazione del capitale umano (studenti e ricercatori), nonché sulla creazione di uno stock di conoscenze da rendere liberamente disponibili alle imprese o altri soggetti eventualmente interessati, senza correre il rischio che siano le industrie a fissare le agende di ricerca. Secondo tale impostazione, il fatto che gli EPR pongano maggiore attenzione alla valorizzazione dei risultati delle loro ricerche non solo determina una distrazione di risorse (fisiche e umane) da destinare all'attività di ricerca e una distorsione delle motivazioni dei ricercatori (che potrebbero essere indotti ad orientarsi verso progetti di ricerca meno rischiosi e più produttivi in termini di brevetti con possibili utilizzi industriali), ma soprattutto non garantisce un effettivo aumento del potenziale di innovazione del sistema industriale [16, 27]. Di conseguenza, il sistema della ricerca pubblica dovrebbe occuparsi soprattutto di creare "talenti, e non tecnologie" [14, 36], lasciando che il sistema industriale assorba i risultati della ricerca pubblica attraverso, soprattutto, i canali tradizionali costituiti dalla mobilità dei laureati e dei ricercatori, la disponibilità di letteratura scientifica, le conferenze, ecc.

Nonostante le critiche e le perplessità appena presentate, a partire dagli Stati Uniti e poi in Europa ed anche in Italia, le Università hanno iniziato a promuovere azioni concrete per la valorizzazione del loro patrimonio conoscitivo. La prospettiva della cosiddetta "Università imprenditoriale", più volte indicata dalla Commissione Europea come un punto di riferimento per il futuro, è caratterizzata da intrinseche e in buona parte ineliminabili complicazioni di natura legale e amministrativa, legate prevalentemente alla natura pubblica degli EPR e alla necessità che i risultati prodotti dall'investimento pubblico in ricerca producano il maggior impatto possibile sul mercato e, in generale, sulla società, senza per questo influenzare negativamente le dinamiche di ricerca e condivisione dei saperi nella comunità scientifica, né alterare le dinamiche di mercato, favorendo alcune imprese a scapito di altre [34].

In Italia, i cambiamenti avvenuti a livello istituzionale hanno ulteriormente stimolato e facilitato le azioni promosse singolarmente dalle Università. In particolare, i provvedimenti in materia di diritti di proprietà dei ricercatori universitari, sebbene criticati dalla maggior parte delle Università italiane, hanno avuto almeno il merito di accrescere l'attenzione e stimolare la riflessione sul tema, con la conseguenza che in pochi anni le Università italiane sono uscite dallo "sperimentalismo" della prima ora – quando si trattò di rimediare al mutamento normativo introdotto dalla legge Tremonti-*bis* che di fatto attribuiva le "invenzioni agli inventori" – mettendo a punto e codificando esperienze – sia esistenti che nuove – che più o meno tutte avevano avviato tramite progetti ed azioni di diversa portata, sebbene non del tutto codificate [17].

1.2
Le attività di valorizzazione della ricerca pubblica e la nascita dei TTO nelle Università italiane

Di fatto, le Università italiane hanno iniziato a muoversi nell'ambito dei processi di valorizzazione dei risultati della ricerca in assenza sia di consolidate esperienze pregresse, sia di modelli e impostazioni consolidate e ampiamente condivise [30]. In

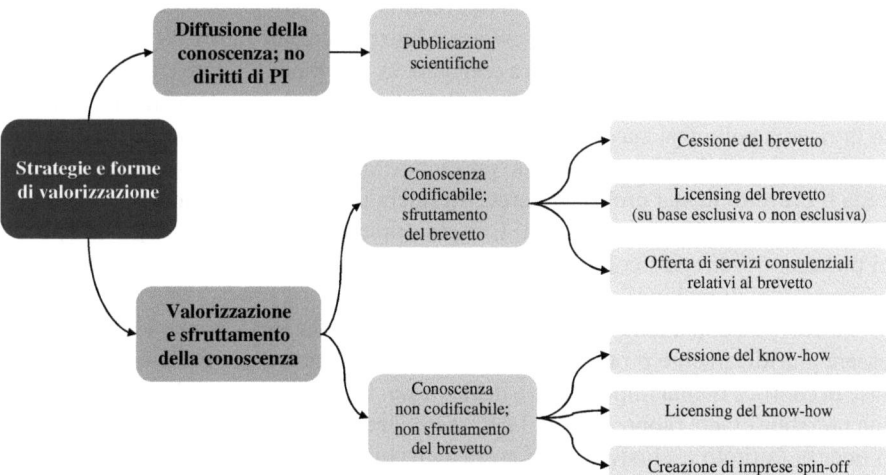

Fig. 1.1 Percorsi possibili per la valorizzazione dei risultati della ricerca pubblica

termini molto generali, considerando i diversi percorsi attraverso cui la valorizzazione dei risultati di ricerca può essere attuata [10], gli EPR si sono mossi all'interno di uno schema quale quello rappresentato nella Figura 1.1, nel quale avevano a disposizione due alternative fondamentali. Da un lato, quella di decidere di diffondere i risultati della ricerca senza alcuna forma di protezione legale; dall'altro, quella di promuovere la valorizzazione dei risultati dopo avere adottato strumenti per la protezione giuridica delle invenzioni ottenute.

Nel primo caso, oltre che attraverso l'attività di formazione universitaria in senso stretto, la conoscenza viene diffusa tramite pubblicazioni e convegni e, conseguentemente, non può più essere brevettata perché divenuta di dominio pubblico. Si tratta del canale tramite il quale gli EPR diffondono la conoscenza che desiderano venga liberamente utilizzata – ancorché senza protezione legale – dal maggior numero possibile di soggetti. Questa modalità è sostanzialmente gradita ai ricercatori che in tal modo "segnalano" con tempestività ed efficacia le proprie competenze ed i risultati ottenuti, sia nell'ambito della loro comunità scientifica di riferimento (anche mediante il *peer review process*), sia nei confronti delle imprese e di altri soggetti esterni potenzialmente interessati. Si tratta inoltre, come noto, dell'output che più frequentemente viene utilizzato per la valutazione di gruppi di ricerca e di intere Università.

Nel secondo caso, si possono presentare due situazioni: la prima è quella in cui l'output della ricerca, l'invenzione, può essere codificato e quindi brevettato; la seconda, quella in cui la conoscenza ha prevalente natura tacita ed è di fatto incorporata (*embedded*) nei ricercatori stessi. Nell'ambito della prima situazione, se viene ottenuto un brevetto, questo può essere ceduto a titolo definitivo. In tal caso, il titolare dismette completamente la proprietà del titolo e della tecnologia da esso protetta. In alternativa, tuttavia, il brevetto può essere concesso in licenza esclusiva o non esclusiva ad un soggetto (per esempio un'impresa) che svilupperà un'applicazione industriale sulla base dell'invenzione e, presumibilmente, corrisponderà all'EPR canoni maturati sui proventi derivanti dalla vendita dei beni realizzati con la tecnologia sotto licenza. Il brevetto può anche essere ceduto o licenziato dall'EPR ad un'impresa spin-off che, a sua volta, può essere collegata in vari modi all'ente stesso. Si ottiene in questo modo un diretto coinvolgimento degli stessi ricercatori che hanno effettuato la ricerca nelle fasi successive di prototipazione, ingegnerizzazione, produzione, marketing e vendita. Tuttavia, si può presentare anche il caso in cui l'Università non ceda il brevetto di sua proprietà perché desidera utilizzarlo direttamente per fornire servizi di ricerca basati su di esso. È il caso tipico di brevetti che coprono specifici processi ovvero particolari strumentazioni utilizzati per svolgere un servizio, per esempio di misurazione, calibratura, ecc.

La seconda situazione riguarda la conoscenza tacita che – come noto – non può essere giuridicamente protetta tramite lo strumento brevettuale perché la necessaria fase di codifica risulta impossibile o difficoltosa. Una via percorribile in tale eventualità potrebbe essere rappresentata dal trasferimento del know-how, mediante cessione o licenza (a titolo esclusivo o non esclusivo). In considerazione della non codificabilità della conoscenza oggetto dell'accordo, il contratto sarebbe inevitabilmente accompagnato da prestazioni di consulenza che presupporrebbero l'interazione e la formazione da parte del personale detentore della conoscenza. In alternativa, i ricercatori potrebbero scegliere di diventare imprenditori, essendo probabilmente i migliori (se non gli unici) conoscitori e interpreti delle nuove conoscenze che essi stessi hanno generato. Quest'ultimo canale determina la formazione di imprese spin-off, che possono a loro volta favorire processi di TT e contribuire a colmare il gap esistente tra il punto in cui termina una ricerca universitaria (e cioè il momento in cui un risultato di ricerca è stato ottenuto e magari pubblicato) e quello in cui normalmente inizia l'interesse da parte delle imprese (e cioè il momento in cui un risultato di ricerca è sufficientemente vicino ad una concreta applicazione industriale, con incertezze tecnologiche e di mercato relativamente limitate). Il gap tra questi due momenti può essere l'ambito di attività delle imprese spin-off, che possiedono sia la cultura della ricerca (per svolgere con talento le relative fasi "a monte"), sia la vocazione dell'impresa in senso stretto (per svolgere con concretezza le fasi più "a valle").

Esistono inoltre una serie di collegamenti orizzontali o trasversali tra i diversi percorsi. Molto spesso, infatti, anche nell'attività di costituzione di imprese spin-off viene formalizzato il trasferimento di know-how anche in mancanza di un vero e proprio contratto di consulenza accessorio. È implicito il trasferimento tecnologico tramite il meccanismo *transfer by head* dal punto di vista contenutistico, mentre è necessario formalizzare l'aspetto contrattuale in relazione ai diversi regolamenti di proprietà intellettuale in vigore nelle istituzioni di appartenenza dei ricercatori.

Di fatto, quindi, sono identificabili tre specifiche attività che possono essere considerate le principali nelle quali un EPR si dovrebbe trovare coinvolto per attuare processi di trasferimento tecnologico [9]. La prima è rappresentata dalle attività di brevettazione e *licensing*, attraverso le quali i diritti di commercializzazione sulla conoscenza e sui risultati di ricerca generati dall'EPR vengono prima prodotti e poi auspicabilmente trasferiti a imprese esistenti, per mezzo della stipula di un contratto. Tali accordi riguardano prevalentemente i diritti su brevetti, marchi o disegni industriali, software sviluppati e posseduti dall'Università. I ricercatori rappresentano attori importanti in questo processo, in quanto sono essi ad avere la paternità dell'invenzione che viene trasferita e possono indicare al TTO contatti industriali finalizzati al reperimento di potenziali licenziatari. Naturalmente, l'EPR può altresì giocare in questa fase un ruolo cruciale nell'identificazione di questi ultimi. Questo è ancora più vero qualora la PI generata dai ricercatori possa essere sfruttata in campi di applicazione che esulino dalla loro naturale disciplina scientifica di appartenenza.

Un secondo meccanismo consiste nel supporto alla creazione di una nuova impresa, una spin-off, che valorizza e commercializza il know-how ed i risultati delle attività di ricerca condotte in ambito accademico. La principale ragione per procedere alla costituzione di una spin-off risiede nella valorizzazione di risultati di ricerca e nello sviluppo industriale di nuovi prodotti basati sulla tecnologia generata nei laboratori di ricerca universitaria. In questo meccanismo, sono i ricercatori-imprenditori a giocare il ruolo principale, anche in considerazione della possibile esistenza di conoscenza cosiddetta *embedded,* spesso caratterizzata da un basso livello di codificabilità. Nel corso degli ultimi anni, i TTO hanno iniziato ad offrire una crescente gamma (sia in termini quantitativi che qualitativi) di servizi di supporto alla creazione di nuove imprese spin-off.

Un terzo meccanismo è dato dalla stipula di *contratti di ricerca* (spesso detti "contratti conto terzi"), tramite i quali viene trasferita conoscenza e/o risultati della ricerca universitaria ad una impresa esistente (o – eventualmente – a gruppi o consorzi industriali), in seguito alla definizione di specifici progetti di ricerca. In questa categoria di attività possiamo anche comprendere tutti i progetti di costituzione di laboratori congiunti o comunque di iniziative complesse che possono comprendere due o più soggetti, nell'ambito dei quali i TTO spesso forniscono importanti contributi di progettazione e di consulenza.

È opportuno sottolineare come questi tre meccanismi di valorizzazione della ricerca pubblica non siano mutualmente esclusivi, rappresentando piuttosto soluzioni spesso complementari. Infatti, se da un lato sia i contratti di ricerca sia gli accordi di licensing mettono i ricercatori in contatto con l'industria; dall'altro, le spin-off accademiche costituiscono sovente il partner industriale per lo svolgimento di attività di ricerca congiunta o per la stipula di licenze e/o opzioni. Tuttavia, ciascuno di questi meccanismi è caratterizzato da diverse conseguenze sul piano economico. I contratti di ricerca e consulenza generano infatti un ritorno finanziario quasi immediato e rappresentano una soluzione praticamente priva di rischio. Spesso siffatti contratti costituiscono una soluzione adottata solo inizialmente, in modo da consentire – in tempi successivi – l'investimento dei relativi ritorni in attività di brevettazione e/o nell'avvio di imprese spin-off. Questi ultimi due meccanismi, infatti, sono in grado di generare ritorni solo nel lungo termine. Il licensing rappresenta un'alternativa più rischiosa rispetto ai contratti di ricerca, poiché la maggior parte delle relative entrate dipende pesantemente da ulteriori sviluppi tecnologici e di mercato. Tuttavia, poiché il licensing viene attuato per lo più con imprese già esistenti, il rischio di mercato ad esso connesso risulta inferiore rispetto a quello affrontato in fase di costituzione di una impresa spin-off.

Ciò che più rileva è che sia le attività di licensing che quelle di supporto alla creazione di imprese spin-off (nonché le attività di brevettazione a monte), che quelle legate alla stipula di contratti di ricerca presentano intrinseche complessità che sono peraltro cresciute negli ultimi anni [6, 10]. Questo per una serie di motivi che peraltro hanno dischiuso anche nuove opportunità di collaborazione tra Università e imprese.

In primo luogo, è aumentato l'interesse nei confronti della valorizzazione della conoscenza scientifica e tecnologica e quindi tutti i soggetti coinvolti sono diventati particolarmente attenti – ed in alcuni casi fin troppo – alle numerose clausole che possono caratterizzare i contratti in questo campo. In secondo luogo, la conoscenza scientifica e tecnologica presenta aspetti di complessità tale che ogni contratto che ne disciplini la gestione non può che risultare piuttosto complicato e tale da necessitare specifiche professionalità.

Peraltro, l'aumento del numero delle interazioni tra EPR e soggetti esterni, in gran parte formalizzate contrattualmente, sebbene determini un carico di lavoro maggiore rispetto al passato per le amministrazioni, è un segnale chiaro dell'aumento delle attività di valorizzazione – almeno potenziale – basate sulla conoscenza scientifica e tecnologica maturata in ambito pubblico. La gestione di questa crescente mole di attività, caratterizzata da elevata complessità, è una delle motivazioni principali per le quali, negli EPR italiani, sono stati costituiti dei TTO. Di fatto, la gestione delle tre macro-attività descritte in precedenza comporta per i TTO l'interazione con una molteplicità di soggetti (persone fisiche e giuridiche) con motivazioni e caratteristiche diverse. I TTO manager hanno il difficile ma stimolante compito di avere soprattutto a cuore gli interessi della propria istituzione e dei ricercatori (peraltro non sempre allineati), ma anche essere fortemente interessati a che le invenzioni trattate arrivino effettivamente ad applicazione, generando poi processi di sviluppo economico, occupazione qualificata, ecc. Inoltre, in numerosi casi, si assiste al coinvolgimento dei TTO anche nella gestione di progetti di innovazione, sviluppo regionale, coordinamento tra più Università, ecc., nei quali essi vengono coinvolti probabilmente in virtù delle competenze maturate nella gestione di progetti complessi[1].

Le Università italiane hanno iniziato a dotarsi di appositi Technology Transfer Office (TTO) soprattutto a partire dal 2001, anno in cui il legislatore italiano – in controtendenza rispetto alla maggior parte del resto del mondo – ha introdotto una regola analoga a quella che nel diritto è nota come "privilegio del professore", in base alla quale i risultati delle attività di ricerca condotte all'interno delle Università e degli altri EPR appartengono ai ricercatori anziché alle istituzioni [18]. Il mutato scenario normativo ha prodotto una sorta di reazione da parte degli Atenei, i quali – tendenzialmente in disaccordo con le linee di politica legislativa sottese alla scelta citata – hanno iniziato ad attrezzarsi per offrire ai ricercatori i servizi necessari per facilitare lo sfruttamento industriale delle invenzioni, evitando così che essi perseguissero autonomamente, e spesso senza possibilità di esito positivo, pratiche di trasferimento tecnologico (TT) in maniera indipendente rispetto all'Ateneo di appartenenza [32]. Di fatto, per molte Università il *desiderio di rispondere* al nuovo scenario normativo ha accelerato notevolmente il processo di costituzione dei TTO, che invece avrebbe dovuto essere legato, piuttosto, alla *necessità di rispondere* ai cambiamenti in corso, di cui nella sezione precedente.

A dispetto delle motivazioni addotte dal legislatore per giustificare la modifica (scarsa produzione brevettuale delle Università italiane in rapporto alla qualità scientifica del personale di ricerca e scarsa capacità di valorizzazione da parte delle Università stesse), alcuni studi dimostrano come l'aumento della produzione brevettuale degli Atenei italiani fosse iniziata già negli anni precedenti[2]; altri hanno evidenziato una cospicua produzione brevettuale "sommersa" caratterizzata da brevetti nei quali figurano tra gli inventori i ricercatori ed i professori delle Università, ma la cui titolarità risulta detenuta da imprese[3]. La "reazione" delle Università ha, di fatto, intensificato questo trend [33], tanto che si potrebbe quasi affermare che il provvedimento di legge abbia in un certo senso prodotto gli effetti desiderati, seppure attraverso un percorso radicalmente diverso da quello prospettato e smentendo il presupposto iniziale (l'asserita incapacità delle Università di valorizzare i risultati della ricerca).

---

[1] Per una trattazione più completa delle attività svolte dai TTO si veda il Capitolo 3 in [10].
[2] In particolare, il fattore determinante della maggiore capacità delle Università di attivare processi di TT sarebbe da ricollegare, secondo alcuni, al conseguimento dell'autonomia universitaria nel 1989 [5].
[3] Cfr. [4, 21]. Per una rassegna della situazione in altri Paesi cfr. [22].

In realtà, dall'analisi dei dati emerge un sistema di TTO delle Università italiane che nel corso degli ultimi anni è nettamente cresciuto in termini di struttura e di performance. Una "storia di successo", ci sembra, in un contesto e in un momento storico che per molti anni non verrà ricordato come tra i più facili per le Università e il mondo della ricerca in generale.

Concretamente, come già accennato, a partire dal 2001, in parte come reazione alla nuova legge ed in parte come tendenza ormai consolidata verso una maggiore attenzione nei confronti della valorizzazione dei risultati di ricerca, le Università hanno iniziato a strutturare propri TTO e ad investire nella formazione del personale ad essi afferente. Si tratta di un percorso già noto in altri Paesi e che ha visto nell'esperienza statunitense il primo e più discusso esempio, a partire dal Bayh-Dole Act ([23, p. 102], [24, p. 782], [26], [37]). Anche le spinte di policy provenienti dall'Agenda di Lisbona seguono, in realtà, il dibattito nordamericano sul TT e, più in particolare, sul coinvolgimento della ricerca pubblica nelle attività legate allo sfruttamento industriale dei risultati della ricerca. Non mancano peraltro critiche decise e inviti al ripensamento delle politiche sul TT tra pubblico e privato.

Il percorso italiano verso il TT è stato accompagnato, tra l'altro, dalla costituzione di Netval, sorto prima come coordinamento spontaneo e, a partire dal 2006, come vera e propria associazione tra le Università, che ad oggi annovera 49 membri (47 Università più il Cnr e l'Enea). Le Università aderenti a Netval rappresentano il 49,5% di tutti gli Atenei italiani, nonché il 71,3% degli studenti, il 73,9% dei docenti sul totale nazionale, il 76,3% dei docenti afferenti a settori disciplinari scientifici e tecnologici, il 78% del numero complessivo di imprese spin-off della ricerca pubblica, l'88,3% del numero di imprese spin-off universitarie ad oggi identificate in Italia ed il 94,9% dei brevetti attivi posseduti in portafoglio dagli Atenei italiani [29].

1.3
I numeri sul trasferimento tecnologico in Italia

Come noto, la misurazione dei processi di valorizzazione dei risultati della ricerca richiede un'ampia disponibilità di dati. Il fenomeno è così ampio e complesso da rendere molto numerose le variabili che dovrebbero essere analizzate. E molte di queste sono caratterizzate da elevate difficoltà di raccolta e gestione dati. Per esempio, il fatto che uno studente faccia partire una nuova impresa dopo avere preso spunto dalla partecipazione alla lezione di un professore è difficilmente quantificabile in termini di causa-effetto. Così come che il contributo di un ricercatore industriale ad una certa invenzione derivi dall'avere letto un articolo scientifico, dall'avere ascoltato un seminario o dall'avere partecipato ad un incontro con un ricercatore accademico. Solitamente, da un punto di vista statistico, consideriamo un contratto di licenza un esempio di efficace trasferimento di un'invenzione da un EPR ad un'impresa, ma chi ci può assicurare che l'impresa utilizzerà effettivamente la tecnologia acquisita e che magari non risulti più proficuo, in una certa situazione, il contributo dato da uno stagista nell'ambito di una tesi di laurea o da un dottorando nel corso di una permanenza in un laboratorio industriale?

Sarebbero molte le variabili da indagare per ottenere un quadro affidabile di tutte le ricadute dell'attività di ricerca e formazione degli EPR. Ma pochissime di queste variabili vengono raccolte dalle fonti ufficiali. Il che è abbastanza sorprendente in quanto un fenomeno sul quale vengono riposte molte speranze in termini di crescita economica di fatto non viene studiato con il necessario grado di dettaglio, con la conseguenza che non possono neanche essere effettuate analisi costi-benefici generali e di specifiche azioni di policy. La stessa DG Research della Commissione Europea ha recentemente concluso alcuni approfondimenti per mettere a fuoco la questione della disponibilità di dati sul trasferimento di conoscenza a livello dei singoli stati, consapevole delle carenze nella raccolta da parte dei diversi stati membri.

Sul piano metodologico, al di là della concreta disponibilità di dati, la questione che inevitabilmente emerge è rappresentata dalle problematiche di misurazione della "capacità di valorizzazione della ricerca pubblica" dei singoli Atenei. A tal proposito, un recente report redatto da un gruppo di esperti sul tema del Knowledge Transfer Metrics [11] evidenzia come la misurazione della conoscenza trasferita da un ente pubblico di ricerca verso altri soggetti rappresenti un obiettivo praticamente impossibile. A tale proposito possono essere adottate due soluzioni alternative. Da un lato, si può procedere alla stima del valore della conoscenza trasferita nelle varie forme possibili (opzione più difficile da attuare), e dall'altro si può misurare non tanto la conoscenza, bensì il trasferimento della stessa, tramite il conteggio del numero di manifestazioni del TT come attività realizzate nelle sue varie espressioni (opzione più semplice e immediata da misurare). Basandosi su un'ampia letteratura, rappresentata sia dai contributi di numerosi studiosi, che dai rapporti relativi alle diverse indagini condotte su base nazionale/locale sulle attività di TT[4], gli indicatori che vengono indicati come i più importanti (*core indicators*) sono sette: (i) invenzioni identificate; (ii) domande di brevetto; (iii) concessioni di brevetto; (iv) numero di licenze concluse; (v) entrate da attività di licensing; (vi) numero di spin-off create; (vii) contratti di ricerca con l'industria.

È anche per questi motivi – in sintonia con le linee guida europee – che nell'ambito di Netval è stata da anni avviata un'attività di raccolta sistematica di dati relativi al fenomeno del trasferimento tecnologico nelle Università italiane. Si tratta di una raccolta che non riesce a coprire tutti gli aspetti potenzialmente rilevanti, ma che almeno fornisce un contributo conoscitivo dettagliato e consistente in termini di serie temporale, su alcune dinamiche di fondo. Soprattutto, consente di disporre di evidenze empiriche relative all'attività svolta dai TTO delle Università italiane e ai loro output nel corso degli anni. La base empirica attualmente disponibile e di seguito utilizzata è rappresentata dai dati raccolti in occasione delle indagini annuali svolte da Netval relativamente agli anni 2004–2009.

Dalle indagini citate emerge che per quanto riguarda l'anno di costituzione dei TTO, lo svolgimento di attività di TT su base sistematica da parte delle Università

---

[4] Tra cui: AUTM (US/Canada), DEST (Australia), HE-BCI e PSRE (UK), swITT (Svizzera), C.U.R.I.E. (Francia), ProTon Europe e ASTP (Europa), RedOtri (Spagna), Netval (Italia) e DASTI (Danimarca).

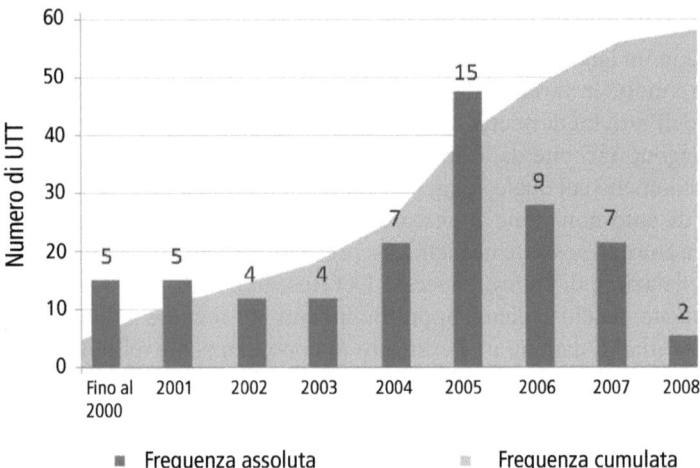

Fig. 1.2 Anno di costituzione dei TTO italiani

italiane risale a tempi piuttosto recenti. Inizialmente, infatti, come evidenziato anche dalla lettura dei casi presenti nella seconda parte del volume, l'orientamento di alcune Università è stato quello di affidare ad uffici interni non strettamente specializzati (tipicamente quelli responsabili della ricerca scientifica o gli uffici legali) i compiti relativi al TT, e solo successivamente, ed in maniera progressiva, sono stati istituiti formalmente appositi TTO o ILO. Di fatto, dal 2004 al 2006 sono stati costituiti circa il 50% dei TTO delle Università italiane attualmente esistenti.

È piuttosto evidente che al di là delle motivazioni e dei processi che hanno portato alla costituzione di TTO nelle Università italiane, ciò che rileva in modo particolare è che gli uffici siano adeguatamente posizionati dal punto di vista organizzativo, responsabilizzati e valorizzati nell'ambito degli Atenei di appartenenza e che dispongano di personale sufficiente, per numero e preparazione, per lo svolgimento delle attività di TT. L'aspetto forse più facile da analizzare, da questo punto di vista, è il numero di persone impiegate nei TTO. Secondo l'ultima rilevazione disponibile, presso i TTO italiani risultano complessivamente impiegate circa 187 unità di personale universitario equivalente a tempo pieno (ETP), per un valore medio pari a 3,7 unità (Tab. 1.1).

Tabella 1.1 Unità di personale (ETP) coinvolte nei TTO delle Università italiane

	2004	2005	2006	2007	2008	2009
Numero di Università	39	46	49	54	52	51
Totale addetti	115,8	135,3	156,3	196,5	205,4	186,7
Media addetti	3	2,9	3,2	3,6	4	3,7
Media *top 5*	9	9,4	9,3	10,4	10,9	9,1

Sebbene il numero medio degli addetti nel 2009 sia superiore rispetto a quello del 2004, due considerazioni devono essere qui presentate. La prima, che il numero di persone mediamente impiegate nei TTO è comunque generalmente ritenuto non sufficiente sia alla luce dei confronti internazionali che in virtù delle enormi aspettative che nel nostro Paese vengono manifestate in relazione alle dinamiche di TT Università-industria. La seconda, che il numero medio degli addetti nel 2009 è calato rispetto al 2008, per la prima volta nel periodo considerato e che dalle informazioni raccolte nel corso del 2011 emerge che numerose Università hanno difficoltà a confermare gli addetti non strutturati, molti dei quali hanno ormai maturato competenze e professionalità di tutto rispetto, che di fatto rischiano di andare sprecate. Anche nelle Università che impiegano più addetti (indicate come *top 5*), il numero medio è calato da 10,9 a 9,1 dal 2008 al 2009.

Tuttavia è importante tenere conto di come, oltre che il numero di addetti ETP impiegati presso i TTO in valore assoluto, assumano rilevanza le dinamiche dei valori presentati dal rapporto tra tale dato ed il numero di docenti di ruolo in discipline scientifico-tecnologiche (S&T)[5] presso le Università. Il rapporto in parola rappresenta infatti un indicatore della proporzione esistente tra lo staff operativo presso i TTO ed il numero di "clienti" interni potenziali degli uffici stessi[6]. In particolare, nel 2009 si rileva la presenza di 5,8 addetti ETP ogni mille docenti in discipline S&T di ruolo presso le 50 Università rispondenti. Considerando l'evoluzione di tale indicatore nel tempo, si nota un sensibile incremento di tale *ratio* nel periodo 2004–2008, quinquennio in cui l'indicatore in parola passa dalle 4,3 unità di staff del TTO per migliaio di docenti in discipline S&T che si contavano mediamente nel 2004 a 6 addetti per migliaio di docenti nel 2008 (+39,5% rispetto al 2004). Nel corso dell'ultimo anno, invece, il *ratio* considerato ha subito un lieve decremento (−3,3% rispetto al 2008). Le dinamiche presentate dall'indicatore in parola rappresentano il portato dei trend osservabili rispettivamente per il numero totale di addetti ETP (al numeratore) e per il numero di docenti in discipline S&T (al denominatore). Il volume degli addetti dei TTO appare infatti in crescita fino al 2008, esibendo un incremento del 77,4% nel periodo 2004–2008, per poi registrare un decremento nel corso dell'ultimo anno (−9,6% rispetto al 2008), mentre il numero di docenti S&T registra un trend di progressiva crescita nel periodo 2004–2007 (+29,8%), per poi contrarsi nuovamente nel corso dell'ultimo biennio (in particolare il dato del 2009 presenta una riduzione del 7,8% rispetto ai valori relativi all'anno 2007). È dunque lo staff dei TTO a presentare le variazioni percentuali di maggiore entità (con segno sia positivo che negativo), influenzando di conseguenza le dinamiche del *ratio* considerato.

---

[5] Nella categoria delle discipline scientifico-tecnologiche (S&T) sono stati inseriti i dati relativi ai corsi di studio riconducibili alle facoltà di: Agraria, Chimica Industriale, Farmacia, Ingegneria, Medicina e Chirurgia, Medicina Veterinaria, Scienze Ambientali, Scienze Biotecnologiche, Scienze Matematiche, Fisiche e Naturali, Scienze e Tecnologie, Scienze Sperimentali.
[6] Il numero di "clienti" interni potenziali dei TTO è rappresentato – per l'appunto – dai docenti S&T, più suscettibili, rispetto ai colleghi di ruolo in altre aree disciplinari, di necessitare consulenza nell'ambito di attività volte alla valorizzazione dei risultati delle proprie ricerche, al relativo trasferimento verso il mercato e all'ottenimento di diritti di protezione della PI.

Tabella 1.2 Domande di priorità presentate dalle Università italiane

	2004	2005	2006	2007	2008	2009
Numero di Università	39	43	43	51	50	49
Totale domande	126	144	232	294	270	243
Media domande	3,2	3,3	5,4	5,8	5,4	5
Media *top 5*	13,2	14	21,8	23	20,2	19,8

Tabella 1.3 Numero di brevetti annualmente concessi

	2004	2005	2006	2007	2008	2009
Numero di Università	47	45	48	51	51	50
Totale brevetti	75	65	87	127	116	277
Media brevetti	1,6	1,4	1,8	2,5	2,3	5,5
Media *top 5*	8	5	8,8	14,2	11,4	27,4

Nonostante le difficoltà nel selezionare le invenzioni e nell'effettuare le valutazioni e stime del caso da un lato, e l'importo dei budget di ricerca tutt'altro che in aumento dall'altro, la performance brevettuale delle Università italiane appare in costante crescita nel periodo considerato (Tab. 1.2). Nel 2009 le Università che hanno partecipato al rapporto Netval hanno presentato 243 domande di priorità (+92,9% rispetto al 2004, ma −10% rispetto al 2008), per una media di 5 domande per Ateneo (Tab. 1.3). Riguardo alle Università *top 5*, il numero complessivo di depositi nel 2009 è pari a 99 (con un'incidenza sul numero totale di domande depositate dalla generalità dei rispondenti pari al 40,7%), per una media di circa 20 depositi per TTO (evidenziando un incremento percentuale del 50% rispetto al 2004 ed una sostanziale stabilità rispetto all'anno precedente). Il calo di numero di domande di priorità desta sicuramente preoccupazione, anche se è lecito pensare che in parte sia imputabile ad una maggiore capacità di selezione da parte dei TTO.

È poi noto che alla domanda può seguire, dopo un certo periodo di tempo, l'effettiva concessione del brevetto. Nella Tabella 1.3 viene riportato il numero dei brevetti effettivamente concessi alle Università in ciascun anno di riferimento. Nel 2009 sono stati complessivamente ottenuti 277 brevetti (+269,3% rispetto al 2004 e +138,8% rispetto al 2008), con una media per Ateneo pari a 5,5 brevetti per Università (+247,2% rispetto al 2004 e +143,6% rispetto al 2008). Il numero dei brevetti concessi alle Università *top 5* nel 2009 è pari a 137, per una media di 27,4 concessioni per TTO (+242,5% rispetto al 2004 e +140,4% rispetto al 2008). A differenza delle domande di priorità, che sono calate, i brevetti effettivamente concessi risultano quindi in aumento, essendo il frutto di attività svolte negli anni precedenti.

Alla fine del 2009, il numero di brevetti detenuti in portafoglio (Tab. 1.4) dalle Università italiane ammonta complessivamente a 2.541 unità (+113,7% rispetto al 2005 e +17,6% rispetto al 2008), per una media di 52,9 titoli attivi (+123,4% rispetto al 2005 e +24,9% rispetto al 2008), evidenziando un trend di progressiva crescita nell'arco di tempo in esame, che interessa anche le Università *top 5*. Nel

1 Il ruolo dei TTO in Italia

Tabella 1.4 Numero di brevetti nel portafoglio delle Università italiane

	2005	2006	2007	2008	2009
Numero di Università	50	51	54	51	48
Totale brevetti	1.189	1.725	1.881	2.161	2.541
Media brevetti	23,7	33,8	34,8	42,4	52,9
Media *top 5*	106,4	161,6	170,2	201,6	218,2

2009, infatti, le 5 Università più "performanti" contano nel proprio portafoglio 1.091 brevetti attivi (pari al 42,9% del volume titoli attivi relativo all'intero campione), per una media di 218,2 titoli per Ateneo (+105,1% rispetto al 2005 e +8,2% rispetto al 2008). Con riferimento alla composizione dei brevetti attivi al 31.12.2009 in base all'ufficio brevettuale di competenza, sono i brevetti italiani a rivestire l'incidenza maggiore, sia per il campione nel suo complesso (54,1%), che per le Università *top 5* (51,1%).

In una fase di aumento del numero dei brevetti presenti nel portafoglio delle Università, il relativo sfruttamento mediante licenze riveste un ruolo cruciale, soprattutto alla luce dell'oggettiva complessità delle pratiche di commercializzazione della PI e della necessaria consapevolezza in merito agli obiettivi – che non hanno soltanto natura reddituale – piuttosto consolidata negli Atenei italiani, ma non altrettanto al di fuori di essi. Non è possibile immaginare, semplicisticamente, che le Università riescano nel breve periodo ad aumentare l'attività di licensing e i conseguenti risultati proporzionalmente al numero dei brevetti depositati[7], soprattutto in questa che è ancora una fase di crescita professionale dei TTO italiani che però coincide con diminuzioni dei budget e delle risorse umane disponibili. D'altro canto, sarebbe estremamente preoccupante registrare aumenti nel numero dei brevetti senza scorgere segnali di aumento, ancorché non direttamente proporzionali, anche nelle attività di licensing. Nel 2009 sono stati complessivamente stipulati 65 contratti di licenza e/o opzione (Tab. 1.5), per una media di 1,5 accordi per Ateneo. Tali performance risultano in calo (−23,7%) rispetto alla sostanziale stabilità osservata nel triennio precedente. Le evidenze relative alle Università *top 5* mostrano che nel 2009 il numero complessivo di accordi conclusi ammonta a 42 (con una incidenza pari al 64,6% sui risultati relativi alla generalità del campione), pari – in media – a 8,4 contratti per Ateneo (performance pressoché raddoppiata rispetto al 2004, ma che tuttavia registra un decremento del 14,3% rispetto al 2008). Si registra quindi un calo del numero di contratti di licenza conclusi sia per le Università *top 5* che per il resto dei rispondenti.

Le entrate derivanti dai contratti di licenza e/o opzione attivi al 31 dicembre 2009 (Tab. 1.6) ammontano complessivamente a oltre 1,4 milioni di Euro (−9,1% rispetto al 2004 e +11,5% rispetto al 2008), per un valore medio pari a 33,1 mila

---

[7] L'ammontare di tempo e risorse necessari per commercializzare con successo le invenzioni risulta infatti estremamente più elevato rispetto agli sforzi richiesti per brevettarle. A tal proposito, un recente studio condotto da Swamidass e Vulasa (2009) sui tempi medi di commercializzazione delle tecnologie da parte delle Università statunitensi riporta che si tratta di un processo a lungo termine, dato che passano – in media – dai sette ai dodici anni perché un'invenzione, una volta brevettata, generi entrate di importo rilevante per l'Ateneo licenziante.

Tabella 1.5 Numero di licenze e/o opzioni concluse dalle Università italiane

	2004	2005	2006	2007	2008	2009
Numero di Università	44	43	46	48	47	44
Totale contratti	36	60	89	90	91	65
Media contratti	0,8	1,4	1,9	1,9	1,9	1,5
Media *top 5*	4,4	6,6	8,2	8,4	9,8	8,4

Tabella 1.6 Entrate derivanti da licenze e/o opzioni attive in portafoglio

	2004	2005	2006	2007	2008	2009
Numero di Università	40	44	48	50	47	44
Totale entrate (in migliaia di Euro)	1.603,5	2.946	1.481,1	1.148,7	1.306,6	1.457
Media entrate (in migliaia di Euro)	36,4	68,5	33,6	23	34,4	33,1
Media *top 5*	245,3	514,9	246,6	165	218,4	259,8

Euro (−9% rispetto al 2004 e −3,7% rispetto al 2008). I ritorni economici registrati dalle Università *top 5* assumono importi annuali significativamente maggiori rispetto alle performance della generalità del campione: l'ammontare complessivo dei ritorni economici da contratti attivi al 31 dicembre 2009 è pari a circa 1,3 milioni di Euro (con una incidenza elevatissima, superiore all'89%, sui risultati relativi alla generalità dei rispondenti), pari − in media − a circa 260 mila Euro per TTO (+5,9% rispetto al 2004 e +19% rispetto al 2008).

Le performance medie assumono valori più elevati includendo nell'analisi le sole Università rispondenti che esibiscono nell'anno considerato un portafoglio licenze/opzioni attive non nullo. Nel 2009, il loro ammontare medio è infatti pari a 50,2 mila Euro per TTO, contro i 33,1 mila Euro rilevati in media per l'intero campione.

Il processo di creazione di imprese spin-off della ricerca pubblica in Italia rappresenta un fenomeno recente e in rapida crescita. Basti a tale proposito considerare che circa l'85% delle 873 imprese spin-off ad oggi rilevate e attive nel territorio nazionale è stato costituito nel corso degli ultimi nove anni. In particolare, nel 2009 sono state costituite 75 unità (pari all'8,6% del numero complessivo di imprese spin-off ad oggi identificate nel nostro Paese). Peraltro, il dato relativo al 2009 è da considerarsi largamente provvisorio e destinato ad aumentare, poiché la visibilità di queste imprese spesso diventa effettiva alcuni mesi dopo la costituzione formale.

Relativamente ai settori di attività delle spin-off attive in Italia al 31 dicembre 2009, circa un terzo di tali imprese (il 32,8% per la precisione) è attivo nel campo delle ICT, che costituisce il settore più popolato, sebbene il peso relativo sia progressivamente diminuito nel tempo e siano cresciute le imprese attive nei comparti energia e ambiente (attualmente il secondo settore più rappresentato, con un'incidenza del 16,2% sul totale) e delle *life sciences* (15%, in costante aumento). Seguono i comparti dell'elettronica (9,3%), dei servizi per l'innovazione (7,4%) e del biomedicale (7,3%), mentre si rilevano quote più modeste per l'automazione industriale (5,2%), il settore delle nanotecnologie e dei nuovi materiali (3,4%), della conservazione dei beni culturali (1,6%) ed – infine – dell'aerospaziale (0,7%).

Le evidenze circa l'età media delle imprese spin-off operanti nei diversi settori high-tech mostrano come sia proprio l'aerospaziale il comparto popolato da imprese mediamente più anziane (età media pari a 8,3 anni), seguito a breve distanza dall'elettronica (8,1 anni) che – come abbiamo visto in precedenza – ha rappresentato il campo di attività in cui le prime esperienze di imprese high-tech sono state avviate, verso la fine degli anni Sessanta, insieme al settore energia e ambiente. Tuttavia le aziende attive in quest'ultimo campo risultano mediamente più giovani (età media pari a 4,8 anni), a dimostrazione del continuo impulso che il comparto in parola ha continuato a ricevere anche negli anni più recenti attraverso la creazione di nuove imprese ogni anno operanti in tale ambito. Le spin-off attive nel campo delle ICT – il settore più popolato nel contesto italiano – hanno in media 6,3 anni, mentre appaiono mediamente più giovani le attività imprenditoriali rilevabili nel nostro Paese nei comparti del biomedicale (5 anni), dei servizi per l'innovazione (4,8 anni), delle *life sciences* (4,8 anni) e della conservazione dei beni culturali (4,4 anni). Infine, per le imprese spin-off operanti nel settore emergente delle nanotecnologie e dei nuovi materiali (che abbiamo visto rappresentare oggetto di attività da parte delle imprese spin-off italiane a partire dalla seconda metà degli anni Novanta), l'età media è di 4 anni.

Relativamente alle Università e/o altro EPR di origine, alcune Università nel corso degli anni si sono progressivamente consolidate come vere e proprie "fucine di imprenditori high-tech". Il numero di spin-off nate dai loro laboratori è infatti influenzato da vari fattori, quali la qualità della ricerca svolta, l'effetto imitazione innescato da alcuni casi di successo, la fornitura di specifici servizi da parte degli EPR, l'introduzione di specifici programmi a livello regionale, nonché la presenza di operatori specializzati a livello locale e regionale. Rimandando ad analisi più dettagliate il tentativo di comprendere il peso di tali fattori, è abbastanza immediato notare i casi di Università che hanno puntato molto sulle imprese spin-off, in tempi diversi, come il Politecnico di Torino (le cui spin-off rappresentano il 6,9% del totale nazionale), le Università di Bologna (4,8%), Perugia (4%), Padova (4%), Udine (3,8%) e Cagliari (3,7%), la Scuola Superiore Sant'Anna di Pisa (3,2%), l'Università di Milano (3,2%), il Politecnico di Milano (3,1%), l'Università di Pisa (2,9%), della Calabria (2,9%) e l'Università Politecnica delle Marche (2,9%).

Ricordando innanzitutto che un'approfondita analisi sul fenomeno delle imprese spin-off deve affrontare anche il tema del loro percorso di crescita dimensionale e non solo il numero di imprese costituite, è noto che sono diversi i fattori che hanno inciso sui risultati appena descritti. Il Politecnico di Torino e l'Università di Bologna – per esempio – hanno fatto valere la loro "massa critica" di ricerca di qualità, sfruttando anche azioni politiche per l'innovazione lanciate a livello regionale, mentre la Scuola Superiore Sant'Anna ha da molto tempo puntato su una forte cultura dell'imprenditorialità nei propri laboratori di ricerca, investendo sulle imprese spin-off fin dai primissimi anni Novanta. Interessanti anche i casi di Università che hanno incoraggiato la creazione di imprese spin-off in tempi più recenti, ottenendo peraltro interessanti risultati, come Perugia, Padova, Udine, Cagliari, Milano, Pisa e l'Università Politecnica delle Marche. Il caso dell'INFM-CNR (che complessivamente incide per il 9,5% sul numero totale di imprese spin-off ad oggi rilevabili nel contesto italiano) è forse diverso da quello delle Università, e rappresentativo di una specifica azione strategica e innovativa per la promozione di questo tipo di imprese, lanciata in forma originale e in tempi in cui il fenomeno delle imprese spin-off non era ancora così popolare.

Con riferimento alle evidenze relative alle Università *top 5* (ovvero ai cinque Atenei e/o altri EPR che al 31 dicembre 2009 esibiscono il maggior numero di spin-off attive in portafoglio), da queste ultime sono state ad oggi gemmate complessivamente 220 imprese spin-off (con un'incidenza pari al 25,2% sul totale nazionale), pari – in media – ad un portafoglio di 44 imprese attive per EPR di origine. Ovviamente, va ricordato come in questo campo non conti solo la "quantità" delle imprese, ma anche – e secondo alcuni, soprattutto – la "qualità" delle iniziative, la loro sostenibilità economico-aziendale e il loro potenziale innovativo.

Delle circa 900 imprese spin-off della ricerca pubblica ad oggi attive nel nostro Paese, l'88,3% è stato generato da Università ed il residuo 11,7% deriva da altri EPR. Relativamente alle 69 Università che hanno partecipato almeno una volta all'indagine Netval, il numero complessivo di nuove spin-off avviate nel 2009 è stato pari a 72, per una media di una impresa per Ateneo ($-5,3\%$ rispetto al 2004 e $-38,5\%$ rispetto al 2008).

Le evidenze relative alle Università *top 5* mostrano come queste ultime nel corso nel 2009 abbiano contribuito alla creazione di 26 spin-off (con un'incidenza pari al 36,1% sui valori relativi alla generalità degli UTT), pari – in media – a 5,2 nuove imprese per Ateneo ($-16,1\%$ rispetto al 2004 e $-23,5\%$ rispetto al 2008). In particolare, nell'intero periodo considerato, i trend che hanno caratterizzato le cinque Università più performanti sono i medesimi rilevati per la totalità del campione ($n = 69$). Valgono dunque le medesime considerazioni espresse in tale sede, soprattutto relativamente alla possibilità di eventuali correzioni di segno positivo di cui potrebbe essere suscettibile il dato relativo al 2008 nel corso dei prossimi mesi.

Le evidenze empiriche finora illustrate ci forniscono l'immagine di un gruppo di imprese mediamente giovane, operante in settori fortemente tecnologici, con una prevalenza dei servizi rispetto alle attività manifatturiere. In linea con queste caratteristiche, i risultati ottenuti nell'ambito del progetto di ricerca Sant'Anna-IPI evidenziano un numero medio di addetti pari a 10 unità ETP; un fatturato medio di 776,1 mila Euro; una quota media di fatturato derivante dall'export pari al 10% e una quota media di fatturato investito in R&S pari al 45,9%. A livello settoriale, le imprese operanti nell'automazione industriale appaiono quelle con il valore medio di addetti (14,3 ETP) e quota di export (24,2%) più elevati del campione, mentre sono le imprese dell'elettronica ad esibire i valori medi del fatturato (circa 1,6 milioni di Euro nel 2008) e la quota di fatturato spesa in R&S (56%) maggiori.

1.4
Prospettive future

A fronte della crescente importanza rivestita dai processi di TT pubblico-privato, di cui molto si parla da vari anni, in Italia si riscontra un impegno senza dubbio crescente ma non ancora adeguato da parte dei soggetti che in teoria dovrebbero lavorare e contribuire su questo tema, vuoi investendo risorse, vuoi con specifici provvedimenti legislativi, vuoi con impegno concreto "sul campo". Appare dunque necessario un maggior impegno per creare valore dalla ricerca, in particolare prendendosi (più) cura della cinghia di trasmissione. In altri termini, occorre prestare più attenzione e investire maggiormente nella creazione di valore attraverso il buon funzionamento della catena di trasmissione, cioè di quei complessi e spesso intricati processi di trasferimento che consentono ai risultati di ricerca di arrivare al mercato e aumentare la competitività delle imprese. Quelle italiane, *in primis*, poiché si parte da risultati di ricerca prodotti dal sistema pubblico italiano, ma non certo avendo solo le imprese italiane come possibile target applicativo.

Per quanto riguarda l'operato delle Università e degli altri EPR, i risultati positivi raggiunti sembrano essere legati (i) alla professionalità maturata nei TTO (argomento che verrà trattato nel capitolo seguente), (ii) alla qualità della ricerca prodotta nei laboratori e (iii) alla qualità dei rapporti con le imprese, con le quali il dialogo e il comune sentire cresce progressivamente, dando vita a rapporti di collaborazione sempre più stretti e basati su un elevato grado di fiducia. Gli elementi di debolezza sembrano invece dipendere (i) dal posizionamento ancora incerto che viene talora assegnato ai TTO all'interno degli Atenei, (ii) dall'insufficienza delle risorse umane e finanziarie a disposizione dei TTO stessi e (iii) dalla difficoltà a consolidare il personale a contratto che negli ultimi anni è cresciuto in esperienza e professionalità. Fattori come l'interazione con centri servizi e PST, la normativa in materia di PI e spin-off e le dinamiche di competizione internazionale sono considerati elementi che a seconda delle situazioni svolgono un ruolo di accelerazione o di rallentamento delle dinamiche di TT.

Bibliografia

1. Antonelli C (2004) La politica economica della conoscenza: Università, ricerca e diritti di proprietà intellettuale. In: La conoscenza come bene pubblico comune: software, dati, saperi. CSI, Torino, pp 71–78
2. Association of University Technology Managers – AUTM (2007) Nine Points to Consider in Licensing University Technology. Disponibile online all'indirizzo: www.autm.net/aboutTT/Points_to_Consider.pdf (ultima visita 23 dicembre 2008)
3. Association of University Technology Managers – AUTM (2008) AUTM U.S. Licensing Activity Survey. FY 2007 Survey Summary, a cura di Tieckelmann R, Kordal R, Bostrom D

4. Balconi M, Breschi S, Lissoni F (2003) Il trasferimento di conoscenze tecnologiche dall'Università all'industria in Italia: nuova evidenza sui brevetti di paternità dei docenti. In: Bonaccorsi A (ed) Il sistema della ricerca pubblica in Italia. Franco Angeli, Milano
5. Baldini N, Grimaldi R, Sobrero M (2007) To patent or not to patent? A Survey of Italian inventors on motivations, incentives and obstacles to university patenting. Scientometrics 70(2): 333–354
6. Bonaccorsi A, Bucchi M (eds) (2011) Trasformare conoscenza, trasferire tecnologia. Marsilio, Venezia
7. Bozeman B (2000) Technology transfer and public policy: a review of research and theory. Research Policy 29: 627–655
8. Cepolina S (2006) I servizi di intermediazione nel processo di trasferimento tecnologico. Economia e diritto del terziario 1: 183–208
9. Cesaroni F, Conti G, Moscara P, Piccaluga A (2005) The Valorisation of Research Results in Italian Universities: A Survey on Technology Transfer Offices. 2005 R&D Management Conference: Organising R&D Activities: A Balacing Act, Pisa, 6–8 Luglio 2005
10. Conti G, Granieri M, Picccaluga A (2011) La gestione del trasferimento tecnologico. Strategie, modelli e strumenti. Springer, Milano
11. European Commission (2009) Metrics for Knowledge Transfer from Public Research Organisations in Europe. Report from the European Commission's Expert Group on Knowledge Transfer Metrics. ISBN 978-92-79-12009-1. Disponibile online all'indirizzo: http://ec.europa.eu/invest-in-research/pdf/download_en/knowledgde%20transfer_web.pdf (ultima visita 28 maggio 2009)
12. Etzkowitz H, Webster A, Gebhardt C, Cantisano Terra BR (2000) The Future of the University of the Future: Evolution of Ivory Tower to Entrepreneurial Paradigm. Research Policy 29: 313–330
13. Fisher R, Ury W, Patton B (1995) L'arte del negoziato. Mondadori, Milano
14. Florida R (1999) The Role of the University: Leveraging Talent, Not Technology. Issues on Science and Technology XV(4): 67–73
15. Foray D (2006) L'economia della conoscenza. Il Mulino, Bologna
16. Geuna A, Nesta L (2005) University Patenting and its Effects on Academic Research: The Emerging European Evidence. Research Policy 35(6): 790–807
17. Granieri M (2002) Circolazione (mancata) dei modelli e ricerca delle soluzioni migliori. Il trasferimento tecnologico dal mondo universitario all'industria e la nuova disciplina delle invenzioni d'azienda. Rivista di diritto industriale 2: 61–90
18. Granieri M (2005) La disciplina delle invenzioni accademiche nel Codice della proprietà industriale. Il diritto industriale 1: 29–36
19. Jensen R, Thursby M (2001) Proofs and Prototypes for Sale: The Licensing of University Inventions. American Economic Review 91: 240–259
20. Jensen R, Thursby M (2004) Patent Licensing and the Research University. NBER Working Paper Series, No. 10758, Settembre, pp 1–32
21. Lissoni F, Montobbio F (2006) Brevetti universitari ed economia della ricerca in Italia, Europa e Stati Uniti. Una rassegna dell'evidenza recente. Politica economica XXII(2): 259–281
22. Monotti AL, Ricketson S (2003) University and Intellectual Property. Ownership and Exploitation. Oxford University Press, Oxford
23. Mowery DC, Nelson RR, Sampat BN, Ziedonis AA (2001) The growth of patenting and licensing by U.S. universities: An assessment of the effects of the Bayh-Dole act of 1980. Research Policy 30: 99–119

24. Mowery DC, Sampat BN (2001) University Patents and Patent Policy. Debates in the USA, 1925–1980. Industrial and Corporate Change 10: 781–814
25. Muscio A (2008) Il trasferimento tecnologico in Italia: risultati di un'indagine sui dipartimenti universitari. L'industria (n speciale): 245–267
26. Nelson RR (2001) Observations on the Post-Bayh-Dole Rise of Patenting at American Universities. Journal of Technology Transfer 26: 13–19
27. Nelson RR (2002) The Contribution of American Research Universities to Technological Progress in Industry. Lavoro presentato alla conferenza Science as an Institution. The Institutions of Science, Università di Siena, 25–26 gennaio 2002
28. Netval (2007) Quinto rapporto annuale sulla valorizzazione della ricerca nelle Università italiane. Il salto di qualita. Rapporto di Ricerca a cura di Piccaluga A, Balderi C, Conti G, 31 dicembre 2007
29. Netval (2011) Potenziamo la catena del valore. Ottavo rapporto Netval sulla valorizzazione della ricerca nelle Università italiane. Rapporto di ricerca relativo all'ottava indagine annuale del Network per la Valorizzazione della Ricerca Universitaria – Netval, a cura di Piccaluga A, Balderi C., Patrono A, aprile 2011. ISBN 978-88-6550-063-7. Maria Pacini Fazzi Editore, Lucca
30. Piccaluga A (2001) La valorizzazione della ricerca scientifica. Come cambia la ricerca pubblica e quella industriale. Franco Angeli, Milano
31. Piccaluga A, Balderi C (2006) Consistenza ed Evoluzione delle Imprese Spin-Off della Ricerca Pubblica in Italia. Workshop Finlombarda: Finanza e Innovazione, Milano, 25 settembre 2006. Presentazione del Rapporto di Ricerca a cura del Laboratorio MAIN della Scuola Superiore Sant'Anna di Pisa per conto di Finlombarda SpA
32. Piccaluga A, Balderi C, Butelli P, Conti G, Di Minin A (2007) Towards an Italian way in the valorisation of results from public research. ImpresaProgetto (on line) 1
33. Piccaluga A, Balderi C, Butelli P, Conti G, Di Minin A (2008) Angels or devils? The role of University Technology Transfer Offices in general and the Italian experience. CAMOT International Conference "Technology Management and Innovation in China: Challenges and Opportunities", Beijing (Cina), 21–23 ottobre 2008
34. Pietrabissa R, Conti G (2005) Strategia per un rapporto responsabile fra ricerca pubblica e industria. L'industria 3: 419–444
35. ProTon Europe (2009) The ProTon Europe Fifth Annual Survey Report (fiscal year 2007), a cura di Piccaluga A, Balderi C, Patrono A
36. Salter A, D'Este P, Pavitt K, Scott A, Martin B, Geuna A Nightingale P, Patel P (2000) Talent, Not Technology: The Impact of Publicly Funded Research on Innovation in the UK. SPRU – Science and Technology Policy Research, University of Sussex, Brighton (UK)
37. Sampat BN, Mowery DC, Ziedonis AA (2003) Changes in University Patent Quality after the Bayh-Dole Act: A Re-Examination. International Journal of Industrial Organization 21: 1371–1390
38. Schmiemann M, Durvy J-N (2003) New Approaches to Technology Transfer from Publicly Funded Research. Journal of Technology Transfer 28: 9–15
39. Thursby JG, Thursby MC (2003a) University Licensing and the Bayh-Dole Act. Science 301: 1052
40. Thursby JG, Thursby MC (2003b) Industry/University Licensing: Characteristics, Concerns and Issues from the Perspective of the Buyer. Journal of Technology Transfer 28: 207–213
41. Thursby JG, Thursby MC (2001) Who Is Selling the Ivory Tower? Sources of Growth in University Licensing. Management Science 48: 90–104

42. University of California, Office of Technology Transfer (2007) UC Technology Transfer Annual Report. Fiscal Year 2006. Disponibile online: http://www.ucop.edu/ott/gen resources/documents/OTTRptFY06.pdf (ultima visita 15 febbraio 2008)

Le risorse umane nel trasferimento tecnologico pubblico-privato

2

Mattia Bianchi

Punti chiave

> La complessità del trasferimento tecnologico
> Gli individui nel trasferimento tecnologico
> La gestione delle risorse umane nel trasferimento tecnologico

---

2.1
Introduzione

In aggiunta alle tradizionali attività didattiche e di ricerca, le Università a partire dalla fine degli anni Ottanta hanno ampliato il proprio raggio d'azione intensificando sensibilmente le proprie iniziative imprenditoriali e di trasferimento tecnologico [53]. Questa cosiddetta terza mission ha permesso alle Università di consolidare il proprio ruolo di agente primario di sviluppo economico sia a livello locale che globale. Un ruolo sicuramente rafforzato dall'attuale contesto, in cui la scienza e la conoscenza tecnologica sono fonti primarie di vantaggio competitivo per le imprese e di ricchezza per i sistemi economici nazionali [3, 4, 30]. Inoltre, la crescente diffusione del paradigma della *Open Innovation* [16], che spinge le imprese ad aprire i propri confini organizzativi ed assorbire dall'esterno nuove tecnologie, ha visto le Università agire da fornitori chiave di nuova conoscenza e di idee, input fondamentali dei processi innovativi delle aziende [61]. Studi recenti hanno confermato il crescente utilizzo delle competenze universitarie e dei risultati della ricerca accademica all'interno dei processi di Ricerca e Sviluppo (R&S) delle organizzazioni [20], nonché il loro impatto benefico sulle performance innovative [19, 49, 64]. La sostenuta crescita del settore del trasferimento tecnologico in Italia, testimoniata dagli ultimi rapporti Netval [4], offre una conferma a livello nazionale di questo trend.

Nel Capitolo 1 di questo volume, il trasferimento tecnologico (TT) è stato definito come un processo attraverso cui le invenzioni, le tecnologie e più in generale il know-how derivante dalla ricerca accademica sono trasferiti ad organizzazioni esterne che diventano responsabili del loro successivo sviluppo e commercializzazione [28]. Il TT può avvenire attraverso varie forme contrattuali quali la licenza, le collaborazioni di ricerca sponsorizzata, la creazione di spin-off, la vendita di brevetti, lo sviluppo di incubatori e di parchi scientifici. Responsabili dell'avvio ed implementazione delle attività di TT sono nella maggior parte dei casi i Technology Transfer Offices (TTO), strutture dedicate che agiscono da interfaccia tra i numerosi dipartimenti universitari e le imprese. Come ha testimoniato il Capitolo 1, nel panorama italiano i TTO sono aumentati di numero e di dimensione nel recente passato, diventando il principale canale di scambio di conoscenza sull'asse Università-industria. Alla luce del loro ruolo centrale, diventa di fondamentale importanza la comprensione e l'analisi dei fattori critici di successo nei TTO. L'identificazione di tali determinanti permetterebbe di spiegare l'esistenza di performance[1] fortemente eterogenee tra i diversi TTO: alcuni, pochi per la verità, in grado di generare ingenti entrate aggiuntive per le proprie istituzioni accademiche (esempi celebri sono il Massachusetts Institute of Technology e l'Università di Stanford negli USA e, rimanendo in Italia, il Politecnico di Milano) ed altri, in numero maggiore, che sperimentano grosse difficoltà nel portare a termine iniziative di trasferimento tecnologico.

La letteratura scientifica nel campo dell'economia e del management ha tradizionalmente cercato di rispondere alla domanda: quali sono le determinanti che rendono un TTO di successo? Secondo l'analisi di Bianchi et al. [8], si possono distinguere tre filoni di ricerca che offrono le seguenti risposte, differenti sì ma non mutuamente esclusive:

- il successo dei TTO dipende dalle caratteristiche della tecnologia commercializzata;
- il successo dei TTO dipende dalle dotazioni di risorse a disposizione dell'ufficio stesso e dell'Università di appartenenza;
- il successo dei TTO dipende dalla modalità di gestione e di organizzazione dell'ufficio.

Il primo filone di ricerca si concentra sui fattori di successo a livello di singola tecnologia. Secondo gli studi riconducibili a questo filone, certe caratteristiche di un'invenzione tecnologica, cioè del bene che viene effettivamente transato, facilitano la proficua conclusione di accordi di trasferimento tecnologico. Più la tecnologia è innovativa rispetto all'esistente [47], ad uno stadio di sviluppo avanzato [35] e con una protezione brevettuale efficace e ampia [52], più è attrattiva sul mercato.

Il secondo filone si concentra su un livello di analisi superiore, quello organizzativo. L'obiettivo è studiare l'impatto di differenti dotazioni di risorse da parte delle Università sulle performance di TT. I principali risultati emersi sono che lo *stock* di invenzioni, la produttività scientifica del corpo docente, l'ammontare dei fondi di ricerca, il numero di risorse umane nei TTO sono fattori che influenzano positivamente le prestazioni di trasferimento tecnologico [36, 51, 59]. Questi risultati sono coerenti con la teoria *resource based* [5], secondo cui il vantaggio competitivo delle organizzazioni deriva dal possesso di risorse di valore, rare, inimitabili e non sostituibili.

---

[1] In questo capitolo definiamo performance di trasferimento tecnologico in senso lato, includendo sotto questo termine vari indicatori: domande di brevetti; brevetti concessi; contratti di licenza e/o opzione conclusi e relative entrate monetarie; numero di spin-off generati e loro valore di mercato; numero e valore monetario dei contratti di ricerca collaborativa stipulati, ecc. [4].

Il terzo filone di ricerca si sviluppa a partire da una semplice considerazione: il possesso di tali risorse non è una condizione sufficiente per il successo dei TTO. Alcune ricerche empiriche sembrano supportare questa visione: Thursby e Thursby [60] ad esempio mostrano che, nonostante il recente aumento delle risorse in input al processo di TT (in questo studio misurate con le domande di brevetto), il volume di output delle Università americane (in termini di numero di licenze) è diminuito. Analogamente, Chapple et al. [14] trovano forti inefficienze nel processo di conversione dalle invenzioni alle licenze nelle Università inglesi mentre Hsu e Bernstein [34] riportano i casi di molti brevetti che, seppur di grosso potenziale innovativo, non trovano sbocco commerciale e rimangono nei laboratori universitari. In altre parole, detenere un brevetto di valore in portafoglio non basta a garantirne la successiva commercializzazione e trasformazione in valore economico. Perché questo avvenga, è invece fondamentale progettare, mettere in moto e gestire processi di TT che consentano ai risultati di ricerca di arrivare sul mercato in modo efficace ed efficiente, cioè tutti quei meccanismi gestionali che regolano il buon funzionamento della cinghia di trasmissione del TT [4]. Gli studi scientifici che appartengono al terzo filone di ricerca sostengono pertanto l'esistenza di specifiche leve manageriali ed organizzative che migliorano la produttività dei TTO. Tali leve sono: networking sistematico con le imprese partner, forte orientamento al cliente, coinvolgimento attivo degli inventori nelle attività di commercializzazione, possibilità da parte delle Università di entrare nel capitale sociale delle imprese spin-off [23, 34], strutture organizzative decentralizzate per i TTO, alti incentivi, in termini di condivisione delle entrate da TT, per i ricercatori universitari, ed impiego di uno staff multidisciplinare all'interno dei TTO [7, 39]. Infine, Gambardella e colleghi [29] sostengono che per trasferire tecnologia, è necessaria una valutazione sistematica delle varie opportunità di TT e un'attenta definizione delle modalità organizzative con le quali coglierle. Questi studi suggeriscono che attraverso un'efficace gestione ed organizzazione dei processi di TT, i TTO possono sviluppare una capacità distintiva nel trasferire ricerca accademica alle imprese, trasformando un potenziale tecnologico in valore economico e sociale.

Questo capitolo ha l'ambizione di inserirsi nell'attuale dibattito sulla gestione ed organizzazione del trasferimento tecnologico. Lo fa adottando una prospettiva finora inedita: quella del TTO manager, l'attore protagonista delle iniziative imprenditoriali delle Università. Con l'obiettivo di ovviare alla scarsità di studi scientifici sul ruolo delle risorse umane nel trasferimento tecnologico, questo capitolo si propone di gettare luce su quali siano i tratti individuali in grado di favorire un efficace ed efficiente svolgimento dei processi di TT. La tesi di fondo è che le risorse tecnologiche da sole non spiegano le performance di un TTO, ma gli individui con le proprie competenze, attitudini e relazioni sociali giocano un ruolo centrale nel portare le tecnologie sul mercato. Questo ruolo può essere rafforzato implementando una serie di pratiche di gestione delle risorse umane che supportino e facilitino l'operato degli individui e l'esercizio delle loro abilità.

Il taglio di questo capitolo è prevalentemente teorico. Il tema delle risorse umane nel trasferimento tecnologico è affrontato introducendo i concetti fondamentali del capitale umano ed applicandoli allo specifico contesto del TT. Si farà spesso riferimento a situazioni ed a caratteristiche "ideali" derivate per via deduttiva dallo studio dei modelli di riferimento nella gestione delle risorse umane e nel trasferimento di conoscenza. È chiaro che queste soluzioni "da manuale" non tengono conto di tutte le sfaccettature e complessità che connotano il mondo reale. Riteniamo tuttavia che questo capitolo costituisca un ottimo complemento ai casi pratici dei TTO di 16 Università italiane che compongono la seconda parte del volume.

La struttura del capitolo è la seguente: la Sezione 2.2 argomenta l'estrema complessità del TT, attività che necessita di un significativo contributo umano, la Sezione 2.3 e la Sezione 2.4 descrivono rispettivamente le caratteristiche individuali e le pratiche di gestione delle risorse umane più rilevanti nel contesto del TT, ed infine la Sezione 2.5 conclude il capitolo riassumendo i principali concetti emersi e legandoli al resto del volume.

2.2
La complessità del trasferimento tecnologico

L'importanza che gli individui e le pratiche organizzative ricoprono nel contesto del trasferimento tecnologico deriva dalla complessità di tale attività e dalle condizioni di estrema incertezza in cui si svolge. Tanto più un'attività è complessa, tanto più il suo esito dipende dall'efficacia ed efficienza con cui essa viene gestita. Le cause della complessità del trasferimento tecnologico sono principalmente due: la natura del bene che viene trasferito, cioè conoscenza tecnologica, e gli ingenti costi di transazione che caratterizzano i mercati delle tecnologie.

Innanzitutto, la tecnologia, cioè conoscenza utile a risolvere problemi tecnici, a svolgere attività ed a raggiungere obiettivi tipici dell'essere umano [55], presenta delle caratteristiche che rendono il suo trasferimento più complesso rispetto a quello dei prodotti finiti [10]. Queste caratteristiche sono:

- La conoscenza tecnologica è intangibile, e quindi non può essere vista, toccata e misurata in termini fisici. Inoltre è idiosincratica, che significa che il suo valore non può essere definito in astratto, ma dipende dalle specifiche condizioni di contesto in cui avviene il trasferimento.
- La conoscenza tecnologica ha una significativa componente tacita: essa risiede nelle menti degli individui, è difficile da codificare, se non in brevetti e documenti tecnici, e quindi da trasferire.
- La conoscenza tecnologica è caratterizzata da un alto grado di incertezza in quanto il suo processo di sviluppo è incompleto ed è pertanto soggetta ad eventuali fallimenti di tipo tecnico o di mercato. Ciò è tanto più vero quanto più ad uno stadio prematuro si trova il progetto di ricerca. Si pensi al processo di sviluppo di un nuovo farmaco nel settore biofarmaceutico. La probabilità di successo di una molecola in fase di *discovery* è inferiore al 5%. Diventa circa del 20% in fase preclinica ed infine è del 90% negli ultimi stadi della fase clinica.
- La proprietà della conoscenza tecnologica è di difficile determinazione. Questa condizione è legata al cosiddetto *Information Paradox* formulato da Kenneth

Arrow [2]: poiché la conoscenza stessa è l'oggetto che viene transato, esiste il rischio che nel comunicare le sue caratteristiche durante la negoziazione, si rivelino gli aspetti più importanti al potenziale acquirente il quale, in possesso di tali informazioni, potrebbe utilizzare la tecnologia senza pagarla. Il paradosso si può anche tradurre così: "se dici troppo, non avrai più niente da vendere; se dici poco, non avrai nessuno a cui vendere". I brevetti e gli altri strumenti di proprietà intellettuale hanno lo scopo di stabilire con certezza la proprietà di un certo corpo di conoscenza. Tuttavia essi risultano efficaci solo in un limitato numero di settori industriali, ad esempio quello chimico e l'elettronico.

- La conoscenza tecnologica, quando brevettata, è per definizione unica. Di conseguenza, ogni iniziativa di trasferimento tecnologico si riferisce a beni di scambio differenti, il che complica il raggiungimento di effetti di apprendimento.

In conclusione, gli attributi sopra elencati determinano la minore vendibilità e trasferibilità della conoscenza tecnologica, se paragonata ad altri beni, come prodotti finiti e servizi [58].

In secondo luogo, la complessità del trasferimento tecnologico deriva dall'esistenza di alti costi di transazione nei mercati delle tecnologie, cioè quei luoghi, fisici o virtuali, in cui viene scambiata conoscenza tecnologica, nella forma di brevetti e know-how [1]. Tali mercati sono estremamente inefficienti per diversi motivi: la limitata trasparenza tra domanda ed offerta di tecnologia; il regime di confidenzialità che di norma si applica alle informazioni legate alla R&S e alle strategie tecnologiche delle imprese: "le parti tipicamente non sanno chi possiede cosa, e nemmeno sanno chi potrebbe essere interessato allo scambio" [58, p. 68]; il concreto rischio di comportamento opportunistico da parte dei soggetti coinvolti. Queste caratteristiche dei mercati delle tecnologie ostacolano l'identificazione di potenziali partner, la negoziazione e la stesura dei contratti.

Per le ragioni di cui sopra, il TT è un'attività estremamente complessa in cui il possesso di un "gioiello" tecnologico da commercializzare non è condizione sufficiente a garantire il successo del TTO. Si pensi ad un recente survey svolto da Richard Razgaitis [50], che ha calcolato che su 100 tecnologie offerte sul mercato, solo 4 accordi di licenza sono effettivamente stipulati. Il restante 96% delle tecnologie non riesce a trovare uno sbocco commerciale, ostacolato dalla difficoltà di trovare partner e di negoziare un accordo. Un ulteriore dato indicativo dei forti attriti esistenti nel processo di trasferimento tecnologico viene dallo studio di Di Gregorio e Shane [23], secondo cui il 12% circa delle invenzioni universitarie viene trasferito all'industria. Pur trattandosi di una percentuale più elevata, essa è indicativa dell'ampio margine di miglioramento che esiste per i TTO.

Quali approcci e strumenti manageriali possono adottare i TTO al fine di superare gli ostacoli posti in essere dalla complessità del trasferimento tecnologico? Il presente capitolo sostiene la tesi che le qualità individuali delle risorse umane nei TTO influenzano in maniera sostanziale la capacità delle Università di trasferire i risultati della ricerca alle imprese. Le competenze necessarie a svolgere efficacemente le attività di TT risiedono in prim'ordine negli individui che vengono selezionati, e di seguito formati, per far parte dello staff dei TTO, e sono continuamente arricchite attraverso effetti di apprendimento, sia a livello individuale che a livello organizzativo [62]. A livello organizzativo, l'esistenza di effetti di apprendimento è confermata dalle ricerche di Markman et al. [44] e di Rogers et al. [51] che mostrano una relazione positiva tra l'esperienza di un TTO e le sue performance. Lo stesso rapporto Netval fa dipendere i recenti risultati positivi dalla professionalità maturata dai TTO [4]. A livello individuale, le risorse umane impegnate nel TT giocano un ruolo chiave nell'attivare, rinforzare e sfruttare l'apprendimento attraverso la propria conoscenza, le proprie abilità e la propria esperienza. Questo ruolo è particolarmente pronunciato nei TTO, che in Italia impiegano circa 4 persone e le cui prestazioni sono evidentemente legate all'operato dei singoli individui. Si pensi ad esempio ai meriti che vengono riconosciuti a celebri professionisti del trasferimento tecnologico, come Tim Cook del TTO della University of Oxford (Isis Innovation) o Lita Nielsen del MIT. Sottolineando questi meriti non si vuole certo sottostimare l'importanza del contesto e degli altri attori che hanno permesso a questi individui di produrre il massimo per le proprie istituzioni. La visione ispirata di un Rettore illuminato, la rapidità e la cooperatività degli organi decisionali, un tessuto industriale particolarmente assorbente del sapere universitario ed altro ancora, tutto questo crea le condizioni necessarie affinché la persona possa davvero fare la differenza.

La scelta fatta in questo capitolo di concentrarsi sugli individui è guidata anche da ragioni teoriche. Il trasferimento tecnologico è un'attività che richiede in input un forte e decisivo contributo umano [37]. Questo deriva dal ricco contenuto cognitivo di tale attività, dall'alta intensità di conoscenza richiesta, dall'impossibilità di automatizzare un processo così articolato e flessibile e dalle condizioni di incertezza nelle quali si svolge. Una recente teoria di strategia dell'impresa, la cosiddetta teoria delle *microfoundations* [26, 27], sostiene che per comprendere l'origine e le dinamiche di concetti collettivi quali le prestazioni organizzative, è necessario analizzare in prima istanza il livello sottostante, cioè quello dell'individuo e delle sue caratteristiche: abilità, propensioni, intenzioni, motivazioni, aspettative e comportamenti (le cosiddette *microfoundations*). Un'impresa non è altro che un insieme di individui con il loro background, la loro esperienza e le loro attitudini, sostengono Felin e Foss [26], e le capacità di un'impresa sono essenzialmente il risultato dell'integrazione di specifiche conoscenze individuali [32]. Questo perché il repertorio di conoscenza di un'organizzazione, soprattutto se giovane e di piccole dimensioni, risiede principalmente nel suo capitale umano, oggi più che mai fonte di differenziazione e vantaggio competitivo [48].

Alla luce dell'impatto significativo che l'individuo e le sue qualità hanno sull'abilità di un'organizzazione ad ottenere risultati dalle proprie attività, la seguente sezione descrive i principali tratti individuali che caratterizzano il TTO manager e ne discute i possibili effetti sull'efficacia degli uffici di trasferimento tecnologico.

2.3
Gli individui nel trasferimento tecnologico

Il capitale umano è un concetto complesso [6]. La letteratura scientifica nel campo della psicologia [43] concettualizza la diversità individuale lungo 5 categorie: (i) competenze, (ii) tratti personali, (iii) relazioni sociali, (iv) attributi demografici e (v) valori. Questo capitolo si focalizza sulle prime tre categorie, in quanto strettamente associate alla natura del trasferimento tecnologico ed in virtù del loro potenziale impatto su tale attività. La Figura 2.1 riporta i tratti individuali che sono oggetto di trattazione in questo capitolo.

Innanzitutto, le competenze. La dotazione di competenze di un individuo è funzione principalmente della sua educazione e della sua esperienza. Qui è opportuno introdurre un'ulteriore distinzione, proposta da Colombo e Grilli [22], tra competenze generiche e competenze specifiche. Le prime fanno riferimento alle conoscenze di carattere generale acquisite dall'individuo lungo l'intero percorso educativo e attraverso le varie esperienze professionali. Le seconde alle conoscenze acquisite e direttamente applicate durante lo svolgimento di attività di trasferimento tecnologico.

Partendo dalle prime, una parte delle competenze generiche di un individuo derivano dal suo background educativo, sia in termini di titoli acquisiti (laurea triennale, laurea magistrale, master e dottorato) sia in termini di natura di tali titoli (ad esempio, scientifica, economica, legale). Quali sono le discipline che hanno rilevanza in un contesto di trasferimento tecnologico? Per rispondere a questa domanda, bisogna

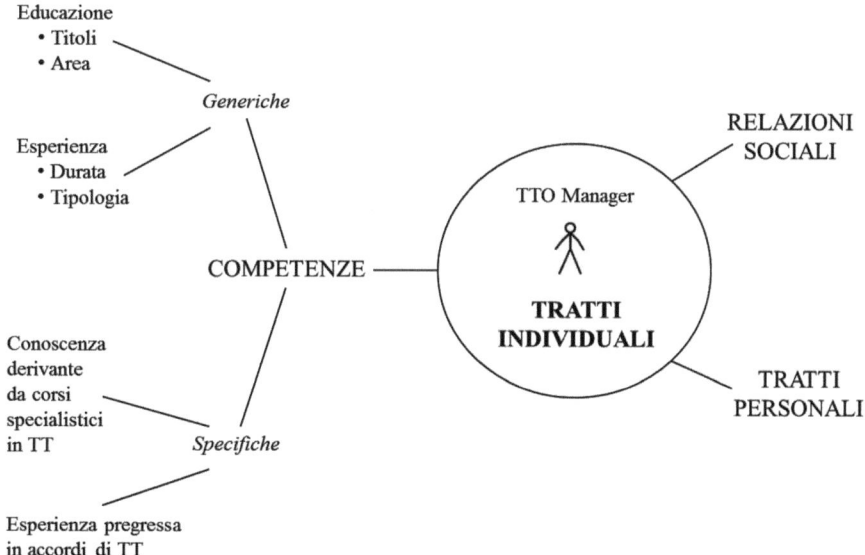

Fig. 2.1 Principali tratti individuali del TTO manager

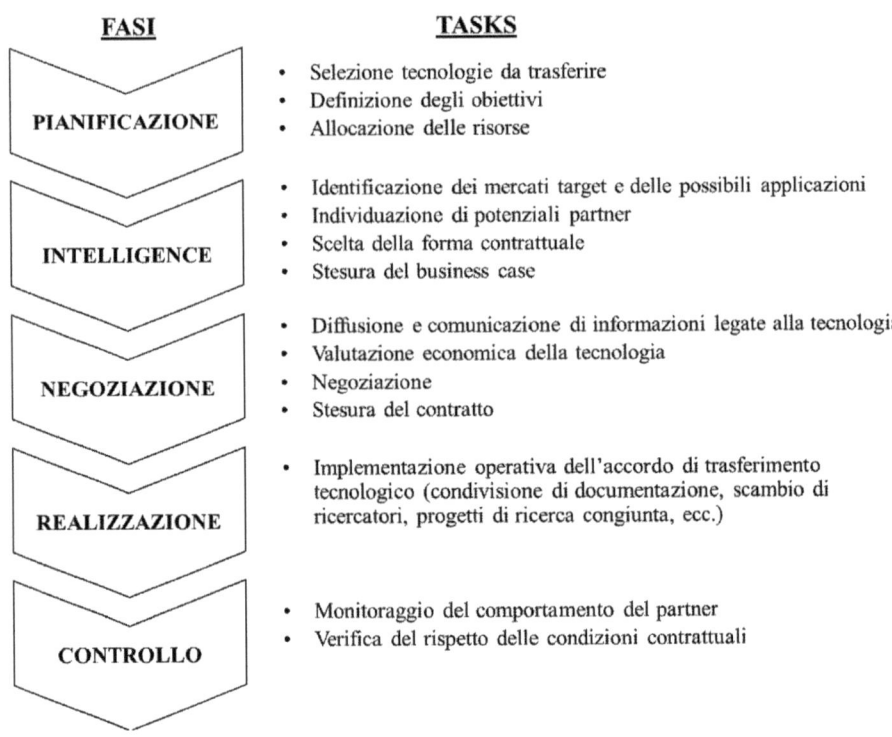

Fig. 2.2 Il processo di trasferimento tecnologico secondo Ulrich Lichtenthaler

considerare la natura del processo di trasferimento tecnologico, il quale comprende *tasks* estremamente eterogenei, di matrice tecnica, legale e di marketing.

La Figura 2.2 dettaglia con precisione i *tasks* compresi nel processo di trasferimento tecnologico. Si adotta qui il modello di trasferimento tecnologico proposto da Ulrich Licthenthaler [40] e composto di 5 fasi: pianificazione, intelligence, negoziazione, realizzazione e controllo.

Nella fase di pianificazione, il TTO decide per quali tecnologie e progetti di ricerca attivare un'iniziativa di trasferimento tecnologico. Per ogni iniziativa, si definiscono in questa fase iniziale gli obiettivi da raggiungere e le risorse da allocare. La fase di intelligence comprende l'analisi del contesto tecnologico ed economico rilevante ai fini dell'iniziativa di TT in questione. L'obiettivo è identificare mercati di sbocco per la tecnologia da trasferire, le sue possibili applicazioni di prodotto o di servizio, e potenziali acquirenti. A questo stadio, lo staff del TTO seleziona la forma contrattuale più adeguata allo specifico trasferimento: licenza o vendita di brevetto, accordi di ricerca collaborativa, creazione di spin-off o joint venture (si veda il Capitolo 1 per maggiori dettagli sulle diverse forme contrattuali per il TT). Una volta individuato un ventaglio di potenziali partner a cui vengono comunicate le potenzialità della tecnologia, inizia la fase di negoziazione in cui le controparti contrattano per raggiungere un accordo sul valore economico della tecnologia e su altre condizioni contrattuali (durata, esclusività, estensione geografica dell'accordo, ambiti di utilizzo, ecc.). La fase di realizzazione consiste nell'effettivo trasferimento della tecnologia attraverso, ad esempio, l'invio della relativa documentazione (dossier, report, ecc.), l'attivazione di progetti di R&S congiunti, lo spostamento temporaneo di ricercatori presso l'impresa partner. Infine, la fase di controllo permette al TTO di monitorare che il comportamento del partner sia conforme a quanto stabilito nel contratto di TT.

Questo modello di processo di TT è ovviamente un rappresentazione ideale e semplificata della tipologia e della sequenza di attività che tipicamente devono essere svolte per portare a termine un accordo di TT. È chiaro che la realtà riserva molto spesso deviazioni da tale modello. Ad esempio, quando è l'impresa stessa a manifestare interesse per una determinata tecnologia, il processo si attiva dalla fase di negoziazione e non prevede quindi le fasi di pianificazione ed intelligence. Inoltre, nel concreto le fasi non si succedono in maniera strettamente sequenziale ma il processo è caratterizzato da frequenti re-iterazioni, come nel caso del fallimento di una negoziazione che richiede l'individuazione di nuovi potenziali partner e/o nuovi mercati per la tecnologia. Riteniamo tuttavia che questa breve e stilizzata descrizione del processo di TT sia utile per sottolineare l'importanza per le risorse umane dei TTO di possedere un ampio ventaglio di competenze. In particolare, competenze di natura tecnica, di marketing e legale sembrano essere decisive per eseguire con successo iniziative di TT.

Poiché la tecnologia è il bene sottostante che viene scambiato in accordi di TT, va da sé che una certa conoscenza tecnica supporta il TTO manager nello svolgimento del proprio lavoro. Nella maggior parte dei casi, la tecnologia da trasferire non ha completato il processo di sviluppo e pertanto possiede un alto tasso di rischio di fallimento tecnico. In tale situazione, un TTO manager in possesso di competenze tecniche avanzate è in grado di valutare correttamente il potenziale della tecnologia ed il suo valore economico [11]. L'applicazione di tecniche di valutazione della proprietà intellettuale [57], l'identificazione di applicazioni alternative di una tecnologia in molteplici settori [9], la difesa dell'innovatività dell'invenzione di fronte alle possibili obiezioni del partner, tutto ciò richiede una solida comprensione e conoscenza della tecnologia in questione. Questa conoscenza è tanto più complessa ma allo stesso tempo rilevante nel caso di progetti di ricerca accademica che si trovano ad uno stadio embrionale [63]. Esistono alcuni contesti come la commercializzazione di biotecnologie in fase di *discovery* in cui il contenuto scientifico è talmente sostanziale che l'assenza di un background tecnico da parte di coloro che ne curano il trasferimento rappresenta un ostacolo difficile da superare. In questi casi non basta sapere "quale cassetto aprire", talento di cui sono dotati molti manager, ma è necessario assicurarsi un attivo e frequente coinvolgimento dei ricercatori responsabili dell'invenzione.

È chiaro che un operatore che ne sa di tecnologia può dialogare più agevolmente e produttivamente con gli inventori, poiché entrambi "parlano la stessa lingua". Questa interazione tra due soggetti primari nel TT può rivelarsi tuttavia un'arma a doppio taglio: molte iniziative di TT sono fallite perché l'eccessivo coinvolgimento degli inventori, fatto di richieste di chiarimenti e dettagli sulla tecnologia trasferita, rallentava il progredire del trasferimento, evento che ha convinto l'acquirente ad abbandonare la pista e a cogliere altre opportunità. Pertanto, un'educazione tecnica può permettere al manager in autonomia di offrire al partner un certo livello di assistenza, soprattutto quando la tecnologia, durante la fase di realizzazione, viene adattata alle esigenze del partner [41]. Tale assistenza è particolarmente critica nel caso la tecnologia abbia una forte componente tacita e quando la remunerazione del TTO avviene sulla base di *royalties*. A differenza di ciò che avviene quando l'accordo prevede per il TTO una remunerazione fissa e corrisposta al momento della firma del contratto (*down payment*), in caso di royalties l'efficacia dell'assorbimento della tecnologia da parte dell'azienda ricevente determina in maniera sostanziale l'ammontare di ritorni economici per i TTO.

Il trasferimento tecnologico è senza dubbio un'attività di commercializzazione e di interfaccia col mercato a valle. Gli operatori coinvolti devono pertanto conoscere ed utilizzare una serie di strumenti di marketing, come il pricing, la comunicazione, la segmentazione dei clienti e le ricerche di mercato, al fine di cedere proficuamente la tecnologia ad un'organizzazione esterna. Tali strumenti, per essere efficaci, devono essere progettati in modo tale da tenere conto della natura cognitiva del bene da transare. Ad esempio, nel contesto del TT i canali di comunicazione utilizzati sono solitamente di tipo "uno-a-uno" al fine di garantire la confidenzialità dell'iniziativa e di minimizzare la perdita di informazioni tecniche ed il conseguente rischio di imitazione. Inoltre, data la sua natura intangibile ed incerta, la definizione del prezzo della tecnologia richiede l'applicazione di svariate tecniche: il metodo basato sul criterio del costo, quello basato sul criterio del mercato e quello basato sul criterio del reddito[2]. Definire il prezzo di una tecnologia è comunque un'operazione fortemente euristica anche negli ambienti più sofisticati. È vero che i modelli matematici possono aiutare nella determinazione del giusto valore, ma si basano su numerose assunzioni e previsioni future. Ecco che allora la prassi più diffusa è quella di combinare le indicazioni derivanti dall'uso di queste tecniche con l'esercizio del buon senso e del cosiddetto *feel factor*.

In termini di selezione del partner, particolarmente critica nel TT a causa della lunga durata dei contratti e della continua interazione tra le parti, un buon bagaglio di competenze di marketing permette al manager di valutare correttamente la qualità degli asset complementari del potenziale partner, ad esempio le strutture produttive, i canali commerciali e distributivi, il parco clienti e più in generale la sua abilità nel portare avanti lo sviluppo della tecnologia e nel commercializzare i prodotti e servizi da essa derivanti. Oltre all'abilità, è anche importante valutare le intenzioni del partner. Capita a volte che l'impresa non è seriamente interessata a portare sul mercato una determinata tecnologia universitaria ma piuttosto ad impedire che essa venga comprata dai concorrenti. Se questo è il vero motivo del trasferimento e l'accordo che viene stipulato prevede una remunerazione principalmente basata su royalties, allora l'Università difficilmente sarà in grado di rientrare dall'investimento effettuato nella tecnologia. Una possibile soluzione è quella di concordare col partner un possibile piano degli investimenti e prevedere la possibilità di recedere dal contratto qualora la controparte non rispetti tale piano.

---

[2] Per maggiori dettagli sui metodi di valutazione economica della proprietà intellettuale, si veda [57].

Questo ci porta alla considerazione che, in aggiunta alle competenze tecniche e di marketing, un'adeguata conoscenza in materia legale giova al TTO manager, soprattutto in fase di negoziazione, di stesura del contratto e nella parte amministrativa degli accordi di TT. Un operatore formato nel diritto è in grado di difendere la proprietà intellettuale in maniera più efficace, di strutturare contratti che chiaramente stabiliscono i diritti e i doveri delle controparti, le *milestones*, le scadenze, i meccanismi di monitoraggio e le clausole di recesso [45]. Avere a che fare con un professionista che ha cognizione di causa in materia legale può servire sia a scoraggiare eventuali comportamenti opportunistici da parte dell'impresa, sia a spingerla a mantenere gli impegni presi. Ciò contribuisce a ridurre i costi di transazione.

Un'osservazione interessante emersa dall'analisi di alcuni casi reali di TT nel contesto italiano è che il set di competenze adeguato per un professionista del TT, e quindi il suo impatto sulle prestazioni organizzative, dipende dalla natura del bene tecnologico che si vuole trasferire. Come già sottolineato in precedenza, se la tecnologia è ad uno stadio prematuro, un'educazione tecnica da parte del TTO manager è fondamentale per il suo efficace trasferimento. Al procedere dello sviluppo della tecnologia, nuove informazioni tecniche e di mercato si rendono disponibili, e quindi il potenziale della tecnologia ed il suo valore sono più facilmente determinati. Nel caso di tecnologie quasi completamente sviluppate, le cui caratteristiche si avvicinano di molto a quelle dei prodotti finiti, la conoscenza tecnico-scientifica di un operatore diventa meno rilevante, mentre le sue abilità legali e di marketing diventano fondamentali.

Il modello di processo di trasferimento tecnologico proposto da Lichtenthaler [40] suggerisce la necessità per i TTO di avere a disposizione competenze eterogenee. Tali competenze possono appartenere allo staff interno impiegato nell'ufficio oppure possono essere acquisite all'esterno attraverso contratti di consulenza o accordi con intermediari. La discussione della convenienza a sviluppare internamente le competenze rispetto al loro acquisto esterno esula dagli scopi del presente capitolo. Una volta a disposizione, il compito successivo è integrare tali competenze in modo da ottenere sinergie e prestazioni collettive di alto livello. Ciò non pone particolari problemi quando le competenze sono possedute dal medesimo individuo, il quale, attraverso un percorso formativo multidisciplinare, è in grado di affrontare scientemente le complessità di varia natura che emergono in ogni iniziativa di TT. Quando invece la conoscenza è diffusa in molteplici risorse umane, esistono appropriati meccanismi organizzativi che possono essere adottati dai TTO allo scopo di integrare le competenze individuali. Una prima soluzione consiste nella creazione di unità organizzative dedicate ad una specifica funzione. Ne sono un esempio gli Uffici di Trasferimento Tecnologico, la cui logica è quella di riunire nella stessa unità persone che si occupano dello stesso processo e condividono gli stessi obiettivi. I vantaggi di tale soluzione sono: l'unità dedicata è insignita dell'autorità sul processo di TT in modo chiaro; è legittimata a richiedere risorse per le attività di TT; è in grado di sfruttare maggiormente gli effetti di apprendimento; costituisce un unico punto di contatto che offre una migliore visibilità esterna. Di contro, la creazione di un'unità dedicata può richiedere ingenti investimenti e può avere effetti indesiderati sul resto dell'organizzazione. Per ovviare a questi inconvenienti, alcune Università hanno scelto di creare uffici di TT esterni all'Ateneo. L'Imperial Innovations di Londra e il Karolinska Development di Stoccolma sono esempi paradigmatici di questo modello: sono infatti società *for profit* che godono di un'estrema flessibilità in termini di assunzioni e strategia. L'aspetto chiave è che queste strutture detengono il diritto di opzione su tutte le tecnologie sviluppate dalle rispettive Università, Imperial College London e Karolinska Institute. In caso di esercizio del diritto, esse diventano responsabili del trasferimento della determinata tecnologia. Altrimenti si cercano partner alternativi per la stessa. In Italia, invece, la quasi totalità dei TTO sono interni alle Università d'appartenenza.

Una soluzione alternativa per l'integrazione delle competenze di individui appartenenti a diverse unità è rappresentata dai team cross-funzionali. Esempi di tali strutture temporanee nel contesto del TT sono le *task force* istituite per la commercializzazione di una specifica tecnologia oppure le commissioni brevetti composte da esperti provenienti da settori disciplinari e/o dipartimenti differenti, che hanno la responsabilità di decidere sulla brevettabilità delle invenzioni sottoposte o di individuare applicazioni alternative di una tecnologia [9]. Rispetto al meccanismo della funzione dedicata interna all'Ateneo, i team crossfunzionali richiedono minori investimenti ed offrono una maggiore flessibilità: la composizione del team può infatti variare di volta in volta a seconda delle particolari caratteristiche dell'iniziativa di TT (tipologia di tecnologia scambiata, tipologia di partner, complessità della negoziazione). Una soluzione intermedia che combina alcuni aspetti dei due meccanismi descritti sopra consiste nella creazione di reti di TTO che mettono a sistema la propria dotazione di conoscenza in una logica di complementarietà. Un numero consistente di Università italiane ha recentemente intrapreso questa via al fine di raggiungere quella massa critica che permette di svolgere con efficacia iniziative di TT.

Finora si è discusso della tipologia di competenze necessarie per fare TT. Un altro aspetto importante riguarda la profondità di tali competenze. In altre parole, qual è il livello di conoscenza tecnica, di marketing, legale adeguato per operare con successo nel TT? Se da un lato, un maggior livello di approfondimento in un determinato ambito, ottenuto ad esempio attraverso un dottorato di ricerca, è sinonimo di competenze più avanzate e, quindi, alla luce di quanto detto in precedenza, può determinare migliori performance, dall'altro l'estrema specializzazione può causare un'attenzione eccessiva a certi dettagli, ad esempio di natura scientifica, a scapito di altri aspetti critici, quali quelli economici, finanziari o legali. Tra i pochi studi che si sono occupati di questa tematica, è opportuno accennare alle ricerche di Chiesa e Piccaluga [18] e di Chiaroni et al. [17], le quali affermano che una forte specializzazione in un determinato settore disciplinare può risultare dannosa quando il ruolo che si ricopre richiede l'utilizzo di un ampio ventaglio di competenze. La figura del TTO manager rientra in questa categoria: egli non deve essere il massimo esperto di ciò che sta cercando di trasferire, ma invece beneficia dall'adozione di una visione sistemica attraverso cui cogliere la pluralità degli aspetti di una determinata situazione. Queste considerazioni sono in linea con quanto si osserva nella realtà italiana dove è raro imbattersi in TTO manager in possesso del dottorato di ricerca.

Il bagaglio di competenze di un individuo non è solamente il risultato di un percorso educativo ma dipende anche dalla sua esperienza professionale. Due attributi dell'esperienza sono rilevanti: la durata e la natura, definita, ad esempio, in termini di tipologia di datori di lavoro, di posizioni ricoperte, di funzioni di appartenenza. Per quanto riguarda la durata, è naturale pensare che la qualità delle competenze di un individuo è direttamente proporzionale al numero di anni di esperienza lavorativa, a causa degli effetti di apprendimento citati in precedenza e dei fenomeni di *learning by doing*. È vero tuttavia che persone con maggiore *seniority* possono diventare vittime di barriere cognitive, di inerzia al cambiamento e di rigidità nello svolgimento delle attività di TT. La giovane età del trasferimento tecnologico in Italia non ha permesso finora di verificare empiricamente l'esistenza di tali dinamiche, che quindi rappresentano un interessante oggetto di studio per ricerche future.

La tipologia di organizzazioni in cui si è accumulata esperienza lavorativa influenza il genere di competenze sviluppate. L'esperienza pregressa in istituzioni pubbliche tende a dotare l'operatore di una conoscenza della burocrazia e delle procedure interne tipiche di tali enti. Un passato professionale nel settore privato invece rende il professionista cosciente delle esigenze, delle tattiche e dei criteri decisionali che caratterizzano le imprese acquirenti di tecnologie universitarie. Questo terreno comune facilita l'instaurarsi di un clima di fiducia e di collaborazione, e riduce di conseguenza i costi di transazione. Inoltre, una maggiore familiarità con il cliente da parte dell'operatore favorisce l'adozione di un approccio *customer-driven*, che secondo Hsu e Bernstein [34] influisce positivamente sulle performance dei TTO.

Restando all'interno dell'impresa, un individuo può maturare esperienza all'interno di funzioni differenti, funzioni "a monte" nella catena del valore, come la Ricerca & Sviluppo, e funzioni più "a valle", come quelle di marketing, finanza e legale. La natura della funzione organizzativa influenza il contenuto dell'apprendimento: l'esperienza nella R&S tendenzialmente risulta in un accresciuto bagaglio di competenze tecniche e scientifiche, mentre trascorsi nelle funzioni di marketing o finanziarie sono associati a superiori abilità nella commercializzazione e nello sfruttamento economico della tecnologia.

L'esperienza discussa finora può essere definita generica, secondo la classificazione di Colombo e Grilli [22]. Esiste anche un'esperienza specifica, che nel contesto del TT fa riferimento all'esperienza ottenuta partecipando attivamente ad iniziative di trasferimento tecnologico. Più alto è il numero di accordi a cui il professionista ha preso parte nel corso della sua carriera, più approfondita è la sua conoscenza specifica del processo di TT, e quindi la sua abilità nel trasferire tecnologia. L'esecuzione ripetuta di attività similari, l'interpretazione a posteriori del loro esito, la comprensione degli errori commessi ed il conseguente apprendimento contribuiscono alla creazione di nuove competenze ed al loro costante rafforzamento. Alcuni studi hanno confermato l'esistenza di benefici derivanti dall'esperienza specifica lungo tutto il processo di TT: nella fase di negoziazione, un operatore più esperto è in grado di redigere contratti più standardizzati [29]; nella fase di realizzazione, in cui è richiesta la collaborazione tra risorse umane provenienti da due organizzazioni differenti, egli fa in modo che normali discussioni non degenerino in gravi conflitti che possono portare all'interruzione del contratto. Per concludere le considerazioni relative all'esperienza, è interessante citare un passaggio di Huston e Sakkab [33] secondo cui la legge di Moore si applica anche al TT: "Il secondo accordo richiede sempre metà del tempo richiesto dal primo accordo, e il terzo metà del secondo, e così via. Tutto ciò avviene poiché l'individuo impara reiterando il processo e nel farlo acquisisce nuove competenze" [33, pp. 23–24].

Oltre alle competenze, i tratti personali ed attitudinali caratterizzano il capitale umano di un TTO manager. Questi sono attributi, insiti nella personalità dell'individuo, che lo rendono più o meno portato a svolgere attività di trasferimento tecnologico, indipendentemente dalle competenze possedute. La rilevanza dei tratti personali nel TT deriva dalle condizioni di incertezza in cui ha luogo il trasferimento tecnologico. In tale contesto è spesso necessario agire seguendo il proprio istinto, piuttosto che le proprie conoscenze [38]. Un tratto che differenzia fortemente gli operatori è la propensione al rischio. Individui meno avversi al rischio sono a loro agio nell'attivare ed implementare processi di TT che tipicamente hanno un alto tasso di fallimento, pari al 96% secondo Razgaitis [50]. Di Minin et al. [25] affermano che il trasferimento di tecnologia richiede agli individui un approccio imprenditoriale che si concretizza nella fissazione di obiettivi ambiziosi ma al contempo realistici, nella ricerca di un alto grado di flessibilità nello svolgimento dei *tasks* e nella capacità di selezionare persone adeguate ai compiti da svolgere. Un leader motivato e visionario, che trasmette la sua passione e le sue competenze, può favorire l'adozione di un approccio imprenditoriale da parte dei propri colleghi.

Altri tratti rilevanti nel TT sono l'inclinazione alle pubbliche relazioni e alla comunicazione, vista l'intensità di contatti con soggetti esterni lungo tutto il processo di TT, e l'attitudine alla mediazione, sia nella gestione dei rapporti con la controparte sia nei confronti degli attori interni. Durante il processo di trasferimento, infatti, sono necessari compromessi tra molteplici soggetti portatori di interessi: i ricercatori che danno la priorità alla pubblicazione dei risultati della ricerca rispetto allo sfruttamento economico, i dipartimenti che indugiano a mettere a disposizione i laboratori per progetti congiunti con le imprese ed infine gli altri organi d'Ateneo che competono con il TTO per l'assegnazione di risorse finanziarie ed umane.

Un elemento fondamentale che completa il quadro del capitale umano di un TTO manager è la rete sociale, costituita dalle relazioni di tipo personale e professionale di un individuo. Secondo Bidault e Fischer [12], la maggior parte dei contratti di licenza si origina da contatti personali diretti. Relazioni sociali preesistenti sono spesso il *trigger* che attiva anche contratti di ricerca sponsorizzata. Più in generale, Hsu e Bernstein [34] sottolineano l'importanza di sfruttare i rapporti personali con i propri partner esistenti al fine di generare nuove opportunità di TT. La commercializzazione di conoscenza tecnologica è un fenomeno fondamentalmente sociale [46] in cui la reputazione ed il prestigio delle parti sono attributi essenziali per ovviare alla mancanza di trasparenza dei mercati delle tecnologie e per far sì che il trasferimento si realizzi [56]. Ne segue che una parte rilevante del lavoro di TTO manager riguarda la partecipazione a convegni ed a eventi di networking, dove vari professionisti e potenziali acquirenti si incontrano faccia a faccia per discutere di eventuali *deal* di TT. Oltre che ad ampliare l'ampiezza e l'intensità del network individuale, tali occasioni contribuiscono a mitigare le asimmetrie informative che esistono attorno al valore economico della tecnologia, soprattutto se ad uno stadio prematuro di sviluppo. Le ultime edizioni del Rapporto Netval documentano un progressivo rafforzamento del dialogo, del comune sentire e della fiducia tra Università ed impresa, che dà vita a rapporti di collaborazione sempre più stretti e longevi. Infine val la pena sottolineare che un operatore dovrebbe non fare affidamento esclusivo sulla propria rete di contatti esistente, ma dovrebbe investire tempo e risorse nel cercare di espanderla ed accrescerla. Rivolgersi sempre e comunque ai propri contatti pregressi può determinare la trappola dell'*over-embeddedness* [13] in cui i TTO, privilegiando gli aspetti sociali a quelli economici, finiscono per stringere collaborazioni con partner che non sono ottimali per la specifica tecnologia. Al contrario, investire sull'ampliamento del proprio network è una strategia che paga nel lungo termine poiché aumenta le possibilità di trovare il partner adatto a sviluppare e commercializzare la tecnologia.

In questa sezione, sono stati descritti i principali elementi che compongono il capitale umano dello staff di un TTO: competenze, tratti personali e relazioni sociali. Tali elementi non devono essere intesi come disgiunti ma come caratteristiche complementari che integrandosi tra loro formano in maniera organica il carattere del singolo individuo. La complementarietà tra i vari aspetti si può facilmente comprendere con degli esempi pratici: una maggiore esperienza in accordi di TT contribuisce a migliorare le competenze dell'operatore ma anche la sua reputazione, credibilità e visibilità sul mercato. Ciò spesso favorisce fenomeni di TT di tipo *demand pull*, cioè processi di trasferimento attivati dalla domanda di tecnologie universitarie da parte delle imprese [41]. Altrettanto, un'intensa esperienza sul campo equipaggia gli individui di una più evoluta consapevolezza culturale ed esposizione internazionale, fattori che sono comunemente considerati rilevanti nel trasferimento tecnologico.

2.4
La gestione delle risorse umane nel trasferimento tecnologico

La discussione del ruolo degli individui nel trasferimento tecnologico sarebbe incompleta se in questo capitolo non si accennasse ad alcune pratiche di gestione delle risorse umane che possono essere adottate dai TTO. Questi strumenti manageriali sono utilizzati allo scopo di creare le condizioni ottimali affinché lo staff svolga al meglio le sue funzioni di TT. In questo modo si stabilisce internamente un contesto organizzativo positivo, che stimola, motiva e spinge gli individui ad agire in modo da massimizzare le prestazioni di TT [31]. Adeguate pratiche di gestione delle risorse umane orientano le azioni degli individui nella direzione desiderata, creano commitment e danno loro un livello di autorità commisurato con le responsabilità. In generale, permettono al TTO di sfruttare al meglio le competenze e le potenzialità dei propri individui trasformandole in valore economico. La Figura 2.3 raffigura tale effetto moderatore da parte della gestione delle risorse umane, che si può tradurre in questo modo: l'effetto positivo delle qualità individuali sulle prestazioni organizzative è più marcato quando sono in essere appropriate pratiche manageriali.

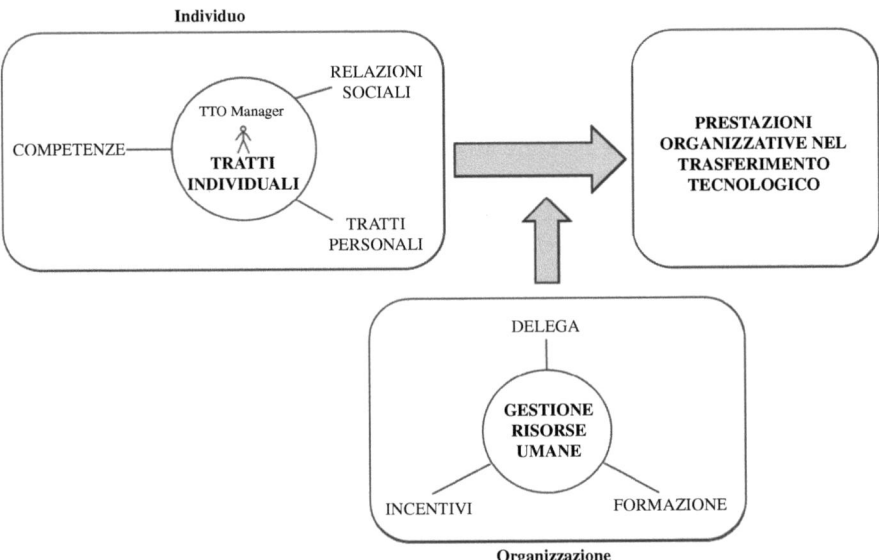

Fig. 2.3 L'effetto sulle prestazioni di TT da parte delle pratiche di gestione delle risorse umane

Quelle descritte in questo capitolo sono: la delega del potere decisionale, i sistemi di incentivazione degli individui ed i programmi di formazione.

Il livello di delega in un TTO fa riferimento al grado di autonomia decisionale che viene riconosciuto al singolo operatore. La delega è bassa quando le decisioni da prendere lungo il processo di TT, ad esempio la scelta del partner o il prezzo della tecnologia, sono affidate agli organi accademici a livello centrale, come il Consiglio d'Amministrazione o il Senato Accademico. Il livello di delega aumenta al crescere del numero e del peso delle decisioni assegnate ai livelli gerarchici più bassi. I vantaggi della delega sono una maggiore velocità nel prendere decisioni e la possibilità di sfruttare appieno le competenze degli operatori che agiscono "sul campo", a stretto contatto con l'offerta di tecnologia (i ricercatori) e la domanda (le imprese) [21]. In un contesto estremamente incerto e complesso come quello del TT, la delega migliora l'efficacia del processo decisionale poiché l'operatore, dedicandosi a tempo pieno alle attività di TT, gode di un sensibile vantaggio informativo rispetto a decisori in cima alla gerarchia universitaria per cui il TT è solo uno dei vari ambiti in cui sono chiamati ad operare. Un individuo competente può esprimere il suo potenziale solo se è libero di prendere le decisioni che il suo bagaglio di conoscenza gli suggerisce essere corrette. Inoltre, la delega favorisce il pronto avanzamento di un'iniziativa di TT poiché il TTO manager è autorizzato ad effettuare investimenti e a dedicare risorse per il completamento dell'accordo. Inoltre può rispondere velocemente a stimoli esterni, eventi imprevisti e richieste speciali da parte di potenziali clienti. Al contrario, una situazione di bassa delega è spesso associata a lunghi iter burocratici, in cui prendere una decisione prevede il passaggio attraverso molteplici organi e commissioni. Questo avviene a detrimento delle imprese che necessitano di tempi brevi e certi, e pertanto risulta in una minore abilità da parte dei TTO a cogliere le opportunità. Queste considerazioni teoriche sembrano essere confermate dalle interviste che tra il 2008 e 2010 abbiamo effettuato con un campione di TTO manager, secondo cui la lentezza e la complessità del processo decisionale nelle Università è tra le principali cause di fallimento delle iniziative di TT.

Con sistema di incentivazione si intende l'insieme di strumenti organizzativi atti ad incoraggiare e premiare gli sforzi e le azioni delle risorse umane. La letteratura di management distingue tra due tipologie di incentivi: quelli intrinseci (come la possibilità di lavorare su progetti più stimolanti) e quelli estrinseci (come l'assegnazione di bonus in denaro). Ad oggi non esistono studi su quali siano i meccanismi incentivanti più efficaci in un contesto di TT. Se si considerano altre aree d'impresa, si evince che nel caso di attività ad alto contenuto cognitivo, come la R&S, gli incentivi intrinseci, come una maggiore libertà d'azione o migliori opportunità di carriera, hanno maggiore impatto rispetto a quelli estrinseci [15, 24]. Inoltre, se si considera lo status pubblico della gran parte degli enti universitari, si comprende la forte difficoltà, se non l'impossibilità, per i TTO di implementare incentivi estrinseci, di natura monetaria, sia a causa della scarsità di risorse finanziarie a disposizione degli Atenei sia della rigidità dei regolamenti o dell'assenza di normative riguardanti tali strumenti. Compiti più sfidanti, opportunità di crescita e la soddisfazione che si prova nel raggiungere obiettivi sempre più ambiziosi, spesso agiscono come forze trainanti, che spingono gli individui a dare il massimo nel cercare di chiudere un'accordo di TT vantaggioso per la loro istituzione. Inoltre tali incentivi incoraggiano un atteggiamento imprenditoriale da parte degli operatori poiché li stimolano a cercare costantemente nuovi modi di fare TT che migliorino le performance.

Infine, la formazione ha lo scopo di arricchire la base di conoscenze dell'individuo. Attraverso corsi e programmi di formazione, l'operatore acquisisce nuove nozioni più o meno legate al processo di TT. L'evidenza empirica raccolta di recente nel contesto italiano suggerisce che i TTO manager tendono a frequentare corsi che si concentrano su tematiche di natura manageriale, ad esempio corsi di negoziazione, di gestione della proprietà intellettuale o di project management. Alcuni esempi in questo senso sono il master in Gestione della Proprietà Intellettuale dell'Università di Bologna, il master sulla Imprenditorialità High Tech della Siaf di Volterra e il Master in Innovation and Knowledge Transfer del MIP Politecnico di Milano. È invece molto rara l'eventualità che i TTO manager acquisiscano conoscenze tecnico-scientifiche attraverso master o corsi di formazione, a meno che non si tratti di corsi di aggiornamento. Questo sembrerebbe suggerire che le competenze tecniche debbono essere costruite nelle fasi iniziali del percorso educativo, cioè a livello di laurea triennale e magistrale, dopodiché diventa estremamente complicato per l'individuo raggiungere quel livello di profondità e quella forma mentis che tali discipline richiedono. Non solo la formazione rappresenta un'ottima integrazione dell'apprendimento di tipo *learning by doing* derivante dall'esperienza, ma contribuisce ad aumentare la soddisfazione dei dipendenti, che si sentono da un lato più sicuri nello svolgere i tasks a loro assegnati e dall'altro più attrattivi sul mercato del lavoro [24].

A conclusione di questa sintetica trattazione sulla gestione delle risorse umane, è opportuno ricordare che le leve a disposizione dei TTO sono effettivamente limitate.

La responsabilità sulle decisioni che concernono l'adozione di specifiche pratiche organizzative spesso trascende i confini dell'ufficio e a volte anche quelli dello stesso Ateneo. Il raggio d'azione entro cui i manager possono scegliere quale modello organizzativo di TTO perseguire è ridotto, con la conseguenza che la creazione di un contesto ottimale che faciliti il lavoro dei TTO manager è un obiettivo difficilmente perseguibile. È sulla base di questo ragionamento che riteniamo che l'attribuzione di una maggiore autonomia ai TTO sarebbe un passo avanti importante e per di più *low cost*.

2.5
Conclusioni

Questo capitolo si è concentrato sul ruolo dell'individuo nel TT. La tesi qui sostenuta è che le caratteristiche del capitale umano in un TTO influenzano fortemente le prestazioni organizzative e che le pratiche di gestione delle risorse umane giocano un ruolo chiave nell'orientare le azioni degli operatori e nel rinforzare il loro effetto positivo sulle performance. Il trasferimento tecnologico è un processo il cui esito dipende in maniera decisiva dalle abilità degli individui a causa delle sue proprietà peculiari. Essendo un processo complesso, incerto e caratterizzato da forti asimmetrie informative, il TT richiede competenze avanzate ed adeguati comportamenti individuali. In mercati caratterizzati da alti costi di transazione come i mercati delle tecnologie, il semplice possesso di brevetti di valore non è garanzia di ritorni economici per i TTO. L'88% delle tecnologie sviluppate nei laboratori accademici giace inutilizzato "sugli scaffali" senza produrre ricchezza [54]. La buona notizia è che i TTO hanno tutte le potenzialità per riuscire a ridurre tale percentuale. Quello che fa la differenza è la capacità di investire sulle persone, vero elemento fondante dell'abilità delle organizzazioni a gestire efficacemente il processo di TT.

L'approccio adottato nella stesura di questo capitolo è stato quello di derivare concettualmente una serie di tratti individuali rilevanti nel contesto di TT. A questo scopo è stata analizzata approfonditamente la letteratura scientifica sul tema. Questo sforzo ha permesso di sviluppare per via deduttiva un fenotipo ottimale per il TTO manager, cioè un insieme di caratteri posseduti dall'individuo che gli permettono di svolgere l'attività di TT con successo. Il principale limite di questo risultato è che si tratta di un profilo ideale, valido in un ambiente controllato, "da laboratorio", ma che non tiene conto delle molteplici sfaccettature che caratterizzano il mondo reale, come l'assenza di risorse finanziarie, i ridotti gradi di libertà di cui godono i TTO manager, la limitata capacità assorbitiva delle imprese e così via. È per ovviare parzialmente a questa limitazione che la seconda parte di questo volume raccoglie, attraverso la penna degli stessi protagonisti del TT, il racconto della nascita e della crescita di 16 TTO nelle principali Università italiane. Queste testimonianze ricche di storie significative costituiscono l'opportuna integrazione alla trattazione concettuale sviluppata qui sopra e offrono al lettore una piena comprensione del fenomeno del TT ed un'ampia panoramica del ruolo pratico del capitale umano nel TT. L'evidenza empirica che deriva dalla descrizione dell'operato di coloro che praticano il TT tutti i giorni permette di individuare nuovi fattori, sia a livello individuale che organizzativo, e nuove relazioni tra essi, che non sono emerse dall'analisi concettuale svolta in questo capitolo ma che sono altrettanto importanti per cogliere appieno la portata della sfida del trasferimento tecnologico.

Bibliografia

1. Arora A, Fosfuri A, Gambardella A (2001) Markets for Technology. MIT Press, Cambridge, MA
2. Arrow KJ (1996) The Economics of Information: An Exposition. Empirica 23(2): 119–128
3. Audretsch DB, Phillips RJ (2006) Entrepreneurship, State Economic Development Policy, and the Entrepreneurial University. Discussion Papers on Entrepreneurship, Growth and Public Policy
4. Balderi C, Patrono A, Piccaluga A (2011) Potenziamo la catena del valore. VIII Rapporto Netval sulla Valorizzazione della Ricerca nelle Università Italiane. Maria Pacini Fazzi Editore, Lucca
5. Barney J (1991) Firm resources and sustained competitive advantage. Journal of Management 17(1): 99–120
6. Becker GS (1975) Human Capital. National Bureau of Economic Research, New York
7. Bercovitz J, Feldman M, Feller I, Burton R (2001) Organizational structure as a determinant of academic patent and licensing behavior: an exploratory study of Duke, Johns Hopkins, and Pennsylvania state Universities. Journal of Technology Transfer 26(1–2): 21–35
8. Bianchi M, Chiesa V, Frattini F (2009) The commercialization of academic research as a dynamic capability: the case of two Italian universities' Technology Transfer Offices. Proceedings of Triple Helix VII, 7th Biennial International Conference on University, Industry & Government Linkages, pp 1–7
9. Bianchi M, Campodall'Orto S, Frattini F, Vercesi P (2010) Enabling Open Innovation in SMEs: How to Find Alternative Applications for Your Technologies. R&D Management 40(4): 463–480
10. Bianchi M, Chiaroni D, Chiesa V, Frattini F (2011) Exploring the role of human resources in technology out-licensing: an empirical analysis of biotech new technology-based firms. Technology Analysis & Strategic Management 23(8): 825–849
11. Bianchi M, Chiesa V, Frattini F (2011) Selling technological knowledge: how firms can win the complexities of technology transactions. Research-Technology Management 54(2): 18–26
12. Bidault F, Fischer WA (1994) Technology transactions: Networks over markets. R&D Management 24(4): 373–86
13. Burt RS (1992) Structural Holes: The Social Structure of Competition. Harvard University Press, Cambridge, MA
14. Chapple W, Lockett A, Siegel DS, Wright M (2005) Assessing the relative performance of U.K. University technology transfer offices: parametric and non-parametric evidence. Research Policy 34(3): 369–384
15. Chen CC, Ford CM, Farris GF (1999) Do Rewards Benefit the Organization? The Effects of Reward Types and the Perceptions of Diverse R&D Professionals. IEEE Transactions on Engineering Management 46(1): 47–55

16. Chesbrough H (2003) Open Innovation: The new imperative for creating and profiting from technology. Harvard Business School Press, Cambridge, MA
17. Chiaroni D, Chiesa V, Pozzi E, Rossi L (2005) The case of academic spin-off companies as technology transfer mechanisms: evidence from two Italian regions. International Journal of Technology Intelligence and Planning 1(3): 340–355
18. Chiesa V, Piccaluga A (2000) Exploitation and diffusion of publicvresearch: the case of academic spin-off companies in Italy. R&D Management 30(4): 329–339
19. Cockburn IM, Henderson RM (1998) Absorptive Capacity, Coauthoring Behavior, and the Organization of Research in Drug Discovery. Journal of Industrial Economics 46(2): 157–182
20. Cohen WM, Nelson RR, Walsh JP (2002) Links and Impacts: The Influence of Public Research on Industrial R&D. Management Science 48(1): 1–23
21. Colombo MG, Delmastro M (2008) The economics of organizational design: theoretical insights and empirical evidence. Palgrave Macmillan, New York
22. Colombo MG, Grilli L (2005) Founders' human capital and the growth of new technology-based firms: a competence-based view. Research Policy 34(6): 795–816
23. Di Gregorio D, Shane S (2003) Why do some universities generate more start-ups than others? Research Policy 32(2): 209–227
24. Di Minin A, Piccaluga A (2009) R&D People. In: Chiesa V, Frattini F (eds) Measurement and Evaluation of Research and Development. Edward Elgar, Cheltenham, pp 108–140
25. Di Minin A, Frattini F, Piccaluga A (2010) Fiat: Open Innovation in a Downturn (1993–2003). California Management Review 52(3): 132–159
26. Felin T, Foss NJ (2005) Strategic organization: A field in search of micro-foundations. Strategic Organization 3(4): 441–455
27. Felin T, Hesterly WS (2007) The knowledge-based view, heterogeneity, and new value creation: Philosophical considerations on the locus of knowledge. Academy Management Review 32(1): 195–218
28. Friedman J, Silberman J (2003) University technology transfer: do incentives, management, and location matter? Journal of Technology Transfer 28(1): 17–30
29. Gambardella A, Giuri P, Luzzi A (2007) The Market for Patents in Europe. Research Policy 36(8): 1163–1183
30. Granstrand O (1999) The Economics and Management of Intellectual Property: Towards Intellectual Capitalism. Edward Elgar Publishing, Cheltenham, UK
31. Ghoshal S, Bartlett CA (1994) Linking organizational context and managerial action: The dimensions of quality of management. Strategic Management Journal 15(Special Issue 2): 91–112
32. Grant RM (1996) Toward a knowledge-based theory of the firm. Strategic Management Journal 17(Winter Special Issue): 109–122
33. Huston L, Sakkab N (2007) Implementing open innovation. Research Technology Management 50(2): 21–25
34. Hsu D, Bernstein D (1997) Managing the university technology licensing process: Findings from case studies. Journal of Association of University Technology Managers 9(1): 1–33
35. Jensen RA, Thursby MC (2001) Proofs and prototypes for sale: the licensing of university inventions. American Economic Review 91(1): 240–259
36. Jensen RA, Thursby JG, Thursby MC (2003) Disclosure and licensing of university inventions: the best we can do with the S**T we get to work with? International Journal of Industrial Organization 21(9): 1271–1300

37. Kim YJ, Vonortas NS (2006) Determinants of technology licensing: the case of licensors. Managerial & Decision Economics 27(4): 235–249
38. Knight FH (1921) Risk, Uncertainty, and Profit. Houghton Mifflin, New York
39. Lach S, Schankerman M (2004) Royalty sharing and technology licensing in universities. Journal of the European Economic Association 2(2/3): 252–264
40. Lichtenthaler U (2008) Externally commercializing technology assets: An examination of different process stages. Journal of Business Venturing 23(4): 445–464
41. Lichtenthaler U, Ernst H (2007) Developing reputation to overcome the imperfections in the markets for knowledge. Research Policy 36(1): 37–55
42. Lichtenthaler U, Ernst H (2009) The role of champions in the external commercialization of knowledge. Journal of Product Innovation Management 26(4): 371–387
43. Mannix E, Neale MA (2005) What Differences Make a Difference? The Promise and Reality of Diverse Teams in Organizations. Psychological Science in the Public Interest 6(2): 31–55
44. Markman GD, Gianiodis PT, Phan PH, Balkin DB (2005) Innovation speed: Transferring university technology to market. Research Policy 34(7): 1058–1075
45. Mayer KJ, Salomon RM (2006) Capabilities, contractual hazards, and governance: integrating resource-based and transaction cost perspectives. Academy of Management Journal 49(5): 942–959
46. Merton RK (1968) Social theory and social structure. Free Press, New York
47. Nerkar A, Shane S (2007). Determinants of invention commercialization: an empirical examination of academically sourced inventions. Strategic Management Journal 28(11): 1155–1166
48. Pfeffer J (1994) Competitive advantage through people. Harvard Business School Press, Cambridge, MA
49. Rappert B, Webster A, Charles D (1999) Making Sense of Diversity and Reluctance: Academic-Industrial Relations and Intellectual Property. Research Policy 28(8): 873–890
50. Razgaitis R (2004) US/Canadian Licensing in 2003: Survey Results. Journal of the Licensing Executive Society 34(4): 139–151
51. Rogers EM, Yin Y, Hoffmann J (2000) Assessing the Effectiveness of Technology Transfer Offices at U.S. Research Universities. Journal of Association of University Technology Managers 12(1): 47–80
52. Shane S (2002) Selling university technology: patterns from MIT. Management Science 48(1): 122–137
53. Siegel DS (ed) (2006) Technology Entrepreneurship: Institutions and Agents Involved in University Technology Transfer, vol 1. Edgar Elgar, London
54. Siegel DS, Waldman DA, Link AN (2003b) Assessing the impact of organizational practices on the productivity of university technology transfer offices: an exploratory study. Research Policy 32(1): 27–48
55. Simon HA (1973) Technology and environment. Management Science 19(10): 1110–1121
56. Sine WD, Shane S, Di Gregorio D (2003) The Halo Effect and Technology Licensing: The Influence of Institutional Prestige on the Licensing of University Inventions. Management Science 49(4): 478–496
57. Smith GV, Parr RL (2000) Valuation of Intellectual Property and Intangible Assets, 3rd edn. John Wiley & Sons, New York
58. Teece DJ (1998) Capturing value from knowledge assets: the new economy, markets for know-how, and intangible assets. California Management Review 40(3): 55–79

59. Thursby JG, Jensen RA, Thursby MC (2001) Objectives, characteristics and outcomes of university licensing: a survey of major U.S. universities. Journal of Technology Transfer 26(1–2): 59–70
60. Thursby JG, Thursby MC (2002) Who is selling the Ivory tower? Sources of growth in university licensing. Management Science 48(1): 90–104
61. Tidd J, Trewhella MJ (1997) Organizational and Technological antecedents for knowledge acquisition and learning. R&D Management 27(4): 359–375
62. Wheelright S, Clark K (1992) Revolutionizing Product Development, Quantum Leaps in Speed, Efficiency, and Quality. The Free Press, New York
63. Ziedonis AA (2007) Real options in technology licensing. Management Science 53(10): 1618–1633
64. Zucker LG, Darby MR, Armstrong J (2002) Commercializing Knowledge: University Science, Knowledge Capture, and Firm Performance in Biotechnology. Management Science 48(1): 138–153

Parte II

I primi dieci anni di trasferimento tecnologico al Politecnico di Milano

3

Giuseppe Conti e Mattia Bianchi

Punti chiave

> - Un modello di riferimento per il trasferimento tecnologico in Italia
> - Macroprocessi di trasferimento tecnologico
> - La cultura della proprietà intellettuale ed imprenditorialità

3.1
Come siamo nati

Il Politecnico di Milano è un'Università scientifico-tecnologica che forma ingegneri, architetti e disegnatori industriali. L'esistenza di oltre 1.300 professori e ricercatori, 40.000 studenti, 7 campus, 9 facoltà, 17 dipartimenti e 150 laboratori fa di questo Ateneo la più grande Università tecnologica italiana.

Da sempre sinonimo di qualità e innovazione nella didattica e nella ricerca, il Politecnico di Milano ha tradizionalmente puntato a sviluppare un rapporto fecondo con la realtà economica e produttiva circostante, ad assecondare la vocazione del territorio in cui opera e ad esserne da stimolo per il suo sviluppo. I principali strumenti attraverso cui l'Ateneo persegue tali fini sono la ricerca sperimentale ed il trasferimento tecnologico, quest'ultimo inteso come insieme di azioni legate all'assunzione di responsabilità nella valorizzazione dei prodotti delle proprie attività di ricerca istituzionali.

Che l'assunzione di un ruolo attivo nei processi di collaborazione con il mondo produttivo ed industriale faccia parte del DNA del Politecnico di Milano lo dimostra il fatto che l'ufficio di trasferimento tecnologico è stato uno dei primi istituiti in Italia ed uno dei fondatori e promotori della diffusione a livello universitario italiano ed internazionale delle buone pratiche di gestione della proprietà intellettuale dei risultati della ricerca pubblica. Azione concretizzata nella creazione di un'associazione denominata Network per la Valorizzazione della Ricerca Universitaria (Netval), alla quale aderiscono 44 Università italiane, e nella partecipazione all'associazione europea per il trasferimento tecnologico, Proton Europe. I comprovati risultati raggiunti in questi anni, sia in termini di gestione e sfruttamento della proprietà intellettuale che in termini di creazione di imprese spin-off, fanno sì che oggi il TTO del Politecnico di Milano sia leader a livello internazionale nel settore del trasferimento tecnologico, nonché punto di riferimento per la comunità nazionale e nodo nevralgico di relazioni intrattenute con uffici analoghi nelle altre Università italiane.

La storia della nascita e della gestazione del TTO del Politecnico di Milano può essere riassunta in cinque macrofasi che descrivono l'evoluzione dell'approccio alla gestione della proprietà industriale ed al trasferimento tecnologico dal modello americano a quello europeo (*Open Innovation*):

- fase 1: la cultura del brevetto;
- fase 2: la selezione dei brevetti e la creazione di nuove imprese;
- fase 3: il monitoraggio della ricerca, dei contratti e degli accordi con il mondo industriale;
- fase 4: il networking e l'incremento dell'azione di licensing, l'introduzione di nuovi modelli di business (patent on demand, outsourcing del licensing);
- fase 5: la diversificazione dei servizi (protezione del design e del software), la selezione ed il supporto alle spin-off e l'impegno verso l'accountability dei risultati con attenzione alle linee guida per il conflitto di interessi.

La prima fase è fondamentale, poiché costituisce una *conditio sine qua non* affinché si possano iniziare le attività, entrare in contatto con i ricercatori, far conoscere loro le competenze interne al TTO e consolidare i primi brevetti in portafoglio. Molte attività di formazione e informazione hanno maggiore efficacia se gestite mediante il rapporto personale con il singolo ricercatore, in un continuo processo di *learning by doing*. Ogni TTO manager al Politecnico ha un contatto diretto con gli inventori e quasi sempre li conosce personalmente.

La seconda fase necessita di un affinamento di competenze, trattandosi dell'erogazione di attività preliminari di selezione delle idee e di trasferimento di tutte quelle procedure necessarie a far crescere nel ricercatore la conoscenza e la consapevolezza del fine dello strumento brevettuale. Ancora una volta, insieme ai ricercatori vengono valutati i requisiti di brevettazione delle invenzioni, ma anche e soprattutto le loro potenzialità di ricaduta, di trasferimento, di applicabilità industriale e di ricettività commerciale. È inoltre fondamentale considerare in parallelo ogni possibile forma di trasferimento, inclusa ovviamente quella che forse è la più pregiata e cioè la creazione di nuove imprese spin-off della ricerca. In questa fase è avvenuto il primo gradino di crescita e la prima vera strutturazione dell'organizzazione, con una differenziazione dei ruoli e delle competenze nelle macrofunzioni del processo di TT.

La terza fase è complessa, non lineare, time consuming, molto basata sull'esperienza di casi di successo e forse ancor di più su quelli di insuccesso. Il *licensing out* è un processo che necessita di competenze multidisciplinari, e raramente nei TTO, in particolare in quelli più giovani, è possibile disporre di risorse sufficientemente qualificate e numerose. D'altro canto, dopo pochi anni di attività vera e propria, il portafoglio brevetti del Politecnico era già cresciuto di decine di unità, ma la massa critica rappresenta un vantaggio competitivo nel *licensing out* se e solo se è associato allo sviluppo di un network industriale consolidato.

La quarta fase ha rappresentato la marcia in più per superare la fase di investimento puro e iniziare a vedere i possibili ritorni. È stato più efficace cercare di aumentare la selezione del portafoglio brevetti in tutte le fasi di vita del brevetto (primo deposito, estensione, nazionalizzazioni, ecc.), ma anche migliorare il processo di creazione di impresa e di supporto nella fase di crescita delle prime società. Infine, anche alla luce delle esperienze anglosassoni, sono stati studiati diversi modelli di business ed infine si è scelto di costituire una impresa spin-off *sui generis* che si occupasse proprio di favorire il *licensing out* dei brevetti nati nell'ambito della ricerca pubblica.

L'ultima fase ha visto un'ulteriore crescita di professionalità e diversificazione di attività nell'intento di servire la più ampia comunità possibile di ricercatori operanti nell'Università, ma anche di cogliere i crescenti stimoli del mercato e i trend industriali che vedono sempre più crescenti e pervasive le componenti *software* e di *design*.

Concretamente, i prodromi dell'avvento del trasferimento tecnologico come terza *mission* del Politecnico di Milano risalgono al 1998 quando l'Ateneo partecipò al progetto NEICO UE. Un gruppo di studenti (tra cui anche uno degli autori, Giuseppe Conti), al termine del corso di "Gestione dell'innovazione" del Prof. Roberto Verganti, arrivarono a concepire (inventare) un nuovo (presunto) sistema di *trackball* per computer portatili che fosse facilmente estraibile ed usato come un normale *mouse wireless*. Ad un primo riscontro positivo da parte di alcune aziende alle quali era stata presentata l'idea (violando di fatto il requisito della novità ed inficiando per sempre la possibilità di brevettare il trovato), è scattata la molla e il desiderio di proteggere l'invenzione. La ricerca di questi studenti fu vana. Non esisteva, ancora, presso il Politecnico un ufficio brevetti. Tuttavia, gli studenti vennero in contatto con Mauro Pezzè, professore di ingegneria del software e allora delegato del Rettore (Adriano de Maio) che da pochi giorni aveva ricevuto notizia positiva in merito alla partecipazione del Politecnico in un progetto europeo, chiamato appunto NEICO. Il progetto era volto alla condivisione di buone pratiche per la gestione della proprietà industriale in ambito universitario e in generale della ricerca pubblica europea. L'occasione era ghiotta e Giuseppe Conti decise di aderire al progetto e partecipare ad un corso di formazione intensivo in Germania e di condurre a termine il progetto con un business plan per costituire un TTO al Politecnico di Milano. Tale progetto ha giocato un ruolo determinante per la nascita del TTO, che avviene nel 1999 all'interno del Dipartimenti di Elettronica e Informazione (DEI). Lo stesso anno il Politecnico di Milano compila la sua prima domanda di brevetto, mentre è del 2000 la creazione del primo spin-off universitario e del 2001 l'apertura dell'incubatore universitario Acceleratore d'Impresa. Ci furono molti elementi fortunati e combinazioni favorevoli ma certo non si può prescindere dal ringraziare la visione illuminata e la decisione dell'allora Rettore De Maio nel credere ad un *business plan* molto traballante e nell'investire in un'iniziativa pur essendo consapevole del fatto che probabilmente sarebbe stato il seguente Rettore a raccoglierne i frutti!

Nei primi anni di vita il TTO ha subito numerose modifiche di forma organizzativa: dall'iniziale posizione all'interno di un singolo dipartimento, l'ufficio transita nel Consorzio Politecnico Innovazione, per poi essere completamente integrato nell'Amministrazione Centrale dell'Ateneo, ufficializzato nel 2001 con decreto rettorale.

I motivi dei cambiamenti sono legati, come molto spesso accade, a persone e relazioni che si instaurano oltre che, ovviamente, a considerazioni sui benefici di natura organizzativa, in termini di efficacia ed efficienza dei processi. Anche in questo, il fatto di riportare centralmente l'organizzazione del TTO fu legata al cambio di delegato del rettore ed all'arrivo del Prof. Riccardo Pietrabissa, attuale presidente dell'associazione nazionale dei TTO (Netval). Le considerazioni di natura più prettamente organizzativa sono invece legate alla necessità, in particolar modo nelle prime fasi del ciclo di vita dei TTO, di accorciare la catena dalla ricerca al mercato, al fatto di creare un rapporto di stima e fiducia tra il management del TTO e i ricercatori. Troppo spesso infatti, l'intermediario viene visto come un ostacolo o comunque come un soggetto non portatore degli stessi interessi istituzionali.

A seguito della riorganizzazione dell'Amministrazione Centrale nel 2006, il TTO è stato formalmente ribattezzato Servizio Valorizzazione della Ricerca ed è stato incardinato nell'Area Ricerca e Trasferimento Tecnologico. Al 31.8.2011 l'ufficio opera sotto la direzione strategica diretta di un delegato del rettore alla proprietà intellettuale e creazione di impresa di imprese spin-off, nonché grazie ad un delegato del rettore al Trasferimento Tecnologico.

Tra i fattori che hanno favorito lo sviluppo iniziale del TTO, c'è sicuramente la formalizzazione dell'apparato del TT in un ufficio stabile, operazione che ha legittimato il TTO come vera e propria cerniera non solo tra il mondo dei produttori di conoscenza e quello degli utilizzatori, ma anche con il mondo di quelli che possiamo definire i "facilitatori" del processo: enti istituzionali locali, regionali, nazionali ed internazionali, gli istituti finanziari e di credito, i *business angels* e i *venture capitalists*. Inoltre il *commitment* e l'*endorsement* fornito dalle alte sfere di Ateneo, il clima collaborativo che si era instaurato tra gli organi decisionali, l'entusiasmo delle persone impiegate nel TTO, che sentivano di far parte di un progetto ambizioso e stimolante, tutto ciò ha aiutato il TTO ad entrare nell'età adulta.

Ovviamente non sono mancati quelli che possono essere definiti "i peccati di gioventù": dagli errori nelle procedure di estensione internazionale dei brevetti, all'incauta distribuzione del capitale sociale di uno spin-off tra i vari *shareholders*, alla stesura di contratti di licenza eccessivamente favorevoli per le imprese acquirenti. Tuttavia, il superamento di tali criticità ha fatto sì che la storia del TTO del Politecnico di Milano sia stata caratterizzata nel tempo da una crescita graduale e costante. Fondamentale al raggiungimento di obiettivi sempre più ambiziosi è stato il ruolo delle persone impiegate nell'ufficio, il cui numero è passato da 1 unità nel 2001 a 12 nel 2010. Il fatto che in questo lasso di tempo il costo del personale sostenuto direttamente dall'Ateneo sia raddoppiato, passando da circa 100.000 Euro a 200.000 Euro, testimonia non solo la volontà di investimento del Politecnico nel trasferimento tecnologico, ma anche la forte capacità di autofinanziamento da parte del TTO.

Oggi il TTO del Politecnico di Milano è in grado di guardare al passato con una certa soddisfazione. In 10 anni di attività le invenzioni brevettate sono state più di 200, di cui più della metà attualmente in uso industriale e commerciale. Il valore del portafoglio brevetti ha superato il milione di Euro, mentre i ritorni cumulati da royalties i due milioni di Euro. Sedici sono stati gli spin-off creati dal 2001, in grado di impiegare più di 100 laureati del Politecnico, per un fatturato totale oltre gli otto milioni di Euro. Come è stato possibile raggiungere tali traguardi è il tema della prossima sezione.

3.2
Come siamo cresciuti

Uno dei fattori chiave di crescita per il TTO del Politecnico di Milano è stato quello di avere le idee chiare. La *mission* e gli obiettivi dell'ufficio sono stati definiti esplicitamente, in maniera fluida piuttosto che statica, nell'intento di ottimizzare tutti i risultati ottenibili quali:

- aumentare il portafoglio brevetti attivo, non solo come numerosità di depositi ma soprattutto come numero di brevetti estesi a livello internazionale e trasferiti nonché applicati industrialmente;
- aumentare i ritorni economici derivanti dall'attività di licensing e di negoziazioni della proprietà intellettuale nei contratti di ricerca e migliorare il saldo dell'attività brevettuale;
- aumentare l'attività di selezione e supporto delle richieste di accreditamento a società spin-off. Lo sforzo è rivolto alla creazione di imprese di qualità e con buone prospettive di crescita;
- diffondere i risultati dell'attività di trasferimento tecnologico a tutti gli *stakeholders*, evidenziando il posizionamento dell'Ateneo nel contesto internazionale;
- facilitare l'accesso alla ricerca riducendo i costi di transazione, mediante accordi contrattuali standard per la gestione della proprietà intellettuale.

Il raggiungimento di ottime performance lungo tali dimensioni è stato favorito da una riorganizzazione interna dell'ufficio, che è passato da una logica di competenza e di attività ad una di processo. Il personale è in questo modo coinvolto e gestisce sette macroprocessi che direttamente impattano sulle attività interne di trasferimento tecnologico:

- brevetti e licensing (anche in collaborazione con MITO Tech srl);
- supporto alla creazione e gestione delle imprese spin-off;
- gestione proprietà intellettuale nella ricerca cooperativa;
- amministrazione e contabilità;
- progetti di finanziamento e servizi (per la struttura e società spin-off);
- marketing e comunicazione;
- progetti speciali di consulenza.

Il principale vantaggio di un'organizzazione a processo rispetto a quella di competenza consiste nel fatto che le persone si possono specializzare lavorando così su fasi simili in processi anche diversi, con una certa sequenzialità ma anche, in alcuni casi, in parallelo. Sarebbe impensabile in Italia creare competenze multidisciplinari che poi portino al modello americano in cui un TTO manager segue circa 20–25 casi dalla nascita dell'idea alla chiusura del contratto di licenza.

L'efficace gestione di alcuni dei macroprocessi di cui sopra, che potremmo definire i processi primari dell'ufficio (brevetti e licensing), è stata senza dubbio alla base della crescita del TTO del Politecnico di Milano durante i suoi primi anni di vita. Per quanto riguarda l'attività di brevettazione, l'approccio dell'ufficio è quello di un continuo impegno nella selezione delle invenzioni che soddisfino al meglio i requisiti tecnici e che abbiano potenziali ricadute industriali e commerciali. L'obiettivo di lungo periodo per l'attività di brevettazione e licensing è di ridurre al minimo il rischio di insuccesso del trasferimento del brevetto, anticipando la fase di ricerca e verifica di interesse dell'industria a quella dell'effettivo deposito del brevetto.

Ogni anno, in media, solo la metà delle nuove domande di brevetto riguardano invenzioni nate da ricerca autonoma. Il resto riguarda brevetti nati da attività di ricerca cooperativa con l'industria, i quali danno garanzia di trasferimento ed utilizzo proprio del partner industriale con il quale tali risultati sono stati raggiunti. Un'attività importante operata dal TTO riguarda la dismissione di alcuni titoli brevettuali. È grazie alla "dolorosa" attività di dismissione ed alla gestione dei depositi congiunti nati dalla ricerca cooperativa (nei quali si spostano a carico del partner industriale i costi di gestione dei brevetti) che è possibile contenere i costi di gestione e mantenimento del crescente portafoglio brevetti. Infatti al Politecnico di Milano, la crescita del portafoglio brevetti, a tassi del 20% circa all'anno, avviene a parità di costi sostenuti, mantenendo cioè invariato il budget annuo dell'Ateneo per spese brevettuali (ad oggi, circa 160.000 Euro).

Un altro importante aspetto riguarda la diffusione della cultura alla protezione della proprietà intellettuale e all'imprenditorialità. Oggi si può affermare che in Ateneo la conoscenza dello strumento brevettuale è ampiamente diffusa: più del 25% del personale di ricerca del Politecnico si è rivolto al TTO per una qualche forma di consulenza legata alla brevettazione o alla creazione di nuova impresa e si stima che circa il 40% del personale interno del Politecnico conosce la struttura del TTO, le sue attività ed il corretto approccio alla proprietà intellettuale.

Più che il frutto dell'organizzazione di eventi pubblici e conferenze, questa forte sensibilità del ricercatore al TT è il risultato di un assiduo lavoro porta a porta, del consolidamento di procedure e regolamenti redatti con lo scopo di spingere il ricercatore a chiedere il supporto del TTO, ed infine di corsi trasversali per gli studenti di dottorato.

L'attività del TTO nel supporto alla modifica delle clausole di gestione della proprietà intellettuale nelle varie forme di ricerca commissionata e cooperativa è stata considerata una vera e propria rivoluzione nei rapporti Università-industria. Questa attività ha visto fortemente impegnato il TTO sia sul lato interno, in termini di attività di sensibilizzazione dei ricercatori al tema, sia sul lato esterno industriale, per diffondere il nuovo approccio dell'Università nella gestione della proprietà industriale. Nel quadriennio 2005–2008 sono stati raggiunti risultati significativi legati alla negoziazione di numerosi contratti con grandi aziende multinazionali nei settori della chimica, elettronica, meccanica, informatica, degli elettrodomestici, dei beni di consumo, ecc., ed alla stipula di convenzioni quadro, che hanno portato al deposito e trasferimento di oltre 60 brevetti. A testimonianza della portata rivoluzionaria di tale attività, i principi delle convenzioni quadro siglate sono stati diffusi, per essere adottati, a tutte le Università aderenti al Network per la Valorizzazione della Ricerca Universitaria (Netval). La sfida per il futuro è quella di diffondere questo nuovo standard contrattuale al maggior numero possibile di aziende che collaborano con l'Ateneo e nel far adottare queste linee guida ad altre Università del Netval al fine di facilitare i rapporti tra Università e industria utilizzando un linguaggio e approcci condivisi.

Per quanto riguarda l'attività di licensing, che è cresciuta sensibilmente negli ultimi anni fino a raggiungere un totale di 52 contratti di licenza stipulati ed un fatturato lordo annuo in termini di royalties pari a 600.000 Euro, il TTO ha optato per un radicale cambiamento. Infatti, nel 2007, a seguito di un'attenta analisi delle più importanti realtà internazionali ed in risposta ad un'esigenza di altre Università ed Enti di ricerca che richiedevano al TTO supporto per l'attività di licensing, è stata costituita una società spin-off, denominata MITO *technology*, dedicata al licensing ed azioni a supporto nella difesa legale dei brevetti.

È importante sottolineare che una logica che ha sempre contraddistinto il TT al Politecnico di Milano è la ricerca di sinergie tra le varie forme di trasferimento tecnologico. È nostra convinzione che si tratta di attività non mutuamente esclusive, che possono essere complementari e condotte in parallelo, generando benefici superiori alla somma delle singole parti. Ad esempio, è evidente che una più rigorosa attività di brevettazione aumenta il potere negoziale e le potenzialità di trasferimento con ritorni economici da licensing. Allo stesso modo, un accordo di licenza può essere stipulato con un'impresa spin-off per permettere alla nuova società l'utilizzo della tecnologia di proprietà dell'Università. Tale dinamica è presente al Politecnico di Milano: una parte sostanziosa delle royalties proviene da contratti di licenza in essere con le società spin-off. Questo dato conferma l'importanza strategica della costituzione di aziende spin-off che non solo consentono un accesso diretto al mercato per i risultati di ricerca dell'Ateneo, ma che rappresentano anche una buona fonte di finanziamento per le attività di ricerca e trasferimento tecnologico. A fine 2010 le società spin-off del Politecnico sono 16, ed impiegano 117 addetti, tra dipendenti e collaboratori. Il valore patrimoniale delle quote detenute dal Politecnico nel capitale sociale delle spin-off è pari a circa 271.000 Euro. È importante sottolineare che 11 sul totale di 16 sono società di produzione. Alcune di queste, di pura produzione, necessitano di un tempo di avviamento superiore, quindi ci si aspetta un risultato significativo dopo almeno 2 o 3 anni dalla costituzione, in funzione del *time to market* del *core business*. Infine, due società spin-off sono state costituite con accordi fondi di venture capital.

Tra i vari fattori che hanno contribuito alla crescita del TTO, due in particolare sono degni di menzione. Innanzitutto, le politiche di gestione del capitale umano, ed in particolare la valorizzazione e la responsabilizzazione del personale. L'Amministrazione Centrale del Politecnico di Milano si è, negli ultimi anni, particolarmente impegnata nel perseguimento della condivisione e della diffusione, all'interno ed all'esterno, della *mission*, della vision e dei valori propri e di tutto l'Ateneo; ciò ha consentito una più efficace attuazione e condivisione delle proprie politiche e strategie. Soprattutto in ambito di trasferimento tecnologico, la valorizzazione e la responsabilizzazione del personale, in un'ottica di "gestione del capitale umano", di cui l'Ateneo favorisce la crescita delle competenze supportandone la formazione, risulta un pilastro fondamentale per l'ottimizzazione dei propri processi. Risulta evidente come l'efficacia dei processi dell'ufficio sia un elemento chiave sia per il conseguimento degli obiettivi e la crescita di reputazione nazionale ed internazionale che per il miglioramento della soddisfazione dei clienti industriali. Il TTO ha una struttura organizzativa piatta, che offre ai TTO manager grande autonomia decisionale e flessibilità. Essi beneficiano di un rapporto diretto con il responsabile dell'ufficio, il quale, a sua volta, interagisce in maniera costante e proficua con il delegato del rettore. Le persone nel TTO sono incoraggiate ad avere un atteggiamento proattivo, a sviluppare ambizioni di crescita professionale e a partecipare a corsi di formazione. Due sono i principali aspetti negativi, più legati al sistema nazionale di TT che alla specifica struttura del Politecnico: il primo è che i salari sono inferiori rispetto a quelli percepiti da professionalità analoghe nel settore privato, il secondo è la totale assenza di un percorso di carriera per il TTO manager.

3.3
Se volessimo essere ricordati per una cosa ...

Il TTO del Politecnico di Milano ha oggettivamente ottenuto dei risultati di un certo rilievo nel campo della valorizzazione dei risultati della ricerca negli ultimi dieci anni. Basti citare la messa a punto dell'Ufficio stesso, dal punto di vista organizzativo e delle competenze; oppure i risultati raggiunti nella brevettazione e nel licensing, ed anche nell'attivazione di nuove imprese spin-off. Inoltre, l'impostazione "culturale" del trasferimento tecnologico è sempre stata considerata un elemento fondamentale, da condividere con gli altri enti pubblici di ricerca italiani, al pari dei successi "tecnico-commerciali" dell'Ateneo. È per questo che il TTO del Politecnico di Milano si è sempre impegnato per costruire, definire, condividere e disseminare una cultura del trasferimento tecnologico evoluta, sana e continuamente in evoluzione, sia all'interno che all'esterno del Politecnico.

Da questo punto di vista, uno degli ambiti di discussione – peraltro cresciuto di intensità negli ultimi anni – è stato quello relativo al rapporto tra nuove imprese spin-off, da una parte, e Università e dipartimenti dall'altra. Infatti, a fronte di un forte scetticismo che talora emerge dai dipartimenti, preoccupati di perdere competenze e commesse di ricerca, la nostra opinione è sempre stata che le spin-off veramente innovative possono essere impostate in maniera tale da generare ricadute positive per tutti: per gli imprenditori, per il dipartimento, per l'Ateneo, per i dipendenti, per i clienti ed anche per i soci finanziatori. Questo perché una spin-off di successo genera processi di crescita che a loro volta richiedono ulteriori investimenti in ricerca; e se il contributo iniziale fornito dall'Università è stato veramente "robusto" e originale, è molto probabile che l'Università stessa riceva dalla spin-off sia royalties per i brevetti che finanziamenti per ulteriore attività di ricerca, mentre chi pensa che le spin-off invece arrechino danni ai dipartimenti probabilmente ha visto in attività solamente le (molte) spin-off non particolarmente innovative e/o non ben impostate in termini contrattuali.

È per questo che tra le tante "avventure", di successo e insuccesso, vissute nel TTO del Politecnico di Milano, ci piace ricordare, in particolare, l'avvio di Tele-Rilevamento Europa – TRE Srl, per i risultati raggiunti dall'azienda e per la soddisfazione derivanti dall'interagire con ricercatori-imprenditori motivati e capaci di generare non solo fatturato ma anche occupazione qualificata senza mai perdere di vista la relazione, stretta ed intensa, con le attività di ricerca dell'Università da cui sono nati.

TRE è una spin-off del Politecnico di Milano che opera dal 2000 nel campo del monitoraggio territoriale effettuato tramite tecnologie di rilevamento satellitare. Dispone di una filiale in Canada, aperta nel 2008, grazie alla quale negli ultimi anni ha esteso la propria offerta anche al mercato nordamericano oltre ad essersi espansa in quello europeo.

TRE rappresenta una spin-off "da manuale" per diversi motivi. Ha come protagonista un giovane ricercatore, Alessandro Ferretti, che ha deciso di dedicarsi totalmente all'impresa; è basata su un brevetto di proprietà del Politecnico (di cui i fondatori dell'impresa sono inventori); la sua crescita ha generato interessanti royalties per l'Università di origine; la necessità di innovazione continua ha generato anche flussi di finanziamento alla ricerca dalla spin-off all'Università.

TRE è licenziataria esclusiva di un sofisticato algoritmo di analisi dei dati radar satellitari detto PSInSAR (Interferometria a Diffusori Permanenti), brevettato (a livello internazionale) dal Politecnico di Milano nel 1999. Grazie a tale algoritmo TRE è in grado di stimare gli spostamenti superficiali (subsidenze e compattazioni, frane e faglie sismiche) a partire dai dati satellitari raccolti dalle agenzie spaziali. L'algoritmo consente il superamento dei limiti (dovuti al "rumore" dei dati) delle normali interferometrie SAR, riducendo il grado di de-correlazione dei dati. È dunque in grado di offrire analisi ad alta precisione e rende inoltre possibile la ricostruzione di serie storiche per la mappatura degli spostamenti superficiali nel corso del tempo.

L'azienda nasce nel 2000 come prima esperienza di spin-off del Politecnico di Milano con l'idea di mettere a frutto le competenze più che ventennali sviluppate dai soci fondatori nel campo della ricerca delle applicazioni radar e del telerilevamento satellitare. Fabio Rocca (Professore di Elaborazione Numerica dei Segnali) e Claudio Prati (Professore di Telecomunicazioni) avevano infatti fondato al Politecnico di Milano un gruppo di ricerca molto attivo nell'ambito delle tecniche di analisi dati telerilevati. Le radici della loro attività risalgono al 1985, quando si comincia a delineare una nuova tecnica che utilizza un sensore radar chiamato SAR (Synthetic Aperture Radar), installato all'epoca sul satellite americano SeaSat. I dati SAR ricevuti dal satellite vengono poi elaborati per creare mappe di elevazione digitale del terreno (DEM).

Nel maggio del 1991 l'Agenzia Spaziale Europea (ESA) lancia il suo primo sensore SAR a bordo del satellite *ERS-1*. Da quel momento il gruppo di ricerca, guidato da Fabio Rocca e Claudio Prati, inizia a elaborare l'enorme mole di dati messi a disposizione dall'ESA e sviluppa tecniche innovative, che portano alla registrazione, negli Stati Uniti, di un primo brevetto. Si intensificano allora la ricerca e la messa a punto di un sistema di rilevamento dei moti superficiali del terreno, con una precisione dell'ordine dei centimetri. Nel 1995, l'ESA è pronta a lanciare un secondo satellite *ERS-2*, gemello di ERS-1. Il gruppo di ricerca suggerisce di posizionare il secondo satellite sulla stessa orbita del primo, ma a distanza di un giorno. Con questa disposizione, detta "a Tandem", sono acquisiti in modo dinamico i dati della superficie terrestre permettendo così di intensificare gli studi sui moti superficiali. Nella seconda metà degli anni Novanta, il gruppo si arricchisce della presenza dell'Ing. Alessandro Ferretti, specializzato in campo elettronico. Il suo contributo apporta una svolta alla ricerca e si concentra sull'analisi di lunghe serie storiche di dati, relative a singole aree d'interesse, fino ad ottenere misure di variazione di distanza, sensore-bersaglio, estremamente accurate.

Nel marzo del 2000, valutate le potenzialità delle applicazioni della Tecnica PS, TRE inizia la sua attività imprenditoriale, principalmente basata sullo sfruttamento dell'algoritmo brevettato, che viene concesso dal Politecnico alla spin-off in licenza esclusiva. Della nuova azienda, costituita in forma di società a responsabilità limitata, i tre soci possiedono complessivamente il 45%, diviso in parti uguali, mentre il Politecnico risulta socio di maggioranza con il 55% delle quote.

Negli anni successivi la società cresce per numero di addetti (da 7 a 22) e capitale sociale (da 10.400 Euro nel 2000 a 100.000 Euro nel 2006), senza tuttavia che muti la compagine societaria con l'ingresso di nuovi soci. Si modificano invece nel corso del tempo i rapporti di forza tra il Politecnico e gli altri soci, con una diminuzione della percentuale di quote in favore di questi ultimi. Nel 2006 il Politecnico è socio di minoranza, con il 22% delle quote, a fronte del 26% posseduto da ciascuno degli altri 3 soci fondatori.

Attualmente TRE è considerata un'azienda leader a livello mondiale nel campo dell'elaborazione di dati radar satellitari per la stima degli spostamenti superficiali. Al mondo infatti non esistono ad oggi altri algoritmi capaci di elaborare le immagini SAR con altrettanta precisione ed efficacia. La tecnica PS, estremamente efficace ed avanzata, si basa sulla elaborazione di immagini provenienti dai satelliti SAR e permette la valutazione ed il monitoraggio della subsidenza di intere aree geografiche e di singoli punti con una precisione millimetrica. La stessa tecnica permette anche la parziale misurazione dei movimenti trasversali dei punti dotati di contrasto radar; è inoltre possibile ricostruire a basso costo i rilievi piano altimetrici del territorio con una precisione molto elevata.

Da una logica di semplice TT dall'Università all'impresa basata sulla concessione in licenza di un brevetto nato dalla ricerca universitaria, il business model di TRE ha nel tempo ampliato le prospettive, evolvendosi intorno a 4 punti principali:

- una forte ricerca di base focalizzata sul continuo sviluppo della tecnologia di riferimento;
- la protezione della PI (tramite brevetti e marchi, ma anche segreto industriale);
- l'acquisizione da parte dei ricercatori di una mentalità imprenditoriale;
- la valorizzazione dei contatti del mondo universitario (professori che assicurano contatti industriali e svolgono attività di ricerca e recruiting).

L'azienda, attiva ormai da più di dieci anni, è cresciuta in termini di personale e ha raggiunto buoni risultati sotto il profilo economico, arrivando negli ultimi tre anni a valori medi di fatturato di circa 5 milioni di Euro, un margine operativo lordo attorno al 10% e un tasso di ritorno degli investimenti di circa il 20%. Lo staff di TRE si è costantemente rinforzato attingendo i propri professionisti, soprattutto ingegneri elettronici e delle telecomunicazioni, prevalentemente dal Politecnico di Milano.

L'azienda, insieme al Dipartimento di Elettronica e Informatica (DEI) del Politecnico di Milano, sta continuando a lavorare per far avanzare lo stato dell'arte delle conoscenze così da creare benefici per i propri clienti e partner. I professori che hanno contribuito all'invenzione oggetto del brevetto stanno proseguendo le proprie pionieristiche attività di ricerca presso il DEI. Al fine di acquisire i risultati di tali attività di ricerca, TRE stipula periodicamente contratti di ricerca commissionata con il Politecnico di Milano. L'innovazione e lo sviluppo di nuove tecnologie vengono trasferiti dal DEI agli utilizzatori finali (sia commerciali che industriali) tramite TRE, che grazie alla sua rete commerciale riesce a valorizzarli.

I legami con l'Università, oltre agli aspetti relativi alle risorse umane, riguardano anche la proprietà intellettuale. Come già detto, la Tecnica PS è un brevetto del Politecnico di Milano (brevetto Italiano No. MI99A001154). POLIMI PS Technique^{TM} e PSInSAR^{TM} sono marchi registrati a livello internazionale dallo stesso Politecnico. I diritti di sfruttamento del brevetto e dei marchi sono stati trasferiti in esclusiva a TRE nel 2000, a fronte di una quota societaria riconosciuta al Politecnico. Da ricordare un ulteriore primato: la spin-off ha difeso in tribunale e davanti all'ufficio europeo brevetti il titolo a protezione del loro business, esempio più unico che raro di una spin-off, piccola e media impresa, che crede ed investe nella difesa del proprio business anche per vie legali (consentendo ai TTO manager di imparare sul campo accanto a loro!).

Infine ricordarsi del TTO del Politecnico significa ricordarsi delle persone, chi come capitani della nave hanno sempre tenuto ferma la rotta (anche in mezzo alle varie tempeste in cui il nostro Paese si ritrova spesso), e tra questi senza dubbio il Prof. Riccardo Pietrabissa, ma anche e soprattutto i marinai con i quali abbiamo vogato quotidianamente: Sabrina, Massimo, Giuseppe, Manuela, Marja, Maurizia, Anna, Barbara, Jaime e Andrea (se non sbaglio, in ordine di anzianità di servizio al TTO). Grazie!

4

Il trasferimento tecnologico al Politecnico di Torino. Industrial Liaison Office, Cittadella Politecnica, Innovation Front End: il sostegno all'innovazione come servizio al territorio

Alberto Cuttica

Punti chiave

- Il modello della cittadella politecnica
- Incubatore di imprese innovative
- Trasferimento tecnologico come servizio al territorio

4.1
Come siamo nati

Il Politecnico di Torino, nei ranking internazionali fra le più accreditate Università tecnologiche a livello nazionale ed internazionale, ha da tempo sviluppato la cultura del Trasferimento Tecnologico come missione "istituzionale", una missione che investe le dinamiche dei rapporti economici, sociali, culturali tra realtà accademica e contesto produttivo. Ripercorrendo i cambiamenti che hanno caratterizzato l'Ateneo nel corso degli anni, emerge il ruolo assunto in misura crescente nei percorsi di sviluppo del territorio, non solo a livello locale, con particolare riferimento alla complessa interazione tra accademia e sistema industriale.

Ebbene, a dispetto del titolo di questo contributo, al Politecnico di Torino non esiste, dal punto di vista formale, un vero e proprio Technology Transfer Office (TTO). La mancanza di un ufficio così denominato ed univocamente riconosciuto nelle sue funzioni, un TTO nella tradizione anglo-americana, può sembrare forse un paradosso, soprattutto per una Università a forte declinazione tecnica e tecnologica. Tuttavia la vocazione dell'Ateneo, delle sue strutture scientifiche e dei suoi ricercatori è da sempre fortemente orientata al trasferimento tecnologico, ed è certamente anche questa consapevolezza diffusa a non aver richiesto la creazione di un ufficio formalmente dedicato e definito come TTO.

L'attività di relazione con il mondo delle imprese, per lo svolgimento di ricerca su commessa o di attività che possiamo definire di trasferimento tecnologico *ante litteram*, è infatti da decenni sistematica e continuativa: le attività che abitualmente sono proprie di un TTO sono quindi quelle svolte dall'Ufficio Contratti, tradizionalmente dedicato alla contrattazione commerciale con le aziende e con un'esperienza pluridecennale di supporto e gestione dell'attività conto terzi, nell'ambito di una più ampia Area dedicata al Supporto alla Ricerca e al Trasferimento Tecnologico (SARTT), che comprende anche le competenze relative a reperimento e gestione di finanziamenti di ricerca su bandi nazionali e internazionali.

Volendo comunque individuare una fase temporale specifica cui fare riferimento come punto di origine per una riflessione sul tema, può senza dubbio essere preso in considerazione il periodo dalla fine degli anni Novanta, in cui, per volontà dell'allora Rettore, Prof. Rodolfo Zich, sono state definite regolamentazioni specifiche per la disciplina della proprietà industriale ed intellettuale e per la creazione di imprese spin-off; l'emanazione di regolamenti ad hoc ha contribuito a sistematizzare le procedure relative alle attività di brevettazione e costituzione di imprese, anche partecipate dall'Ateneo, fissando principi ed aspetti gestionali di attività prima caratterizzate da un ruolo dell'amministrazione dell'Ateneo meno significativo nell'impulso e nel governo delle stesse.

L'Ufficio Contratti ha visto quindi nel tempo crescere e consolidare le proprie competenze: dalla contrattazione conto terzi negli anni Ottanta, alla più ampia contrattazione attiva negli anni Novanta, fino alla brevettazione e all'attività di licensing, al supporto alla creazione di imprese ad alto valore innovativo, attività che connotano i TTO nell'accezione comunemente nota.

Si è voluto quindi configurare, nel tempo, un ruolo funzionale di una struttura di supporto al Trasferimento Tecnologico non focalizzata esclusivamente sui temi connessi alla brevettazione come strumento di valorizzazione della ricerca, ma esplicitamente declinata su piani interconnessi:

- il consolidamento di sistematici rapporti con il tessuto produttivo per la diffusione di progetti e risultati della ricerca;
- lo sviluppo di cooperazione con imprese e centri di ricerca finalizzata alle esigenze di innovazione, correlata anche al trasferimento tecnologico e al sostegno degli spin-off;
- la promozione delle infrastrutture di ricerca e l'individuazione, per ciascuna di esse, delle attività di interesse delle imprese.

Questo ha portato a consolidare un concetto di TT lontano dall'"effetto moda" che, in molte realtà universitarie, ha portato a focalizzare l'attenzione in maniera quasi esclusiva sulla "brevettazione" come attività quasi coincidente con il "trasferimento tecnologico".

4.2
Come siamo cresciuti

Si tratta di un modello organizzativo orientato a mantenere una visione d'insieme, l'unitarietà – finalizzata ad una maggiore efficacia – di tutti gli aspetti che caratterizzano una *research university* internazionale e che definiscono il ruolo dell'Università nel contesto culturale e socio-economico di riferimento. Il contesto, appunto. È un aspetto che innegabilmente influenza ruoli e modelli organizzativi delle strutture in cui operiamo, e ne viene a sua volta alimentato.

Il nostro modello di riferimento per le attività di TT è quello che viene definito "Cittadella Politecnica", ormai quasi un marchio creato dal Rettore Francesco Profumo, che identifica, lungi da cupe evocazioni letterarie, uno spazio condiviso, anche fisico, in cui trovano unione e sintesi la conoscenza sviluppata a livello accademico e la sua applicazione pratica, una sorta di "palestra di trasferimento tecnologico" nelle sue diverse modalità di realizzazione.

Se la Cittadella ha trovato compimento negli anni più recenti sotto l'attuale rettorato, essa affonda comunque le sue radici molto più indietro nel tempo, quando, sul finire degli anni Ottanta si è avviato il complesso percorso di "raddoppio" edilizio dell'Ateneo, base sostanziale per la concezione e lo sviluppo successivo di una nuova scuola politecnica, caratterizzata da forte integrazione e osmosi con il territorio.

Chi opera nell'Area Supporto alla Ricerca e al Trasferimento Tecnologico, per la ricerca di finanziamenti per progetti presentati in collaborazione con imprese, per la gestione delle attività su commessa aziendale, per la brevettazione ed il licensing, o per la partecipazione a consorzi e società finalizzate allo sviluppo dell'innovazione e la creazione di imprese high-tech, ha in questi anni contribuito allo sviluppo del disegno complessivo di questo modello di crescita dell'Ateneo, alla base dell'evoluzione della sede metropolitana, ma non solo. Un modello che ha preso forma con il passare del tempo e con una consapevolezza crescente delle dinamiche finalizzate a fare dell'Ateneo un polo di attrazione per grandi investimenti in ricerca da parte di multinazionali, di trasferimento tecnologico verso il sistema delle piccole e medie imprese, di servizi al territorio.

L'Area SARTT, e i suoi Uffici (Contratti, ma anche Fondi Strutturali e Nazionali e Rapporti con l'Unione Europea), si è quindi nel tempo caratterizzata come riferimento per il coordinamento, a livello amministrativo e gestionale, di tutte le iniziative che il Politecnico, nell'ambito del "modello Cittadella", sviluppa per connotare il territorio come luogo di tecnologia e innovazione.

L'attività principale, nella visione integrata e multidisciplinare accennata in precedenza, è lo sviluppo di un modello (anche giuridico, contrattuale) di accordo di partnership tra Ateneo ed imprese caratterizzato dall'ampiezza dello spettro di collaborazione. Ci si è dati l'obiettivo di raggiungere con le aziende, in particolare di dimensioni medio-grandi, accordi su più fronti interconnessi, caratterizzati dalla concretezza degli obiettivi, delle reciproche aspettative, degli investimenti attesi da parte dell'impresa.

L'Area ed i suoi uffici hanno quindi l'obiettivo di costituire l'interfaccia – in stretto coordinamento con la componente accademica – per relazioni complesse e di lungo periodo, finalizzate alla condivisione di scenari innovativi che non si limitano alla soluzione di singoli problemi tecnici, ma vedono il Politecnico partner delle imprese su più fronti integrati, che vanno dalla collaborazione per la partecipazione a progetti di ricerca internazionali, europei, nazionali e regionali, all'affidamento di commesse, dalla brevettazione congiunta, al finanziamento di dottorati industriali, a percorsi di Alta Formazione in apprendistato per l'inserimento agevolato in azienda di personale ad alta specializzazione.

Lo sviluppo di collaborazioni sempre più articolate ha consentito di raggiungere e mantenere complessivamente un livello quantitativo significativo di entrate per attività di ricerca, aspetto che, nella rilevante contrazione dei finanziamenti ministeriali, è e sarà in misura ancora maggiore strategico per il mantenimento di standard qualitativi elevati.

Tabella 4.1 Entità e fonti delle entrate per attività di ricerca (2007–2009)

	2007		2008		2009*	
	N.	€	N.	€	N.	€
Convenzioni e contratti conto terzi	612	22.324.425	643	23.751.904	603	20.455.538
Progetti approvati nell'ambito di finanziamenti EU	36	8.163.459	22	6.066.445	28	8.010.098
Progetti approvati nell'ambito di finanziamenti EU – esterni al Programma Quadro	1	170.450	3	232.037	8	1.214.285
Progetti nazionali (MIUR, MISE, ecc.)	55	2.980.167	52	2.593.124	18	2.951.000
Progetti regionali, locali, ecc.	65	13.129.786	67	23.113.661	48	4.279.535
TOTALE		46.768.287		55.757.171		36.910.456

* L'andamento complessivo delle entrate per ricerca vede nel 2009 un calo significativo, derivante dalla flessione dei progetti regionali dovuta alla diminuzione dei bandi di finanziamento.

Si evidenzia, accanto al dato positivo sull'andamento finanziario delle collaborazioni, la difficoltà legata ad un'interazione con le aziende, specie quelle grandi, che si fa sempre più complessa con il crescere della portata strategica delle partnership: rispetto a progetti o contratti singoli, negoziare un partenariato che preveda un approccio multidisciplinare e tipologie di collaborazioni diverse (alta formazione, ricerca, TT), con investimenti maggiori da parte dell'azienda, comporta un'interlocuzione sia con i referenti accademici coinvolti sia con la controparte industriale (tecnica e legale) che si dimostra non sempre "facile", in particolare sui temi della proprietà industriale e della riservatezza (potenziale trade off tra investimento richiesto all'azienda ed esigenza di mantenere controllo e autonomia sui risultati di ricerca da parte dell'Ateneo).

Va detto, infatti, che nel modello di interazione tra Ateneo e realtà esterna sopra inquadrato, il ruolo di volano dell'innovazione per il complesso sistema socio-economico e culturale è assolto dalle attività di brevettazione e valorizzazione dei risultati della ricerca, svolte autonomamente o in stretta collaborazione con la realtà aziendale.

Ai temi della valorizzazione della proprietà industriale ed intellettuale e, in stretta connessione, della creazione di imprese innovative è dedicata una parte – per certi versi esigua rispetto al crescere delle esigenze ed all'aumento della complessità delle problematiche affrontate – del personale che opera nell'Area.

Nel corso degli ultimi anni sono state realizzate diverse iniziative per una diffusione ancora più capillare dell'interesse e della sensibilità su questi temi, soprattutto attraverso seminari di informazione e formazione sulla valorizzazione della ricerca che, insieme al rafforzamento dell'attività di scouting di invenzioni brevettabili e commercializzabili e dell'attività di supporto alla creazione di imprese spin-off, hanno consentito il mantenimento di un trend di crescita del portafoglio brevetti e delle imprese spin-off, come delineato nella tabella sottoriportata, in cui sono indicati i dati relativi al periodo 2006–2009, per consentire un confronto con quanto fatto complessivamente in precedenza.

Tabella 4.2 Numero di brevetti e spin-off (pre 2006–2009)

	ante 2006	2006	2007	2008	2009
Brevetti	29	14	19	18	27
Spin-off	9	4	6	–	2

Nel corso del 2009 la regolamentazione di Ateneo in materia di spin-off è stata modificata allo scopo di introdurre elementi di semplificazione. Rispetto alla precedente distinzione tra spin-off del Politecnico ed accademici, è stata quindi prevista l'esistenza di un'unica tipologia di spin-off, definiti "spin-off del Politecnico", indipendentemente dalla partecipazione o meno dell'Ateneo alla compagine sociale.

Le modifiche introdotte prevedono inoltre una più stretta sinergia, nel processo di valutazione, supporto alla creazione e nascita delle imprese spin-off, anche con l'Incubatore di Imprese Innovative del Politecnico (I3P), la società senza scopo di lucro fondata nel 1999 allo scopo di favorire la creazione di nuova imprenditoria attraverso attività quali: la promozione all'interno dei corsi istituzionali del Politecnico della cultura imprenditoriale; azioni di formazione mirata alla creazione di nuova imprenditoria; la creazione di un ambiente fisico presso il quale i neoimprenditori possono collocarsi; la messa a disposizione di servizi di base per i neoimprenditori; la gestione in collaborazione con il Politecnico di brevetti emersi dall'attività di ricerca.

È decisamente riconoscibile e riconosciuto il ruolo che l'Incubatore, premiato nel 2004 come miglior incubatore del mondo e localizzato non a caso nella Cittadella Politecnica insieme ad un Polo del Venture Capital, ha svolto negli anni anche in termini di ricadute e servizi al territorio. Al di là degli spin-off dell'Ateneo, il dato da sottolineare è il numero di start-up nate e cresciute sotto il logo dell'Incubatore. Oltre 120 imprese hanno potuto usufruire dei servizi del Politecnico dedicati a chi ha scelto di operare nell'innovazione e che a loro volta hanno costituito per l'Ateneo un vero e proprio laboratorio didattico sull'imprenditorialità: una cross-fertilization di primaria importanza nella realizzazione del modello di Ateneo sopra delineato.

Si è quindi ritenuto opportuno valorizzare ancora di più e nel modo più efficace l'attività di supporto che può essere fornita dall'Incubatore nella fase di definizione e pianificazione del progetto di creazione degli spin-off (in particolare nel business planning) e nella fase di valutazione preliminare all'approvazione della qualifica di spin-off da parte degli organi dell'Ateneo.

L'incubatore quindi opera in stretta collaborazione con l'Ufficio Contratti dell'Ateneo e ne integra le competenze, supplendo quindi anche alla relativa difficoltà di "coltivare" all'interno dell'Amministrazione expertise di alto profilo ed elevata specializzazione.

In realtà un'occasione per il consolidamento delle competenze specifiche, in particolare sul tema della proprietà industriale e intellettuale, è stato il progetto ILO – Trasferimento tecnologico Piemonte, finanziato nell'ambito dei progetti presentati ex art. 12 – D.M. 5 agosto 2004, n. 262. Il Politecnico è stato infatti capofila dell'iniziativa, presentata insieme all'Università degli Studi di Torino e del Piemonte Orientale, con la partecipazione di Regione Piemonte, Incubatori universitari, Corep, Fondazione Torino Wireless, Unioncamere Piemonte e Confindustria Piemonte.

Il progetto prevedeva la costituzione di un ILO comune tra gli Atenei partecipanti, o – nell'attuazione pratica – una rete delle strutture universitarie piemontesi dedicate ai diversi aspetti del trasferimento tecnologico. A progetto concluso, con l'impegno a portare avanti le attività per un ulteriore quinquennio, possiamo senza dubbio riconoscere come valore aggiunto dell'iniziativa la possibilità di reclutare risorse umane giovani e qualificate, formate nei diversi Atenei coinvolti. La loro presenza ha consentito da un lato di consolidare i rapporti interateneo (per quanto preesistessero collaborazione e conoscenza reciproca fra gli addetti dei diversi Atenei, non solo piemontesi), dall'altro di immettere "nuova linfa" nelle strutture amministrative. Si è scelto di individuare persone con profilo tecnico, in buona parte dei casi in possesso di PhD, per dare impulso a quello che è sempre stato un "tallone di Achille" negli uffici di supporto alla ricerca e alla valorizzazione dei risultati, una più proattiva interazione sia con il personale accademico che con la realtà aziendale.

Su questo versante il percorso di crescita è iniziato, è a buon punto, ma non è concluso: nel caso del nostro Ateneo, con sforzi non indifferenti si è riusciti a prolungare la permanenza, che dura tuttora, di uno dei giovani reclutati nell'ambito del progetto e ad avviare quella che identifichiamo come la "fase di evoluzione degli ILO": stiamo lavorando, in termini progettuali, sulla capacità d'azione del Politecnico verso le esigenze di R&S e di innovazione del territorio, per consolidare la presenza in Ateneo di un punto di riferimento unico per le Aziende e per gli operatori pubblici cui si rivolge l'offerta di ricerca e innovazione. Se già questa funzione era presente, e con il progetto ILO le si è data una base di competenze e risorse più solida, l'obiettivo è aumentare la fase di proattività verso l'esterno: in uno slogan, da "entry point" a "front end" per l'innovazione.

L'"Innovation Front End", la cui operatività è il traguardo che ci siamo dati per il 2011, dovrà agire come "facilitatore" dei processi di relazione tra le strutture di ricerca e il mondo delle imprese, con l'obiettivo – senza interferire sulle relazioni già esistenti fra i dipartimenti e le aziende – di intercettare, attraverso azioni di "marketing della ricerca", il mercato potenziale non ancora sfruttato.

L'obiettivo di quella che ora è una "funzione", un insieme di competenze presenti nell'Area SARTT, ma a regime potrà essere un vero e proprio "ufficio" caratterizzato quindi da adeguata riconoscibilità, è quello di allargare e semplificare l'accesso ai servizi di supporto per l'innovazione da parte delle imprese, in particolare medie, lavorando soprattutto su visibilità e strutturazione di un canale di accesso facilitato per l'ingresso alla collaborazione.

L'attività sarà ad ampio raggio, su tutti gli aspetti di R&S che toccano le aziende: ci si dovrà occupare proattivamente di pianificare e coordinare azioni per la valorizzazione della ricerca e del trasferimento tecnologico (ricerca di opportunità di collaborazione, individuazione delle strutture del Politecnico necessarie per l'esecuzione delle attività, accompagnamento dell'azienda all'inserimento del progetto in bandi pubblici, supporto nella preparazione del piano di lavoro), ma anche della comunicazione tecnico-scientifica e della formazione (newsletter e sito dedicato, produzione di materiale informativo specifico, organizzazione di eventi sull'innovazione).

Un ruolo chiave per la realizzazione delle attività dell'Innovation Front End, su cui si basa parte della portata innovativa del progetto, sarà quella del personale in esso operante, che potremo definire Account Innovation Manager, le figure di raccordo tra le imprese e le strutture di ricerca accademiche; ad essi sarà affidato il compito di recepire le istanze delle aziende ed intercettare la domanda di soluzione per i problemi dell'impresa.

Si tratta di una sfida non banale, perché giocata anche su figure professionali, ruoli e competenze non tradizionali nell'amministrazione pubblica, anche universitaria.

4.3
Se volessimo essere ricordati per una cosa...

Uno degli esempi del concetto di trasferimento tecnologico attorno al quale sono state consolidate le attività delle strutture di supporto del Politecnico di Torino è la collaborazione sviluppata con Pirelli Tyre, che ben rappresenta la modalità di "relazione a 360°" che l'Ateneo, attraverso l'Area SARTT mira a costruire, fornendo supporto dalla fase iniziale di primo contatto fino al follow up successivo alla conclusione delle attività.

Nel mese di ottobre 2007 è stato firmato con Pirelli Tyre un accordo quinquennale di partnership per attività di ricerca, con il finanziamento di una posizione di professore ordinario. Ad inizio 2008, è stato firmato un rilevante accordo tra Regione Piemonte, Provincia di Torino, Comune di Settimo Torinese e Politecnico di Torino finalizzato, anche sulla base della relazione scientifica di portata strategica avviata, alla trasformazione del Polo di Settimo Torinese di Pirelli, che, tenuto conto della presenza sul territorio del Politecnico di Torino, ha ritenuto di scommettere sul territorio piemontese in cui gli stabilimenti sono fortemente radicati e ripensare la sua presenza nell'area.

Nello specifico è stato dato incarico a Renzo Piano di progettare uno stabilimento di nuova concezione in termini di soluzioni costruttive e tecnologiche attente all'ambiente che sarà destinato alla produzione di pneumatici di alta gamma di nuova generazione e impiegherà un numero di addetti analogo a quello ora impiegato nei due stabilimenti ormai obsoleti, ma con un livello di competenza e professionalità decisamente più alto. Gli accordi sviluppati prevedono infatti specifici corsi di formazione erogati dal Politecnico, che ha quindi un ruolo di "tutor" scientifico dell'intera operazione. Il progetto, inserito nell'accordo sopracitato con Regione, Provincia di Torino, Comune di Settimo Torinese, Politecnico di Torino, prevede investimenti in ricerca e sviluppo in collaborazione con il Politecnico di Torino, con un costo per Pirelli di 38,025 milioni di Euro, di cui 19,600 milioni di Euro a carico della Regione. La quota di progetto del Politecnico di Torino è di non più di 4,500 milioni di Euro con un contributo regionale di 3,194 milioni di Euro sull'arco di quattro anni dalla data di presentazione del progetto.

L'attività di collaborazione, la cui fase contrattuale, data la rilevanza economica ed i molteplici filoni di ricerca previsti, ha richiesto un intenso impegno da parte dell'Area SARTT anche in fase di coordinamento gestionale dei gruppi di ricerca coinvolti, ha portato allo sviluppo di brevetti in cotitolarità Pirelli/Politecnico di Torino. Tenuto conto che Pirelli è interessata allo sfruttamento autonomo dei risultati della ricerca condotta in collaborazione, è stato stipulato un addendum all'accordo di partnership che prevede per il Politecnico di Torino il riconoscimento di circa 1,5 milioni di Euro a titolo di completamento delle attività di ricerca non coperte dal finanziamento regionale ed a titolo di riconoscimento per la cessione della quota di titolarità Politecnico dei brevetti sviluppati congiuntamente (ad oggi relativamente pochi, ma con previsione di rapida crescita).

Il "caso Pirelli" rappresenta per noi un successo figlio dell'impegno di tutti gli attori e della volontà dei vertici delle diverse istituzioni coinvolti in prima persona e fortemente "committed" fin dalla concezione dell'ipotesi di collaborazione. Il valore aggiunto è stato, per noi operatori, la possibilità di recepire quali principi siano trasferibili in collaborazioni con partner diversi e di fare un passo avanti nella definizione di un "linguaggio comune" fra le diverse componenti universitarie ed aziendali (tecniche, legali, gestionali).

5
Il trasferimento tecnologico come cultura: l'Ufficio Valorizzazione Ricerche della Scuola Superiore Sant'Anna

Monia Gentile, Alessandra Patrono e Andrea Piccaluga

Punti chiave

> Imprenditorialità accademica diffusa
> Sperimentazione e dinamismo nel trasferimento tecnologico
> Creazione d'impresa

5.1
Come siamo nati

La Scuola Superiore Sant'Anna è un'istituzione universitaria a statuto speciale, nata nel 1987, che opera nel campo delle scienze sperimentali (ingegneria, medicina ed agraria) e delle scienze sociali (economia, giurisprudenza e scienze politiche). Si tratta di un'istituzione che conta oggi su un organico di 101 professori e ricercatori. La Scuola è conosciuta ben oltre i confini nazionali grazie al suo valore e al dinamismo di cui è stata protagonista negli ultimi venti anni. Fin dall'inizio della sua nascita come istituzione autonoma dall'Università di Pisa, la Scuola ha infatti avuto la consapevolezza di poter valorizzare potenziali punti di forza che ha percepito di avere. Per esempio, l'operare nel campo delle scienze applicate le ha consentito di "cavalcare" l'intenso progredire della ricerca scientifica e tecnologica, specialmente in alcuni comparti particolarmente innovativi, quali l'informatica, la robotica, le telecomunicazioni e le biotecnologie. La ridotta dimensione (a sua volta) ha reso possibili processi decisionali snelli e rapidi, nonché un forte senso di appartenenza e di responsabilizzazione all'interno di una comunità di docenti con una età media piuttosto bassa. La mancanza di tradizioni in campo universitario, poi, ha permesso di non subire rallentamenti dettati dal passato, poiché il "modo" di fare le cose veniva definito e perfino inventato di volta in volta, con la soddisfazione di poter determinare il proprio futuro e senza il timore di compromettere modelli consolidati ma potenzialmente non al passo con i tempi. La ridotta dimensione, insieme alla giovane età dei docenti, ha di fatto consentito al Sant'Anna di esprimere un diffuso senso di "imprenditorialità accademica"; non solo nel senso della costituzione di nuove imprese da parte degli accademici (dove il Sant'Anna è stato un pioniere), ma nel senso che ogni docente era consapevole di dover darsi da fare – con spirito imprenditoriale, appunto – per fare crescere il proprio gruppo di ricerca valorizzando le caratteristiche peculiari dell'istituzione di appartenenza. Ogni docente è stato messo nelle condizioni di poter lavorare bene per la crescita del proprio gruppo.

A prescindere da un preciso "rendiconto" di ciò che il Sant'Anna ha o non ha fatto negli ultimi anni, compito non certo attribuibile al presente contributo, ciò che è certo è che il Sant'Anna è cresciuto, sia quantitativamente che qualitativamente, e che questa crescita è anche legata alle dinamiche di trasferimento tecnologico, e più in generale di valorizzazione dei risultati della ricerca scientifica. In particolare, il Sant'Anna, con i suoi docenti e la sua organizzazione – e con i suoi partner istituzionali ed industriali – ha dato impulso, spesso in modo creativo e originale, ai processi di trasferimento tecnologico, e le funzioni amministrative deputate al trasferimento tecnologico hanno a loro volta sostenuto lo spirito di iniziativa dei docenti e l'interazione con le imprese.

Ciò che continua a percepirsi nei corridoi, nelle aule e nei laboratori (ora, istituti) del Sant'Anna, è un forte orientamento verso l'esterno, un'intensa propensione a sfruttare ogni occasione di interazione con enti locali, imprese ed altre istituzioni, al fine di avviare nuovi progetti e nuove iniziative auspicabilmente caratterizzate da esiti tipo win-win. In altre parole, a re-inventare continuamente il Sant'Anna del futuro.

Presso la Scuola Sant'Anna l'"ossessione" per il trasferimento tecnologico è nata molto prima di un ufficio responsabile di questa attività o dei regolamenti e le procedure per i brevetti e le spin-off. Come anticipato, la Scuola è stata una volta paragonata da un giornalista ad una teenager in jeans, con tanta voglia di vivere e di crescere; ed in effetti l'avere una storia breve ha determinato ambizioni e desideri di crescita, che sono stati resi possibili dal focus sulle scienze applicate, ingegneria in primis, che hanno dato luogo a molteplici applicazioni industriali, specialmente in campi emergenti che sono stati scelti dalla Scuola ad hoc come filoni di ricerca particolarmente promettenti, come la robotica e le telecomunicazioni. Ciò ha consentito di avviare filoni di ricerca completamente nuovi, il che non è sempre facile in Università di grandi dimensioni.

Un secondo fattore è legato all'età dei docenti della Scuola. L'età media è sempre stata piuttosto bassa e lo sarà ancora per qualche tempo. Si sono quindi trovati a lavorare alla Scuola dei professori giovani ai quali è stato possibile darsi da fare per ampliare le proprie attività. Non che questo non sia possibile nelle grandi Università, ma all'inizio degli anni Novanta era chiaro ai pochi ordinari e associati della Scuola che il destino della Scuola stessa era senza dubbio nelle loro mani e che era chiesto loro di aumentare – di molto – il volume delle attività di ricerca e di formazione svolta. Persone come i Proff. Paolo Dario e Paolo Ancilotti per ingegneria e il Prof. Riccardo Varaldo per management hanno veramente fatto la differenza in quel periodo.

Un terzo fattore è dato da una sorta di felice coincidenza che ha fatto sì che il dinamismo della Scuola nel campo della ricerca e dell'innovazione avesse luogo in un momento in cui tutto il Paese ha iniziato a prestare attenzione al tema del trasferimento tecnologico. Anche in Toscana, sia le imprese che le istituzioni pubbliche hanno percepito il dinamismo della Scuola Sant'Anna come un'occasione da sfruttare in un periodo in cui il passaggio dal manifatturiero al terziario avanzato necessitava di nuove e proficue interpretazioni.

Concretamente, è in questo contesto che a cavallo tra gli anni Ottanta e gli anni Novanta nasceva, diretto dal Prof. Paolo Dario, l'Arts Lab, primo laboratorio del settore di scienze sperimentali che si occupava di robotica avanzata con un focus sulle applicazioni biomediche, con attività fortemente interdisciplinari che hanno fatto maturare al laboratorio una forte esperienza nell'integrazione di competenze, portandolo in breve ad avere un ruolo riconosciuto a livello internazionale. Come altri importanti laboratori in Italia l'Arts Lab, in strutture fisiche a dir poco precarie e insufficienti nella sede principale della Scuola, iniziò a partecipare a progetti europei, aggiudicandosi finanziamenti che gli consentirono di sviluppare ricerca di frontiera e fecero acquisire ai ricercatori coinvolti un approccio al lavoro in team ed alla gestione di budget e risorse umane. Ma il gruppo del Prof. Dario cresceva e non tutti i giovani di belle speranze che ne facevano parte potevano sperare di diventare accademici; successe così che a qualcuno il Prof. Dario disse: "qui hai imparato a diventare un ricercatore, hai partecipato ad esperienze progettuali ed hai fatto ricerca a livello internazionale; hai dato, ma hai anche ricevuto. Il mondo là fuori ti aspetta. Con quello che ora sai puoi utilmente andare a lavorare in una grande impresa o costituirne una". Fu in questo modo che nacquero le primissime imprese spin-off della Scuola Sant'Anna, costituite da giovani mossi dal desiderio di diventare imprenditori, di applicare le cose imparate, ma senz'altro più dalla necessità di inventare un lavoro che da ambizioni di ricchezza.

In quella fase la Scuola non disponeva di un vero e proprio Ufficio di Trasferimento Tecnologico (TTO, UTT o ILO che dir si voglia) e al più venivano organizzati contatti tra i giovani ricercatori e i dottorandi e docenti di management, o magari con qualche ex allievo della Scuola inserito in banche o grandi gruppi industriali. Se non altro, pur in mancanza di regolamenti e procedure certe, difficilmente si bloccavano nuove idee e iniziative a meno che non fossero chiaramente inammissibili dal punto di vista legale.

Sempre all'inizio degli anni Novanta, i ricercatori e docenti della Scuola iniziano a brevettare le proprie invenzioni. Non si sapeva bene a chi spettasse la titolarità dei brevetti né su quali fondi imputare i costi e quindi la Scuola iniziò a pensare di organizzarsi con una Commissione Brevetti ed i costi furono sostenuti con il budget dei progetti. È in questa fase che parte il filone di management dell'innovazione presso la Scuola. Il gruppo di ricerca del Prof. Riccardo Varaldo identifica il management dell'innovazione come uno dei filoni emergenti ed avvia attività di ricerca e formazione su questi temi. I giovani dei laboratori di ingegneria diventano al tempo stesso fruitori di formazione e consulenze (per lo più informali, davanti alle macchinette del caffè) e fornitori di nuovo materiale di ricerca nel campo della gestione della tecnologia e della nuova imprenditorialità high-tech.

Una seconda fase di sviluppo rilevante ai fini della descrizione delle dinamiche dei processi di trasferimento tecnologico è data dal Progetto Link, anche in questo caso frutto della capacità della Scuola di agire rapidamente e di mettere in collegamento le competenze dei gruppi di ingegneria e di management. La storia del Progetto Link è una storia "a cascata", molto di tipo bottom up[1]. Ripercorrendone l'iter si ha l'impressione che tutto sia avvenuto quasi per caso, ma in realtà le cose accadono "per caso" solo quando esistono le pre-condizioni e sono stati effettuati gli investimenti affinché ciò accada.

Nel caso della Scuola i laboratori di ingegneria avevano disperato bisogno di spazio. Fu contattato Giovanni Alberto Agnelli che con entusiasmo mise a disposizione spazi di proprietà di Piaggio, intravedendo per Pontedera un futuro basato sia sull'industria che sulla ricerca scientifica, visione condivisa anche dalla Provincia di Pisa e dal Comune di Pontedera. Tutti insieme misero a punto un progetto di rafforzamento del territorio basato sull'innovazione tecnologica che ovviamente piacque anche in sede regionale. Ma le ambizioni del Sant'Anna andavano oltre. Servivano finanziamenti robusti per creare un vero e proprio parco di ricerca a Pontedera e allora, d'intesa con il Ministero dell'Università, fu concepito un progetto, un modello di trasferimento dei risultati dalla ricerca al territorio, che fu implementato non solo a Pisa-Pontedera, ma anche a Terni-Perugia, a Benevento e nel Salento. Le risorse arrivarono, il modello fu implementato, gli spazi riempiti di ricercatori con un forte orientamento al trasferimento dei risultati, ma purtroppo Giovanni Alberto Agnelli non fece in tempo a vedere il risultato del suo impegno in collaborazione con il Sant'Anna.

Il Progetto Link ha rappresentato per la Scuola una sorta di "scalino". Da quel momento la struttura amministrativa ha affinato le capacità di gestire progetti complessi, gli enti pubblici hanno capito che il Sant'Anna era un partner affidabile e sincero per lo sviluppo territoriale, ed anche le imprese, grandi e piccole, potevano vincere almeno in parte la loro proverbiale diffidenza nei confronti del mondo universitario.

Il risultato è stato un fiorire non solo di brevetti e imprese spin-off, i frutti solitamente più visibili del trasferimento tecnologico, ma anche di contratti di collaborazione con le imprese, iniziative congiunte nel campo della formazione, nuove sedi anche al di là di quelle di Pisa e Pontedera, partnership con grandi gruppi industriali italiani e stranieri.

5.2
Come siamo cresciuti

L'ultimo decennio (2000–2010) è stato caratterizzato da una sorta di codifica del processo di trasferimento tecnologico (TT). La Scuola è sempre stata un luogo dove i processi di TT hanno avuto luogo senza quasi bisogno di un apposito ufficio, poiché alcuni docenti erano particolarmente attivi ed avevano imparato, con il supporto di consulenti, a tutelare le loro invenzioni, ad invogliare ricercatori e collaboratori di ricerca a creare la propria impresa; l'organizzazione è sempre stata flessibile e ben disposta e il coordinamento veniva di fatto ottenuto "in corridoio", nel senso buono

---

[1] Lanzara R, Lazzeroni M (2001) Metodologie per l'innovazione territoriale. Un progetto sperimentale nelle aree di Pisa, Benevento, Brindisi e Lecce. Franco Angeli, Milano.

del termine, in maniera non troppo formale, ritenendo che fosse più importante fare che schematizzare ciò che si faceva.

All'aumentare delle dimensioni del corpo docente (103 tra docenti e ricercatori e circa 1.000 persone impegnate in attività di ricerca con diverse forme contrattuali) è diventato necessario codificare i processi, dare vita dapprima ad una Commissione Brevetti ed una Commissione spin-off che poi sono confluite nel 2006 in un unico Comitato Valorizzazione Ricerche. L'attività di TT, da diffusa in alcuni laboratori è stata centralizzata, dando vita nel 2005 ad un ufficio che seguisse tutte le tematiche inerenti alla brevettazione, la creazione d'impresa ed il licensing, fino ad arrivare alla nomina di un delegato al TT nel 2010.

Grazie alle risorse messe a disposizione dal progetto Link, nonché alle varie iniziative formative organizzate negli anni da Netval, dalla Siaf di Volterra e da altre entità che stavano elaborando l'importanza dei temi del TT, è stato possibile formare alla Scuola due tipologie di risorse umane:

- ricercatori e dottorandi con piglio imprenditoriale e sensibilità alla tutela della proprietà intellettuale ed alla creazione d'impresa, stimolati anche da competizioni di carattere regionale e nazionale quali la Start Cup Toscana – avviata nel 2006 – ed il PNI (www.pni.it);
- personale coinvolto nella ricerca ma più orientato alla relazione con le imprese, che ha acquisito competenze più trasversali ed idonee a lavorare in un TTO o essere il riferimento per un TTO all'interno di un laboratorio o dipartimento.

Questi percorsi formativi hanno anche fatto maturare la consapevolezza che avere un ufficio dedicato al TT potesse alleggerire i ricercatori dalle pratiche più amministrative e, ancora più importante, potesse fornire un valido supporto nella gestione razionale della IP.

La buona volontà dei ricercatori nel brevettare buone idee ed il supporto di consulenti esterni, anche se risultavano più o meno sufficienti ad avviare il processo di brevettazione con nuovi depositi, non bastavano poi a gestire la complessità del mantenimento del brevetto, della relazione con partner esterni che avevano contribuito all'idea, della scelta delle nazioni in cui convalidare il brevetto ed infine, quando questo si verificava, nel trattare con aziende che manifestavano interesse al brevetto.

Parallelamente il numero di spin-off era aumentato (il totale cumulato era di 17 imprese nel 2004) e la tipologia di imprese stava cambiando, passando da imprese "leggere", in settori che non richiedevano grandi investimenti iniziali, quali il software o la progettazione avanzata, ad imprese fortemente orientate al prodotto e che richiedevano investimenti iniziali significativi. Era pertanto necessario un ulteriore sforzo da parte della Scuola ad avvicinare potenziali investitori cui presentare i giovani imprenditori. Ancora una volta il meccanismo è stato innestato dalla rete di relazioni e dalla buona volontà di alcuni docenti della Scuola, ma la creazione di un TTO dedicato poteva supportare il processo sia nella fase di negoziazione con gli investitori e nella eventuale definizione di accordi specifici, sia per favorire la visibilità delle neonate imprese.

In ultimo appariva utile avere un'interfaccia tra la Scuola Sant'Anna ed alcuni interlocutori nel panorama innovazione quali i parchi scientifici, gli incubatori – come per esempio la società consortile Pont-Tech, che gestisce l'incubatore di Pontedera – la Regione Toscana o il Ministero del Lavoro relativamente ad iniziative per la nuova imprenditoria o per la gestione della proprietà intellettuale.

L'Ufficio Valorizzazione Ricerche (UVR) è quindi stato costituito nel 2005 in parallelo a quanto stava succedendo in numerose altre Università toscane ed anche sulla spinta dei finanziamenti ministeriali destinati al potenziamento o creazione di uffici TT, di cui l'UVR ha beneficiato attraverso il progetto ILONOVA, in partnership con le Università di Firenze e Siena. La Scuola era stata tra i promotori di Netval, sin dal 2003, quando Netval fu pensato e strutturato in una forma leggera di intesa tra Atenei e successivamente nel 2007 per la sua costituzione in associazione ed a tutt'oggi sempre con un ruolo molto attivo attraverso il suo delegato nel Direttivo ed attraverso forti collaborazioni soprattutto nell'ambito della formazione e dell'analisi del TT in Italia. L'UVR si è da subito agganciato a Netval per condividere buone pratiche e procedure con gli omologhi uffici degli altri Atenei e per compiere azioni sinergiche di sensibilizzazione sui temi del TT, sia all'interno delle Università, sia sull'opinione pubblica ed a livello governativo, come nel caso delle proposte di modifica al codice della PI che riattribuiva la titolarità dei brevetti agli inventori.

Ad oggi la Scuola si caratterizza, nell'ambito del TT, per essere "specializzata" sulle spin-off più che sui brevetti e sul licensing. Al 2011 sono state costituite 29 spin-off, tra cui si citano le più grandi: Scienzia Machinale e Synapsis che contano circa 50 dipendenti ciascuna ed hanno due storie molto interessanti, la prima per quanto riguarda la gestione di risorse umane altamente qualificate e creative, talmente legate allo spirito aziendale al punto da concordare una riduzione dello stipendio durante la crisi del 2008–2009, per poi ripartire nel 2010 con migliori prospettive, la seconda per la sua continua evoluzione e per la capacità di gestire l'ingresso di VC, la successiva uscita e l'acquisizione da parte di una grande azienda al 100%.

La propensione alla creazione d'impresa è la vocazione principale della Scuola – rispetto a quella nella brevettazione – soprattutto per settori quali la robotica, il biomedicale e l'ICT, ma con alcuni esempi anche nel settore di agraria. In particolare piace citare il record della Scuola non tanto nel totale di imprese spin-off generate – che pure è significativo (9° posto tra le Università italiane in termini assoluti, secondo il Rapporto Netval 2011) – quanto nel rapporto numero di imprese spin-off generate e numero di docenti (per il quale è sicuramente prima). Altro asset per la Scuola è la capacità di raccolta fondi per la ricerca; è questo un secondo ambito sul quale detiene un record nazionale tenuto conto che in media ogni docente o ricercatore della Scuola genera oltre 150 mila Euro di finanziamenti.

Per quanto riguarda il coinvolgimento in network regionali e nazionali occorre ricordare che l'UVR della Scuola ha siglato nel 2010 un protocollo d'intesa con gli altri 4 Atenei toscani, sui temi della valorizzazione della ricerca, individuando il network ILONOVA (www.ilonova.eu) quale riferimento per la Regione Toscana o altre entità quando si parla di trasferimento tecnologico delle Università. Questo raccordo ha prodotto notevoli sinergie e rapidità di risposta ad interlocutori esterni oltre a rafforzare la collaborazione tra i TTO delle Università toscane, come dimostrato ad esempio per la partecipazione congiunta ad un progetto finanziato dalla Regione Toscana sui Poli di Innovazione.

A livello nazionale sono già state citate le forti collaborazioni con i network di riferimento: Netval e PNI ed a livello internazionale con Proton (www.protoneurope.org).

Per quanto riguarda la percezione dell'UVR della Scuola Sant'Anna da parte degli altri UTT, risulta che esso è al 3° posto in Italia (Rapporto Netval 2011), pur contando solo su una risorsa full time ed altre risorse a tempo parziale per un totale di due equivalenti full time. Tale dato da un lato dà prova dell'efficacia dell'ufficio in quanto tale, ma dall'altro è influenzato dalla forte produttività dei ricercatori, dottorandi e assegnisti della Scuola, che riflettono della notevole propensione alla ricerca della Scuola, per la disponibilità di aree dedicate ai laboratori e finanziamenti per la ricerca.

Alla Scuola Sant'Anna si cerca sempre di sperimentare e si può dire che in qualche modo ci stiamo inventando la mission dei prossimi anni. Provando a schematizzare si potrebbe dire che si è passati da una fase spontanea in cui l'attenzione alle tematiche della proprietà intellettuale era affidata alla buona volontà ed all'intuizione di alcuni docenti – anni Novanta – ad una fase di razionalizzazione e centralizzazione dell'attività – metà degli anni Duemila e fino ad oggi – con un incremento della proprietà intellettuale tutelata e di titolarità della Scuola Sant'Anna e con un costante aumento nel numero complessivo di spin-off. A questo punto l'obiettivo dei prossimi anni sarà l'accelerazione che, per quanto riguarda i brevetti, vorrà dire incrementare il numero dei contratti di licenza e soprattutto la qualità e la remuneratività dei contratti, e per quanto riguarda le spin-off vorrà dire aumento del fatturato e delle risorse umane coinvolte.

5.3
Se volessimo essere ricordati per una cosa ...

È difficile individuare un caso in particolare. Si potrebbe citare il caso di qualche spin-off di successo, ma come sappiamo il merito va più al "sistema Sant'Anna" ed all'imprenditore illuminato che non all'UVR in particolare. Piuttosto, ci sembra che l'UVR possa essere ricordato per la relazione con i clienti interni: docenti e ricercatori. La professionalità con cui vengono gestite le diverse procedure e l'impegno nel valorizzare le innovazioni prodotte nei laboratori della Scuola, già molto orientata al trasferimento sin dagli anni Novanta, ha visto a partire dal 2005, anno in cui è stato formalmente costituito l'UVR, un incremento dei brevetti depositati e "trattati" ai fini di un possibile sfruttamento, passando da 2–3 brevetti all'anno a 10–12 brevetti. La razionalizzazione delle attività di TT ha portato un incremento anche nei brevetti in co-titolarità con le aziende, ed anche laddove non si sia raggiunto questo risultato, almeno si è affrontato il dibattito sulla titolarità dei brevetti nei contratti Università/Industria, nei progetti europei e regionali con partenariato misto Università-impresa, facendo maturare nei ricercatori e docenti la consapevolezza che la proprietà intellettuale è importante e che l'interlocutore preposto è l'UVR. Questo vale sia per gli accordi di invenzioni congiunte, per le invenzioni dei dottorandi, ma anche per i business plan che si innestano su una certa invenzione e che daranno luogo a nuove spin-off. Probabilmente questa sensibilizzazione del personale coinvolto nelle attività di ricerca è stata un po' più facile che altrove, ancorché lungo, essenzialmente per due ragioni:

- il personale impegnato nella ricerca aveva già dimestichezza con le tematiche di gestione della proprietà intellettuale;
- la Scuola, seppure molto in crescita negli ultimi dieci anni, resta comunque una realtà abbastanza piccola in cui la condivisione di idee è facilitata dalla vicinanza fisica.

Nel corso del 2011 l'UVR ha avuto la possibilità di acquisire una seconda unità di personale, con Alessandra Patrono che si è aggiunta a Monia Gentile, che insieme costituiscono l'UVR in collaborazione con il Delegato al TT, il Prof. Andrea Piccaluga. Al di là dell'aumento del personale, assolutamente indispensabile per fare fronte alla mole di attività attuali, ciò in cui l'UVR è forse più impegnato è la gestione della selva di interazioni, sia personali che istituzionali, in un'ampia varietà di situazioni. Il saper gestire una procedura di brevettazione e mezz'ora dopo partecipare ad una riunione per costituendi poli o distretti tecnologici è diventato un po' il pane quotidiano per l'UVR, che continua a lavorare con l'obiettivo di portare più invenzioni possibili verso le applicazioni e di creare le condizioni affinché i ricercatori della Scuola possano lavorare con i migliori partner e nelle migliori condizioni possibili.

L'ILO dell'Università degli Studi di Cagliari: Unica Liaison Office

6

Orsola Macis e Tiziana Mascia

Punti chiave

> Trasferimento tecnologico in contesti a bassa innovazione privata
> Impulso delle politiche regionali
> Trasferimento tecnologico a rete inter-universitaria

6.1
Come siamo nati

L'Ufficio di Trasferimento Tecnologico dell'Università di Cagliari, denominato "Unica Liaison Office", opera nell'ambito della Direzione per la Ricerca e il Territorio dell'Università degli Studi di Cagliari.

L'Università di Cagliari, che rappresenta il principale polo di attrazione per gli studenti dell'isola, svolge la propria attività didattica e di ricerca principalmente attraverso le sue undici facoltà (Architettura, Economia, Farmacia, Giurisprudenza, Ingegneria, Lettere e Filosofia, Lingue e Letterature Straniere, Medicina e Chirurgia, Scienze della Formazione, Scienze Matematiche, Fisiche, Naturali, Scienze Politiche), i quarantaquattro dipartimenti, i cinque centri interdipartimentali ed i diversi centri di eccellenza in essa attivi. L'Ateneo cagliaritano è inserito in un contesto regionale caratterizzato da una elevata specializzazione nelle attività primarie e da una relativa specializzazione nei servizi, mentre il settore industriale ha un peso modesto rispetto alla media nazionale.

La capacità innovativa del sistema produttivo sardo è ancora ridotta e deve essere efficacemente potenziata per poter conseguire una crescita equilibrata e uno sviluppo sostenibile in coerenza con la rinnovata strategia di Lisbona. I settori della ricerca scientifica e del trasferimento tecnologico, grazie alle garanzie di cui alla normativa regionale vigente[1] ed agli ingenti investimenti posti al centro dell'agenda regionale, hanno registrato sviluppi positivi sia in termini economici che imprenditoriali. Tuttavia non si è ancora consolidato un sistema sufficientemente forte di interrelazioni fra Università ed imprese, tale da favorire gli investimenti in innovazione di queste ulti-

---

[1] Legge regionale n. 7 del 7 agosto 2007 *Promozione della ricerca scientifica e dell'innovazione tecnologica in Sardegna* in GU n. 28 del 12-7-2008.

M. Bianchi, A. Piccaluga (eds.), *La sfida del trasferimento tecnologico: le Università italiane si raccontano*, DOI 10.1007/978-88-470-1977-5_6, © Springer-Verlag Italia 2012

me. Se da un lato infatti la spesa pubblica in Ricerca e Sviluppo (R&S) si colloca al di sopra della media nazionale, dall'altro l'incidenza della spesa privata è pressoché nulla (0,04% del PIL regionale a fronte di un valore nazionale dell'1,13%).

Non è sufficiente dunque il riconoscimento da parte delle autorità pubbliche dell'importanza della ricerca e dell'innovazione ed il conseguente conferimento di ingenti finanziamenti per consentire lo sviluppo di questi settori. La carenza di investimenti privati potrebbe infatti documentare la scarsa efficacia di tali interventi o, piuttosto, l'incapacità per le imprese di dare allo sviluppo di tali settori la stessa importanza attribuita dalle autorità regionali, probabilmente a causa della crisi economica che le ha investite.

In siffatto contesto Unica Liaison Office opera da interfaccia tra l'offerta di competenze tecnologiche dell'Ateneo e la domanda d'innovazione espressa dal mondo produttivo e dal territorio, al fine di favorire il trasferimento tecnologico e la nascita di nuove realtà imprenditoriali innovative, contribuendo in tal modo allo sviluppo socio-economico regionale. Unica Liaison Office nasce nel giugno del 2005 grazie all'impulso dato dalle politiche nazionali e regionali volte a promuovere ed attuare la valorizzazione ed il trasferimento dei risultati scientifici e tecnologici conseguiti nei centri di ricerca.

Le tappe che ne hanno segnato la costituzione ed il consolidamento prendono avvio con la Programmazione del sistema universitario per il triennio 2004–2006 (DM n. 262/04), il cui articolo 12, nel rispetto degli obiettivi del PON 2000–2006, ha disposto l'assegnazione di un cospicuo finanziamento alle Università statali site nelle regioni ex obiettivo 1 per la costituzione ed il sostegno di strutture destinate a porre in essere azioni di valorizzazione dei risultati della ricerca e di impiego degli stessi nei processi produttivi caratterizzati da un alto indice di innovazione.

Nel perseguimento di tale intento, il Miur ha cofinanziato il progetto "ILONET: istituzione di un network ILO a carattere internazionale con avanzate funzionalità di rete", che si prefiggeva la creazione di una rete di Industrial Liaison Office nelle Università partecipanti (Sassari, Cagliari, Milano-Bicocca, Genova) al fine di qualificare e consolidare i rapporti tra il mondo della ricerca ed il sistema socio-economico territoriale. La struttura dell'ufficio è stata poi rafforzata attraverso il progetto ILON@ Sardegna, finanziato a valere sulla Misura 3.13 Ricerca e sviluppo tecnologico nelle imprese e territorio del POR Sardegna 2000–2006.

Le attività di trasferimento tecnologico avviate con i progetti ILONET e ILON@ Sardegna sono state infine consolidate attraverso il progetto Rete Regionale per l'Innovazione, finanziato sempre a valere sulla Misura 3.13 del POR Sardegna 2000–2006, e saranno potenziate nell'ambito della programmazione regionale POR FESR 2007–2013 con il progetto INNOVA.RE in fase di avvio.

Da quanto precede si evince che nella nascita di Unica Liaison Office hanno giocato un ruolo determinante, in via generale, le politiche e le riforme adottate dall'Unione Europea ed in particolare gli interventi previsti in tal senso nel quadro dei Programmi Operativi nazionali e regionali; ma è stata la volontà dell'allora classe politica e dirigente dell'Ateneo a permetterne concretamente la costituzione e a sostenerne una caratterizzazione basata soprattutto sul consolidamento delle reti di relazione tra la nostra Università, le imprese, le istituzioni del territorio e altri Atenei, come elemento fondamentale nelle azioni legate al trasferimento tecnologico e di conoscenze. Inizialmente la dotazione organica dell'ufficio era rappresentata da una unità di personale strutturato che ha partecipato alla stesura del progetto ILONET, al quale sono state affiancate successivamente sei collaboratori a contratto con competenze di natura giuridica, economica, informatica. Successivamente l'organico dell'ufficio è stato fortemente contratto a causa della mancanza di fondi.

6.2
Come siamo cresciuti

Unica Liaison Office, in una prima fase di avvio, ha destinato le proprie risorse principalmente ad azioni di promozione e sostegno alla creazione di imprese spin-off. In questo momento, soprattutto grazie al maggiore livello di competenza e specializzazione raggiunto dai componenti dell'ufficio, volge la propria attenzione anche alla tutela brevettuale e al licensing, nonché al rafforzamento delle reti di collaborazione con le altre Università, Centri di Ricerca e Imprese.

Nello specifico, l'ufficio si occupa di coordinare e sostenere l'iniziativa dell'Ateneo nelle azioni finalizzate all'innovazione ed al trasferimento tecnologico, in particolare:

- supportando la costituzione di società spin-off;
- sostenendo i ricercatori/inventori nella tutela e valorizzazione dei risultati innovativi della ricerca;
- partecipando alla progettazione nell'ambito di iniziative regionali, nazionali e comunitarie, private volte a promuovere la ricerca applicata e la cultura d'impresa;
- diffondendo la cultura imprenditoriale con la promozione di specifiche iniziative quali la partecipazione a premi per l'innovazione e la creazione d'impresa;
- promuovendo i risultati della ricerca nel corso di eventi di settore, quali fiere dell'innovazione;
- appoggiando l'attività di networking e partecipando a partenariati con enti e operatori pubblici e privati.

In particolare, l'Ufficio ha supportato la costituzione di diciotto imprese spin-off, di cui sette universitarie e undici accademiche. Nei primi l'Università partecipa in qualità di socio, mentre in quelli accademici l'Università non ha una quota di partecipazione e in essi può operare solo un'unità del personale strutturato dell'Ateneo. I settori di attività delle spin-off sono principalmente la biologia animale, il bio-tech, l'energia, l'ICT, l'ingegneria edile, la medicina, la microelettronica, le nanotecnologie, il recupero dei materiali. L'attività di alcune di queste società spin-off è finalizzata alla commercializzazione di prodotti o servizi innovativi che hanno alla base brevetti, e sta iniziando a riscuotere un discreto interesse a livello nazionale e internazionale perché attiene a settori di interesse globale, quali il riciclo dei rifiuti di apparecchiature elettriche ed elettroniche o i cibi funzionali.

Inoltre, in riferimento alla proprietà industriale, l'Università di Cagliari detiene al momento 31 brevetti, di cui 26 concessi nel campo delle biotecnologie per lo sviluppo di farmaci antivirali, tre in quello della geofisica, uno nel campo della chimica ed uno in quello della medicina. Una parte dei brevetti sono a titolarità esclusiva dell'Università, mentre altri sono invece in regime di co-titolarità con Università o enti di ricerca esteri, con multinazionali di settore o aziende nazionali.

La prima domanda di brevetto depositata a nome dell'Università di Cagliari risale al 1979 ed attiene al settore delle biotecnologie che rappresenta, per l'Ateneo, uno degli ambiti di ricerca di punta e maggiormente innovativi. Al momento l'Università ha in corso tredici domande di brevetto prioritarie, nove delle quali attengono al settore delle biotecnologie per lo sviluppo di farmaci antivirali, mentre le altre ai settori della Geofisica, dell'Ingegneria meccanica, della Spettroscopia Ottica e dell'Ingegneria chimica e dei materiali. Gli Stati dove vengono in genere nazionalizzati i brevetti sono l'Europa, gli Stati Uniti, la Corea, il Giappone ed il Canada. La strategia di valorizzazione dei trovati dell'Ateneo ha permesso la concessione in licenza, esclusiva e non esclusiva, di una parte dei brevetti detenuti e lo sfruttamento economico dei restanti da parte delle aziende che li detengono in regime di co-titolarità.

È da rilevare che il contributo che Unica Liaison Office è in grado di offrire ai propri ricercatori, per quanto attiene la valorizzazione delle ricerche ed il trasferimento dei relativi risultati sul territorio, se da alcuni di questi viene recepito come un servizio utile da altri non è considerato tale.

Nel primo caso ci troviamo di fronte a validi inventori che, sebbene si avvalgano nell'espletamento della propria attività dell'appoggio finanziario di grosse realtà imprenditoriali, sono interessati a che la proprietà industriale rimanga in capo all'Università anche dal punto di vista gestionale e sono pronti a collaborare con altri gruppi di ricerca e con imprese locali al fine di ottimizzare i risultati della loro attività; nel secondo caso, ci troviamo di fronte ad inventori che conducono una grossa parte della loro attività di ricerca in sinergia con le imprese che la finanziano, e che pertanto orientano la gestione delle invenzioni nel rispetto delle disposizioni contenute nella convenzione con esse stipulata, come stabilisce il Regolamento brevetti d'Ateneo. In quest'ultimo caso la convenzione generalmente individua l'azienda finanziatrice come soggetto preposto alla gestione della proprietà intellettuale in qualità di licenziatario o di titolare esclusivo della stessa. Questo dipende dal fatto che chi finanzia "notoriamente" ha più potere contrattuale, ma anche dal fatto che la gestione interna all'Università (anche di questi aspetti) viene recepita come un "appesantimento" dell'attività piuttosto che una garanzia per una efficace gestione degli interessi connessi con l'attività di ricerca e trasferimento tecnologico; difatti i tempi relativi all'espletamento di tutti gli adempimenti che riguardano la tutela delle invenzioni si dilatano notevolmente, poiché dipendono a loro volta da quelli legati alla convocazione dei due organi decisionali, la Commissione brevetti e il Consiglio d'amministrazione.

Per quanto riguarda l'attività di progettazione, Unica Liaison Office partecipa al progetto INNOVA.RE finanziato sul POR Sardegna 2007–2013, che si pone l'obiettivo di consolidare la rete di collaborazione e scambio tra gli Atenei sardi ed il mondo imprenditoriale, comprese le organizzazioni datoriali e le Camere di Commercio. Il progetto pone al centro l'Impresa e le azioni volte a stimolarne la creazione e/o lo sviluppo competitivo, concependo la ricerca svolta nel territorio quale strumento destinato al conseguimento di tale intento.

Per quanto riguarda l'attività di promozione per la creazione di imprese innovative, Unica Liaison Office è parte attiva nell'organizzazione della fase regionale del premio Start Cup ed inoltre incentiva la partecipazione dei propri ricercatori ad iniziative dello stesso tipo. A tal proposito si ricorda che il premio "Miglior inventrice italiana 2010" è stato assegnato ad una ricercatrice dell'Ateneo cagliaritano, vice presidente esecutivo dello spin-off universitario "3R Metals", per un progetto sul riciclo eco-compatibile di materie prime e metalli preziosi da rifiuti hi-tech (come computer, telefonini, ecc.). Infine, Unica Liaison Office partecipa a diversi partenariati tematici con Enti e operatori pubblici e privati, tra cui Proton Europe, Netval, PNI CUBE e Rete Regionale per l'Innovazione della Regione.

L'ufficio è al momento costituito da un funzionario responsabile di settore, con una formazione economica, affiancato sino a poco tempo fa da un collaboratore con formazione giuridica. L'esiguo numero di risorse umane dedicate è stato compensato dalla buona dose di entusiasmo, passione e professionalità che ha sempre caratterizzato tutti i soggetti che hanno reso possibili le attività dell'ufficio. Fortunatamente, grazie al progetto INNOVA.RE, le attività di Unica Liaison Office saranno rafforzate in quanto a breve saranno attivati nuovi contratti di collaborazione con soggetti dotati di professionalità pertinenti (competenza in materia brevettuale e licensing, conoscenza del diritto industriale e commerciale, competenze in campo economico aziendale, competenze di carattere tecnico scientifico), nonché di capacità utili per coniugare la domanda di conoscenza emergente dal tessuto produttivo con l'offerta di ricerca da parte dell'Università.

6.3
Se volessimo essere ricordati per una cosa...

Se volessimo essere ricordati per qualcosa, ci piacerebbe che risaltasse l'impegno da noi profuso, soprattutto negli ultimi tempi, caratterizzati dalla mancanza di risorse umane ed economiche dedicate all'espletamento delle attività di trasferimento tecnologico nella gestione dell'ufficio. Abbiamo affinato "l'arte del doversi arrangiare", una "competenza" che ci ha consentito comunque di reperire fondi, di infittire la rete degli attori interessati a relazionarsi a vario titolo con l'Università e di promuovere la cultura imprenditoriale dei nostri ricercatori.

Grazie ad essa, l'ufficio ha conseguito una serie di apprezzabili risultati, quali ad esempio la vittoria dell'idea imprenditoriale di un nostro gruppo di ricerca, tra 58 candidature pervenute da Sicilia e Sardegna, in occasione della quinta tappa del concorso nazionale "Il talento delle Idee". Il gruppo in questo momento sta peraltro avviando la procedura di attivazione di uno spin-off universitario.

Ed ancora, la classificazione al primo ed al terzo posto delle idee di impresa di due dei nostri gruppi di ricerca nella fase regionale della Start Cup.

Per quanto invece attiene la valorizzazione dei brevetti, di recente l'ufficio ha reperito i fondi necessari al mantenimento in vita di un brevetto europeo nel settore della diagnostica che, mai valorizzato ed abbandonato da un licenziatario "privo di scrupoli", rischiava, nonostante le potenzialità di mercato, di decadere. In questo momento peraltro siamo in trattativa con una multinazionale del settore interessata ad acquisire il brevetto in licenza.

Di fronte alle molteplici e complesse situazioni e problematiche che quotidianamente ci troviamo ad affrontare abbiamo dunque fatto nostro il motto di Vittorio Emanuele Orlando: "Resistere! Resistere! Resistere!"[2].

---

[2] Camera dei Deputati, Atti parlamentari, 1913–17.

Il TTO dell'Università di Ferrara

7

Laura Ramaciotti e Sabrina Landini

Punti chiave

> Vincere le resistenze al trasferimento tecnologico
> Spin-off accademici e venture capital
> Trasferimento tecnologico come dialogo con il territorio

7.1
Come siamo nati

L'Università degli Studi di Ferrara, con una storia di oltre seicento anni, è una delle più antiche d'Italia: venne fondata nel 1391 dal marchese Alberto V d'Este, su concessione di Papa Bonifacio IX. I primi insegnamenti attivati furono quelli di teologia, con le connesse discipline filosofiche, giurisprudenza e le scienze mediche, scientifiche e naturalistiche. Durante gli anni Trenta, alle tre Facoltà esistenti (Giurisprudenza, Medicina e Chirurgia, Scienze) si aggiunse quella di Farmacia e tra il 1968 ed il 1969 fu istituita la Facoltà di Magistero, successivamente trasformata in Lettere e Filosofia. Gli ampliamenti più recenti risalgono agli anni Novanta, con l'istituzione di tre nuove Facoltà: Architettura, Ingegneria ed Economia.

Al termine del 2010 il personale impegnato nell'area della docenza e della ricerca ammonta a 646 unità, mentre il personale tecnico amministrativo comprende, alla stessa data, 562 unità. Nell'anno accademico 2010/2011 gli studenti dell'Ateneo ferrarese iscritti ai Corsi di Laurea tradizionali sono 17.563, mentre gli studenti iscritti al post laurea 1.195.

Negli anni più recenti l'Università degli Studi di Ferrara ha attraversato un periodo di profondo rinnovamento. Il cambiamento ha interessato molti ambiti organizzativi dell'Ateneo, sviluppandosi attraverso una definizione strategica che qualifica l'Ateneo ferrarese quale "Università di ricerca, profondamente radicata nel suo territorio, pienamente inserita nella comunità scientifica internazionale, capace di essere leader a livello nazionale" (Patrizio Bianchi).

I prodromi della nascita del Technology Transfer Office (TTO) dell'Università di Ferrara risalgono alla realizzazione del primo regolamento brevetti emanato il 1° gennaio 1999 a cui è seguita la nomina di una Commissione brevetti istituita il 27 marzo 2002. Tale commissione aveva il compito specifico di formulare pareri, sia tecnici che scientifici, in merito alle proposte avanzate dagli strutturati interessati alla protezione delle invenzioni, alle concessioni e licenze a terzi degli Intellectual Property Rights, alla valutazione degli aspetti economici sui costi di deposito brevettuale e su quelli che l'Amministrazione universitaria avrebbe dovuto sostenere per il relativo mantenimento in vita.

Il servizio di brevettazione, peraltro non ufficialmente formalizzato, nasce all'interno dell'Ufficio Contratti a sostegno dell'attività della commissione, con l'obiettivo primario di assistere i docenti e i ricercatori nella attività di brevettazione e trasferimento tecnologico e in secondo luogo di analizzare le normative relative ed aggiornare in materia il personale tecnico e docente interessato. Va da sé come il Servizio Brevetti, soprattutto nella fase iniziale, fosse "pionieristico", in quanto si operava in assenza di Regolamenti e di indirizzi strategici, sia nelle scelte da compiere, sia nelle procedure poste in essere per il deposito dei brevetti. A titolo esemplificativo il primo docente interessato a brevettare un suo ritrovato non è riuscito a trovare assistenza da parte di alcun ufficio in quanto nessuno se ne occupava. L'interesse suscitato dal docente, la curiosità e il senso per l'istituzione nel cercare di non lasciare evasa una richiesta ha stimolato una persona dell'amministrazione ad avviare studi, ricerche ed alla fine a depositare la domanda di brevetto in modo del tutto volontario. La sfera politica e amministrativa non dimostrava in quel momento particolare sensibilità a queste tematiche, tanto che un funzionario al vertice della governance universitaria di allora, alla richiesta di istituire un servizio o un ufficio che desse visibilità alle attività proprie di un TTO, rispose in idioma ferrarese (che qui si traduce per ovvia comprensione lessicale): "Che cos'è il TTO? Il codice fiscale di Totò?".

Tuttavia con forte determinazione i primi "volontari" hanno cercato di superare tutti gli ostacoli iniziali che si presentavano su una materia nuova il cui impatto per l'Università non era facilmente prevedibile e si dimostrava complessa non solo da un punto di vista normativo, ma anche per la forte diffidenza diffusa nell'ambiente accademico, conseguenza naturale di una attività che presentava al tempo stesso vincoli e opportunità tutti da scoprire.

Relativamente agli spin-off, le prime riflessioni risalgono al 2000 con la nascita di una Commissione di Ateneo su proposta dell'allora Preside della Facoltà di Economia, Prof. Patrizio Bianchi. Tale commissione aveva l'incarico principale di redigere un parere sulle possibilità di sviluppare iniziative commerciali, sia di produzione che di servizio generate dalla ricerca universitaria, nonché di approfondire la materia degli spin-off da ricerca in termini di impegni ed esternalità positive per l'Ateneo, al fine di proporre agli organi accademici l'adozione di specifiche iniziative tra le richieste di attivazione di spin-off presentate dai docenti interessati. In particolare la Commissione aveva l'onere di vagliare le proposte ed i business plan, nonché il compito di suggerire in termini strategici l'eventuale partecipazione dell'Università agli spin-off, attivando e/o consolidando relazioni con imprese, tenendo conto del più ampio obiettivo di crescita dell'Ateneo su iniziative non riconducibili alla sfera del conto terzi.

Inizialmente la Commissione fu composta da docenti afferenti a varie discipline, in prevalenza di estrazione scientifica, interessati personalmente a capire e sperimentare in questo campo, proponendo loro stessi iniziative di spin-off, per dare maggiori opportunità ai giovani ricercatori coinvolti nei loro gruppi di ricerca. In un secondo momento (nel 2004) venne nominata una nuova commissione, preposta a valutare sia brevetti che spin-off e a trattare più in generale questioni legate al trasferimento tecnologico. Questa seconda commissione era più focalizzata ad esprimere pareri tecnici e meno politici sulla valorizzazione dei risultati della ricerca. Era composta infatti da due economisti (uno di area aziendale, uno di area industriale), un giurista (docente di diritto commerciale), un tecnologo, due amministrativi ed esperti esterni coinvolti all'occorrenza. Si è passati pertanto da valutazioni più orientate ad una sperimentazione che coinvolgesse come pionieri alcuni gruppi di ricerca specifici ad una di carattere più tecnico maggiormente orientata ad analizzare la vera e propria fattibilità e convenienza per l'Ateneo a sostenere la valorizzazione di alcuni ritrovati.

Contestualmente alla nascita della prima commissione venne istituito presso la Facoltà di Economia il Servizio Spin-off dell'Università degli Studi di Ferrara (denominato impropriamente Centro Spin-off di Ateneo, in quanto mai formalmente riconosciuto) il cui scopo iniziale era quello di fornire, a sportello, consulenza ed informazione a tutti i docenti e ricercatori interessati a creare spin-off, portatori di conoscenze molto avanzate sotto il profilo scientifico, ma da orientare in un'ottica imprenditoriale non sempre applicabile alle tematiche proposte.

Il servizio, nonostante le difficoltà iniziali, molto spesso analoghe a quelle riscontrate per i brevetti, in particolare sul fronte della comprensione da parte del corpo docente delle opportunità connesse e della resistenza da parte del personale tecnico-amministrativo a comprendere e recepire nuove procedure, ha accompagnato nel giro di poco tempo molti soggetti interessati nello sviluppo e nella gestione di nuove iniziative imprenditoriali, anche grazie ad una collaborazione istituzionale tra l'Ateneo e il Consorzio Spinner. Spinner, soggetto intermediario per la Regione Emilia-Romagna, della omonima Sovvenzione Globale, ha permesso a molti giovani laureandi, laureati e docenti di usufruire per un anno di agevolazioni specifiche di accompagnamento alla creazione di nuova impresa.

La principale difficoltà riscontrata in origine è stata quella di reperire all'interno dell'Ateneo competenze tecniche e specialistiche per redigere adeguati statuti societari che potessero tutelare l'Università nei rapporti commerciali con soggetti privati, senza ricorrere a consulenze esterne che sarebbero state gravose per l'Ateneo e non condivise dal personale docente e amministrativo non interessato a queste tematiche. I docenti, in quel momento coinvolti nel tentativo di valorizzare i risultati della loro ricerca, faticavano a seguire contemporaneamente gli adempimenti normativi, fiscali, gestionali richiesti e non erano disponibili a ricorrere in autonomia a prestazioni esterne. Altre resistenze si sono avute nel redigere il regolamento che doveva tener conto dei vincoli contabili e patrimoniali dell'istituzione universitaria, dei vincoli e delle autorizzazioni dei docenti universitari strutturati partecipanti o proponenti lo spin-off, a loro volta diversi da quelli del personale non strutturato e non sempre in armonia con le esigenze dei privati.

Infine, un'altra difficoltà è stata riscontrata con le strutture dipartimentali ospitanti i costituendi spin-off in merito alla concessione di spazi e laboratori (anche se ad uso non esclusivo) alle Società incubate. Un caso complesso da risolvere si è avuto quando un direttore di dipartimento, proponente e socio di uno spin-off, firmò un accordo con gli investitori della medesima società per concederle in uso esclusivo alcuni laboratori, di pertinenza del dipartimento, che gli erano stati assegnati per fare ricerca. Al momento dell'insediamento effettivo del personale dipendente dello spin-off all'interno dei locali, lo stesso docente si è visto costretto a rifiutare la concessione degli spazi in via esclusiva, in quanto i colleghi afferenti alla medesima struttura dipartimentale non erano disposti a riconoscergli ulteriori laboratori per svolgere la propria attività di ricerca istituzionale.

Nell'anno 2000 viene costituito il primo spin-off in via sperimentale, pur in assenza di regolamento, su sollecitazione di una impresa operante nell'ambito del monitoraggio ambientale e controllo dell'inquinamento atmosferico, che collaborava su progetti di trasferimento tecnologico con un docente della Facoltà di Fisica. Ancora oggi, pur non essendo più uno spin-off partecipato dall'Ateneo, l'attività principale della società risulta essere la progettazione e produzione di apparecchiature di nuova generazione per il monitoraggio ambientale basato su tecnologie derivanti dal know how del personale tecnico interno in continua collaborazione con l'Ateneo per la ricerca di soluzioni sempre all'avanguardia.

L'Università di Ferrara istituisce poi nel 2004 l'Ufficio Rapporti con le imprese – Industrial Liaison Office (ILO) – con la missione di favorire i rapporti tra Università ed imprese locali, nazionali ed internazionali, promuovere le attività di ricerca, favorendone il trasferimento tecnologico, la tutela dei diritti di proprietà intellettuale, sostenere la creazione di impresa da ricerca, ed assicurare le relazioni con tutte le istituzioni, associazioni ed agenzie preposte a sostenere lo sviluppo.

I punti di forza dell'Ufficio sono stati: l'aver avviato da subito un dialogo con le istituzioni e organizzazioni del territorio con l'obiettivo di condividere le azioni da intraprendere a sostegno della diffusione dell'innovazione e del trasferimento tecnologico, l'organizzazione di seminari volti all'accrescimento della cultura dell'innovazione e della creazione di impresa, l'ospitalità presso gli incubatori dell'Università, l'ausilio nella ricerca di fonti di finanziamento, l'assistenza nella creazione di nuovi contatti fra imprese e Università in relazione a progetti di trasferimento tecnologico, la rapidità nel prendere in carico le istanze formulate e nel rispondere alle stesse da parte della Commissione spin-off incaricata.

Un altro elemento di forza che ha favorito lo sviluppo dell'ILO è stato la competizione avuta, in alcuni casi, tra docenti interessati all'attivazione di spin-off. Un singolare caso di competizione tra docenti è avvenuto, a titolo di esempio, quando un professore, coinvolto nella creazione di una società, ha gareggiato con un collega, afferente alla medesima area scientifica, e a sua volta proponente di un distinto spin-off, affinché la propria proposta di creazione di impresa fosse approvata dagli organi accademici competenti prima dell'altra. Quando, per motivi meramente burocratici, di acquisizione della documentazione necessaria, l'approvazione della prima proposta è stata successiva all'altra la reazione del docente "sconfitto" è stata quella di lamentare un inadeguato supporto da parte della struttura amministrativa di riferimento. Si precisa che in tutto lo scarto temporale tra le due approvazioni è stato di un solo mese e non ha determinato per l'iniziativa imprenditoriale alcuno svantaggio.

7.2
Come siamo cresciuti

La genesi e la nascita dell'Ufficio ILO dell'Università degli Studi di Ferrara, a consolidamento delle iniziative condotte in via pionieristica e volontaristica di un ristretto nucleo di docenti e personale amministrativo, si formalizzano ad opera dell'allora Preside della Facoltà di Economia poi divenuto Rettore nel 2004 (Prof. Patrizio Bianchi). Da sempre particolarmente sensibile ed attento alla materia della proprietà intellettuale e del trasferimento tecnologico, decide di riorganizzare i due servizi esistenti (spin-off e brevetti) in un'unica struttura, dando così un riferimento stabile, organico e riconoscibile sia all'interno dell'Ateneo che nei confronti degli *stakeholders* esterni. La *mission* generale, dichiarata dal Rettore nel piano strategico di Ateneo di allora, individua tre assi principali di azione lungo i quali l'Università degli studi di Ferrara indirizza il proprio impegno e le proprie risorse:

- un asse tradizionale, costituito da ricerca e didattica;
- un asse innovatore che riguarda la ricaduta industriale sul territorio e la caratterizzazione di Ferrara quale città universitaria del sapere e della formazione;
- un asse organizzativo gestionale, inerente all'organizzazione interna e il governo delle risorse umane.

Ciascuna di queste tre dimensioni è strettamente connessa alle altre.

Le principali difficoltà allo sviluppo e consolidamento delle iniziative di valorizzazione della ricerca sono state paradossalmente riscontrate all'interno dell'Università medesima. Diversi dipartimenti e singoli docenti hanno ostacolato la permanenza degli spin-off ed il relativo operato all'interno dei locali di Ateneo, a volte senza comprenderne il vantaggio in termini economici e di visibilità verso l'esterno o i vantaggi di carattere occupazionale per i propri allievi.

I motivi della loro resistenza si possono sintetizzare nelle problematiche relative alla scarsità degli spazi ed alla condivisione dei locali con altri soggetti esterni e per ragioni di rivalità nell'ottenimento di successi legati alla valorizzazione della propria ricerca sul mercato.

Nel primo caso le motivazioni addotte dai docenti erano che ogni metro quadro di superficie, utilizzato per fini non istituzionali, dovesse essere esclusivamente ridestinato ad uso interno della medesima struttura per attività didattiche e di ricerca. Infatti, nonostante le spese relative alle utenze ed alla manutenzione ordinaria e straordinaria degli spazi occupati dagli spin-off fossero a carico dell'amministrazione centrale, i singoli dipartimenti hanno da sempre richiesto di poter introitare le somme da parte degli spin-off a fronte dei servizi e delle prestazioni rese nell'utilizzo di strumentazioni e apparecchiature dipartimentali. Nel secondo caso la resistenza nasce proprio da ragioni relative al "prestigio" e alla "visibilità" dei docenti sia nei confronti dell'interno che verso l'esterno. Ad esempio, alcuni docenti hanno "accusato" i colleghi di occuparsi solo delle attività dello spin-off e di non dedicarsi in modo adeguato alle attività accademiche e istituzionali in senso stretto. Chi ha reagito in questo modo più conservatore ha manifestato preoccupazione sia per una potenziale perdita della propria autonomia che per una privazione delle risorse finanziarie, a favore delle suddette iniziative.

Relativamente alla brevettazione, si è riscontrata una scarsa partecipazione dei docenti ai momenti formativi organizzati dall'ILO sulle tematiche della proprietà intellettuale, sebbene programmati per singoli settori scientifici, oltre ad una scarsa ottemperanza alla normativa vigente soprattutto in termini di comunicazione dei risultati inventivi e dei depositi brevettuali effettuati a titolo personale ed in collaborazione con le imprese.

Per contro, il dialogo con il territorio e le istituzioni locali, regionali, nazionali si è rivelato particolarmente collaborativo. L'ufficio ha avviato da subito un confronto con le istituzioni locali e le organizzazioni imprenditoriali con l'obiettivo di condividere le azioni da intraprendere sul territorio per attuare strumenti comuni di intervento trovando disponibilità e riscontro.

Il territorio, pur con le peculiarità proprie della provincia ferrarese legate alla piccola/piccolissima dimensione del tessuto imprenditoriale, ha al contrario colto con interesse e curiosità l'apertura dell'Ateneo rivolta ad iniziative riguardanti lo sviluppo e la crescita del sistema economico locale. È pur vero che se da una parte la risposta delle istituzioni locali è stata particolarmente reattiva anche in termini di stanziamenti finanziari a supporto del trasferimento tecnologico, dall'altra la reazione del tessuto imprenditoriale locale ha disatteso le aspettative. Poche sono infatti le imprese che hanno risposto ai bandi finanziati dagli enti locali, oltre ai bandi regionali che agevolavano le medesime in caso di collaborazione con il sistema della ricerca pubblica.

Di particolare rilevanza è stata l'intensa attività di concertazione che ha creato e consolidato un fitto scambio di relazioni e progettualità congiunte con la Camera di Commercio, il Comune, la Provincia, la Cassa di Risparmio di Ferrara, la Cassa di Risparmio di Cento e le due fondazioni bancarie riunitesi in un Comitato dei Sostenitori per il finanziamento della ricerca di Ateneo. La presenza in Consiglio di amministrazione dell'Università di un rappresentante del Comitato consente di condividere con il territorio gli orientamenti della ricerca e sviluppo su settori di applicazione industriale di interesse anche locale.

A dimostrazione della collaborazione con gli enti territoriali, dal 2005 è attivo presso il Polo scientifico tecnologico dell'Università il primo incubatore di impresa, realizzato con fondi regionali e della Provincia, che ospita 8 dei 16 spin-off attualmente partecipati dall'Università con laboratori e uffici specificamente dedicati. Un secondo incubatore è stato realizzato accanto al medesimo Polo ad opera del Comune che in accordo con l'Università – e Sipro (Agenzia per lo sviluppo e l'attrazione degli investimenti della Provincia) come soggetto gestore – ospita altre 10 imprese tra spin-off dell'Università e giovani start-up innovative.

Sempre a livello locale, diverse sono state le iniziative progettate e realizzate in collaborazione con la Provincia e la Camera di Commercio. Con quest'ultima, infatti, nel triennio passato sono stati gestiti tre bandi sul trasferimento tecnologico che hanno permesso ad alcune imprese del territorio di collaborare per un anno con esperti dell'Università apportando miglioramenti significativi di prodotto e di processo.

Inoltre, l'attività di trasferimento tecnologico è sostenuta dalla partecipazione dell'Ateneo al Consorzio Ferrara Ricerche (CFR). Il Consorzio nasce nel 1993 e annovera oggi tra i propri soci oltre all'Università – che ne designa anche il Presidente – Provincia, alcuni Comuni, imprese pubbliche e private con i quali condivide attività di diffusione dell'innovazione e specifiche progettualità.

Nel 2010 ha chiuso in collaborazione con l'Università ed imprese (locali, nazionali ed estere) 259 progetti di ricerca per un ammontare complessivo di circa 7 milioni e mezzo di Euro.

A livello nazionale l'Università di Ferrara partecipa dal 2003 al Consorzio Impat insieme all'ENEA a livello nazionale e a Tecnopolis CSATA di Bari. La struttura nasce per la gestione di un finanziamento assegnatole dal Ministero delle Attività Produttive allo scopo di assistere laureati e ricercatori in un percorso di spin-off fornendo servizi e supporto nella fase precedente la costituzione e durante quella di incubazione. Il partenariato ad oggi è tuttora in essere per la gestione di un ulteriore finanziamento ottenuto dal Ministero dello Sviluppo Economico su tematiche affini.

L'impatto che tali attività hanno avuto sull'Industrial Liaison Office dell'Università di Ferrara è stato significativo. Questi strumenti hanno permesso all'ILO di ottenere la copertura finanziaria per l'attivazione di collaboratori dedicati, l'erogazione di consulenze specialistiche in materia aziendale e legale (business plan, marketing) agli spin-off o ai gruppi di ricerca interessati ad attivarne uno, la formazione a strutturati e allievi in materia di proprietà intellettuale, la copertura dei costi di costituzione degli spin-off, l'acquisto di attrezzature di laboratorio per gli incubatori di impresa e l'acquisto di attrezzature per ufficio (pc, stampanti, fotocopiatrici).

Senza la partecipazione ai suddetti progetti non sarebbe stato possibile assistere con le medesime competenze lo stesso numero di spin-off. Inoltre, le possibilità di collaborazione fra le imprese del territorio e l'Università sarebbero state senza dubbio più limitate.

Dal 2006 l'Ateneo ha creato una rete con le Università di Modena e Reggio-Emilia, Bologna e Camerino per la gestione di un finanziamento del MIUR (Art. 12 del D.M. 262 del 5 Agosto 2004) per la creazione ed il consolidamento degli ILO, condividendo esperienze e progettualità sui temi della valorizzazione della ricerca accademica con gli Atenei partner in particolare nell'ambito dello *scouting* della ricerca.

Un caso di successo gestito con competenze totalmente interne in tema di brevettazione è stata la trattativa condotta direttamente dall'ILO con una società farmaceutica nell'ambito di un contratto di opzione di vendita e prelazione concluso anche con due associazioni coinvolte nella lotta alla talassemia. La ricerca condotta dall'Ateneo ha portato alla scoperta di due oligonucleotidi sintetici in grado di indurre il differenziamento eritroide in cellule umane. Depositata la domanda di brevetto per invenzione industriale sono state attivate trattative per cercare potenziali partner imprenditoriali interessati al ritrovato. La negoziazione si è chiusa con una nota società farmaceutica emiliana con la quale si è addivenuti alla formalizzazione di un contratto di opzione di vendita e di prelazione.

Il rapporto tra la società farmaceutica e l'Università è nato a seguito di una collaborazione scientifica preesistente tra il docente e la medesima casa farmaceutica, tanto che i primi contatti sono avvenuti in questo ambito. Il brevetto è stato dapprima illustrato nelle sue caratteristiche e potenzialità dall'inventore alla società mediante la sottoscrizione di un accordo di segretezza tra le parti; in un secondo momento è intervenuto l'Ateneo che ha condotto la negoziazione in termini contrattuali. Il processo di negoziazione è durato circa sei mesi compresi gli aspetti amministrativi ed autorizzativi da parte dei competenti organi accademici.

I punti chiave del contratto possono essere così sintetizzati:

- l'Università e le associazioni cedono alla società farmaceutica la quota di titolarità del brevetto in ragione delle seguenti quote:
  - Società farmaceutica   33%;
  - Università di Ferrara   53%;
  - Associazioni   14%;

- ai fini della cessione le parti avevano stabilito che il valore complessivo del brevetto PCT corrispondeva a circa 310 mila Euro e come corrispettivo l'impresa si era impegnata a versare agli altri partner una somma omnicomprensiva di circa 103,3 mila Euro così suddivisa:
  - Università di Ferrara   80 mila Euro;
  - Associazioni   20 mila Euro;

- in ambito contrattuale le parti si impegnavano a proseguire nell'attività di ricerca rivolta all'ulteriore sviluppo del brevetto PCT sulla base di un definito programma di ricerca allegato al medesimo contratto, mentre i costi per le attività di ricerca erano stati posti interamente a carico della società farmaceutica.

Lo stesso contratto prevedeva la concessione a favore dell'impresa di un diritto di opzione sulle rispettive quote del brevetto PCT e sugli eventuali futuri sviluppi dello stesso, in cambio di un impegno di farsi carico integrale di tutte le spese ed oneri relativi al mantenimento in vita del brevetto PCT fino alla data di esercizio effettivo dell'opzione, nonché di tutte le spese necessarie per lo sviluppo del medesimo brevetto. Inoltre, nell'ipotesi in cui la società farmaceutica non avesse manifestato la volontà di esercitare l'opzione, la proprietà della sua quota sarebbe stata trasferita gratuitamente in capo alle altre parti contrattuali.

Il contratto sopradescritto, del quale sono stati riportati i tratti salienti, è stato significativo perché, oltre ad aver finalizzato la ricerca e sperimentazione in ambito produttivo, per la prima volta in assoluto, sono stati applicati gli artt. 9, 10 e 11 del Regolamento sulle Invenzioni conseguite, allora vigente, con la ripartizione del corrispettivo incassato:

- agli inventori veniva riconosciuto un premio pari al 50% della somma riscossa;
- al laboratorio o struttura scientifica presso la quale si era svolta la ricerca veniva corrisposto un premio pari al 20%;
- la differenza residuale pari al 30% della somma riscossa veniva imputata al Capitolo di Bilancio "Spese registrazione brevetti" e finalizzata a sostenere il deposito di altri ritrovati e il mantenimento in vita di quelli già esistenti.

Nell'ambito degli spin-off, invece, un'esperienza negativa, ma comunque formativa, perché ha permesso all'ILO di non incorrere più in problematiche analoghe, è stata la totale assenza, all'interno sia dello Statuto che dei Patti Parasociali riguardanti il primo spin-off costituito, di qualsiasi clausola di recesso e di risoluzione.

Un disaccordo nato tra il gruppo di ricerca proponente e socio dello spin-off e l'imprenditore, partner esterno del medesimo, sull'autonomia in termini produttivi della società a realizzare interamente il bene, ha vincolato il gruppo di ricerca a continuare a fornire prototipi e semilavorati del prodotto su scala semi-industriale, per un periodo di gran lunga superiore a quello pattuito.

Da questa divergenza è sorta la volontà da parte dei ricercatori di uscire dallo spin-off per poter offrire ad altri interlocutori imprenditoriali un prodotto più avanzato senza essere vincolati ad offrirlo allo spin-off. Il loro recesso non è stato così semplice in quanto gli stessi, detenendo una quota di minoranza, ma non prevedendo lo statuto né i patti parasociali alcuna clausola di recesso, di fatto rimanevano "prigionieri" della compagine sociale non trovando sul mercato soggetti interessati a rilevare la quota di minoranza di una piccola società high-tech.

La totale assenza di una disposizione normativa così importante ha costretto l'Università, al termine del periodo di incubazione durato sei anni, ad una lunga ed estenuante trattativa con la società partner nella gestione dell'*exit*, giungendo ad un epilogo non totalmente soddisfacente per l'Amministrazione universitaria.

7.3
Se volessimo essere ricordati per una cosa ...

Nel 2005 il Comitato nazionale di valutazione della ricerca (CIVR) colloca l'Università degli Studi di Ferrara al primo posto nella valorizzazione della ricerca relativamente alla costituzione di spin-off accademici. I fattori che, a nostro avviso, hanno permesso di ottenere questa performance possono essere così individuati: il numero di spin-off costituiti, il numero dei brevetti depositati, la tipologia delle collaborazioni con le imprese e le relative modalità di negoziazione, oltre all'organizzazione delle attività di trasferimento a livello gestionale.

Il 23 novembre del 2009 Il Sole 24 Ore pubblica un dato che riporta la classifica sugli indicatori di qualità introdotti dal Ministero che indica le quote ottenute dagli Atenei sul totale degli incentivi fotografando il "peso" delle Università in termini assoluti ed evidenziando che l'Ateneo di Ferrara è primo in Italia per i brevetti (uno dei nove indicatori ministeriali di qualità).

In particolare, relativamente agli spin-off, il caso di maggior successo per l'Ateneo di Ferrara è stato PharmEste Srl, società farmaceutica che sviluppa farmaci contro il dolore in campo biomedico, ed in particolare gioca un ruolo fondamentale nella scoperta, nella ricerca e nello sviluppo di farmaci antagonisti del recettore della Capasaicina (vanilloid receptor, VR1, Transient Receptor Potential, TRPs) per il trattamento del dolore neuropatico e dell'iperattività vescicale. Più precisamente, le capacità scientifiche di Pharmeste includono:

- know-how e capacità di disegnare e sintetizzare antagonisti della TRPV1;

- laboratori di proprietà per lo screening di base;
- eccezionali capacità di disegnare ed eseguire studi farmacologici e clinici nel campo della TRPV1.

Le summenzionate molecole sono applicabili alla cura delle seguenti patologie:

- neuropatia diabetica (complicazione più frequente del diabete);
- neuralgia post-erpetica (nota anche come "Fuoco di Sant'Antonio");
- mal di schiena (una delle più comuni sindromi dolorose).

La società PharmEste nasce come società spin-off bio-farmaceutica. Quello bio-farmaceutico infatti è un settore in grado di attrarre fortemente l'interesse di *seed capitalists*, *venture capitalists* e di aziende farmaceutiche stesse. Oggigiorno, le cosiddette "big Pharma" mantengono molto elevato l'interesse nei confronti di Società Biotech (come appunto PharmEste), con l'intento di costituire relazioni e partnership atte ad implementare il loro portfolio di nuovi principi terapeutici.

Nel caso specifico, PharmEste ha da subito suscitato interesse nell'ambiente farmaceutico e a pochi anni dalla sua fondazione (anno 2003) aveva già ottenuto 200 mila Euro di seed capital dall'Incubatore Industriale Z-Cube (gruppo Farmaceutico Zambon) con lo scopo non solo di proseguire l'attività di ricerca e di procedere con il deposito dei primi brevetti, ma anche di darsi una struttura manageriale tale da poter attrarre investitori istituzionali. Infatti, nel gennaio del 2007 la società chiude il primo round finanziario di 3,2 milioni di Euro grazie all'ingresso, oltre al gruppo Zambon, di Quantica Sgr, Ingenium SpA (afferente a Zernike Meta Venture) e State Street Global Investments Sgr (ora Fondamenta). Questo finanziamento ha consentito a PharmEste di raggiungere la fase di sviluppo dei progetti e delle tecnologie tale da permettere di realizzare un secondo round di finanziamento aperto sia ai primi investitori che ad altri investitori internazionali.

Nel luglio 2007 PharmEste individua la prima molecola candidata farmaco che inizia il suo percorso di sviluppo. Un anno più tardi, PharmEste chiude il secondo round di finanziamento per un valore complessivo di sei milioni di Euro. Oltre ai corporate venture Z-Cube S.r.l. e Quantica Sgr, la società, vede entrare nel capitale Emilia Venture, fondo chiuso di Mps Venture Sgr e Mp healthcare venture management, fondo di investimento collegato al gruppo giapponese Mitsubishi Tanabe Pharma Corporation. Per questi ultimi si tratta del primo investimento italiano ed anche europeo.

Il primo round mira, in particolare, all'acquisizione di partecipazioni in PMI operanti nella regione Emilia-Romagna, o in regioni contigue, con la possibilità, altresì, di effettuare investimenti in imprese in fase di start-up con concrete possibilità di sviluppo; il secondo si propone di investire in società che si trovano in fase di seed capital o società che attuano programmi di R&S avanzata e che si trovino in una fase di crescita. Attualmente l'impresa è impegnata nella chiusura di un terzo round di finanziamenti.

Tutto questo è stato possibile grazie ad una combinazione di diversi fattori che comprendono un progetto innovativo su scala internazionale, un portfolio di brevetti ed un team di ricercatori e di manager di provata esperienza. PharmEste si occupa della ricerca e sviluppo di nuovi farmaci per il trattamento di patologie per le quali gli attuali trattamenti farmacologici disponibili sono spesso scarsamente efficaci o mal tollerati. Ci si riferisce in modo particolare al trattamento del dolore neuropatico, a patologie a carico dell'apparato respiratorio e urogenitale. Tali patologie affliggono una fetta importante della popolazione mondiale (>1%) ed eventuali farmaci innovativi ed efficaci offrirebbero una importante prospettiva terapeutica per il paziente ed una importante opportunità di *business* per il settore farmaceutico internazionale che è il cliente finale di PharmEste. Indubbiamente l'ambito in cui opera PharmEste mostra un chiaro fabbisogno terapeutico, rappresentando un altro punto di forza che ha permesso alla società di raccogliere importanti finanziamenti dal mondo industriale e da investitori istituzionali.

L'impresa attualmente risulta titolare di sette brevetti internazionali che coprono nuove molecole a potenziale impiego terapeutico in diverse patologie umane, di cui alcuni in fase di estensione internazionale, che coprono un ampio panorama di classi chimiche. Inoltre, i test in vivo ed in vitro dei prodotti di PharmEste sono risultati superiori rispetto ai farmaci ad oggi disponibili. La forte posizione brevettuale sviluppata nel tempo dalla società e un nuovo principio terapeutico in sperimentazione clinica sono le ulteriori basi per iniziare a sviluppare nel tempo il suo business ed i rapporti con il mondo industriale farmaceutico internazionale.

Da ultimo un recente progetto molto importante per l'Ateneo e per il territorio locale e regionale è quello definito dalla Regione stessa come Tecnopolo. Dal 2000 l'Università di Ferrara partecipa ad Aster – Agenzia per lo sviluppo tecnologico dell'Emilia-Romagna – consorzio tra Regione, Università, Enti di Ricerca e Imprese emiliano-romagnole per lo sviluppo di servizi e progetti comuni atti a promuovere la ricerca industriale, il trasferimento tecnologico e l'innovazione del tessuto produttivo regionale. La *mission* attuale di questo consorzio è data principalmente dalla applicazione della L.R. n.7/2002 sull'innovazione che, attraverso il Programma PRRIITT (Programma Regionale per la Ricerca Industriale, l'Innovazione e il Trasferimento Tecnologico), mette in atto le azioni e gli interventi previsti per la creazione di nuove strutture dedicate al rapporto tra Università, enti di ricerca e sistema produttivo secondo il modello della Tripla Elica.

Il risultato di tale programma è stato la creazione di una rete definita ad "Alta tecnologia" che ha dato vita a 57 strutture attrezzate per la ricerca, l'innovazione e il trasferimento tecnologico tra cui 25 Laboratori di ricerca, 26 Centri per l'innovazione e 6 Parchi per l'innovazione destinati all'insediamento di nuovi laboratori e nuove imprese (a Bologna, Ferrara, Modena, Parma, Faenza).

Il nuovo Programma Operativo della Regione Emilia-Romagna FESR 2007–2013 ha l'obiettivo di: rafforzare la rete della ricerca industriale e del trasferimento tecnologico, favorire la creazione di tecnopoli per la competitività, favorire i processi di cambiamento innovativo delle imprese, promuovere la competitività energetica e la riqualificazione energetico-ambientale e logistica nonché promuovere una progettualità locale integrata in grado di valorizzare le risorse territoriali. A tale scopo tutte le Università e le istituzioni locali sono state coinvolte nella realizzazione dei "Tecnopoli dell'Emilia-Romagna", offrendo una presenza fisica sul territorio alle strutture di ricerca che ne sono coinvolte.

Tale progetto è di notevole rilevanza, sia per tutte le istituzioni interessate alla realizzazione dei programmi, sia per i ricercatori ed il personale impegnati a tempo pieno, sia per la consistenza degli spazi che saranno messi a disposizione come laboratori di ricerca applicata aperti alla collaborazione con le imprese. L'ammontare complessivo del progetto che riguarda l'Ateneo di Ferrara è di circa 28 milioni di Euro per un finanziamento regionale complessivo di 15 milioni di Euro. In particolare l'Ateneo di Ferrara metterà a disposizione circa 12.300 mq di laboratori di ricerca industriale aumentando così l'attuale disponibilità di circa 7.000 mq. Inoltre l'Ateneo prevede di attivare 27 posizioni da ricercatore a tempo determinato sulle tematiche di ricerca industriale prescelte (scienze della vita, ambiente, meccanica avanzata, edilizia e costruzioni) e circa 50 nuove collaborazioni.

Università di Milano: UNIMITT si racconta

8

Alberto Silvani e Dario Casati

Punti chiave

> TTO come centro di servizio
> Attingere a competenze ed esperienze esterne
> Perseguire l'eccellenza nella grande dimensione

8.1
Come siamo nati

L'Università degli Studi di Milano, per storia, dimensione, collocazione e struttura, è da sempre vocata ad un rapporto privilegiato con il contesto territoriale, sociale ed economico. L'atto di nascita di UNIMITT come TTO dell'Università degli Studi di Milano è contenuto in una delibera del dicembre 2004 che si inquadrava in un provvedimento più ampio relativo alla riorganizzazione di una parte dell'Amministrazione e precisamente di quella che si occupava delle attività di supporto alla ricerca e, in seguito, del trasferimento tecnologico.

Sino a quel momento, all'interno dell'organizzazione dell'Ateneo, queste facevano capo alla Divisione Affari Legali, secondo una logica che probabilmente aveva tratto origine dalla considerazione della prevalenza degli aspetti legati alla contrattualistica rispetto a quelli di supporto e di promozione delle attività di ricerca che invece si andavano confermando come più rilevanti. Nell'ambito dei servizi di supporto ai ricercatori, ad esempio, si riscontrava un deficit di competenze scientifiche ed economiche, il che poteva pregiudicare la comprensione della rilevanza dei progetti e delle loro potenzialità in termini di generazione di output proteggibili e trasferibili.

L'anomalia organizzativa non aveva certo impedito che, nel tempo, venissero destinate a tali progetti risorse crescenti e che fossero conseguiti risultati sempre più significativi, all'altezza del ruolo e delle aspettative della comunità universitaria. Tuttavia, si avvertiva una sensazione di insoddisfazione nei confronti di un assetto che sembrava inadatto – forse perché rispondente ad una logica meramente amministrativa – a fornire risposte adeguate a funzioni che stavano acquisendo importanza sempre maggiore.

La situazione era matura per il cambiamento e infatti, fin dall'inizio del primo mandato del Rettore Enrico Decleva nel 2001, il problema del nuovo assetto complessivo da assegnare alle attività di supporto alla ricerca e di trasferimento tecnologico venne considerato fra quelli da affrontare in maniera prioritaria.

L'approccio alla soluzione partì da una completa riconsiderazione delle funzioni e dell'articolazione dell'Amministrazione di fronte a quelle che sembravano le nuove sfide da affrontare e vincere. Venne costituito così un gruppo di lavoro informale, formato in parte da docenti e in parte da esperti esterni, cui fu affidato il compito di presentare una serie di proposte innovative che consentissero di migliorare le prestazioni complessive dell'apparato amministrativo dell'Ateneo alla luce delle nuove esigenze che si andavano affermando, seppur tenendo conto dell'esistente e delle ragioni che storicamente avevano condotto a scegliere determinate soluzioni. Nello stesso periodo nasceva la consapevolezza di un forte interesse per i prodotti della ricerca dell'Ateneo. La presenza della "Statale" suscitava inizialmente in molti interlocutori una sensazione di novità cui faceva immediatamente seguito un duplice atteggiamento: quello di gradita sorpresa per un inserimento del grande Ateneo generalista in un contesto fino ad allora di appannaggio quasi esclusivo del Politecnico di Milano, il secondo di immediato interesse alla ricerca della Statale ed ai suoi risultati. In realtà questi erano noti e dati quasi per scontati, grazie ai numerosi legami dei docenti con il mondo delle imprese, ma esistevano in un quadro frammentato in cui mancava proprio la presenza dell'Ateneo come interlocutore unico o, quanto meno, principale.

Fu così che, incoraggiato dall'accoglienza del mondo delle imprese e di quello delle Istituzioni, anch'esse partecipi dello stesso atteggiamento, l'Ateneo decise di avviare, insieme al riordino di una parte dell'Amministrazione che prevedeva l'istituzione di una Divisione Servizi per la Ricerca, un intervento straordinario in materia di trasferimento tecnologico. La scelta del modello da proporre agli Organi di Governo dell'Ateneo fu affidata ad un gruppo ristretto costituito dai Professori Dario Casati Prorettore Vicario, Gianpiero Sironi, già Preside della Facoltà di Scienze e poi Prorettore alla Ricerca ed al Trasferimento Tecnologico, Donato Pocar che fra gli altri incarichi era anche Presidente della Commissione Brevetti, e con il coinvolgimento attivo di esperti in materia di innovazione quali Riccardo Galli e Vittorio Mandorini come consulenti d'Ateneo.

Vennero esaminati analoghi uffici in alcune Università italiane, europee e statunitensi tenendo conto delle caratteristiche e delle esperienze del nostro Ateneo e di quelle degli altri con cui ci si confrontava. Quindi, al termine di un dibattito molto intenso cui partecipò costantemente il Rettore, il modello ritenuto più idoneo ad assolvere le funzioni di TTO fu quello del "centro di servizio", una struttura che garantiva di fatto il massimo grado di flessibilità amministrativa e allo stesso tempo un'autonomia a livello decisionale – operando per programmi e per budget con un modello specifico di governance – quindi in grado di rispondere nella maniera più efficace alle esigenze legate alle interazioni con il mondo esterno. L'acronimo scelto fu "UNIMITT", che nella grafica associava al nome dell'Università i concetti di Innovazione e Trasferimento Tecnologico.

Il passaggio successivo fu quello di intervenire sull'Amministrazione per scorporare e riaggregare in modo diverso alcune funzioni, già presenti in Ateneo, ma diversamente collocate, aggiungendone altre la cui necessità si era resa evidente nei primi mesi di attività già condotta in modo informale. Questo compito fu assolto dal Direttore Amministrativo Andrea Aiello con grande spirito di collaborazione e di intesa con i proponenti.

Fu poi affrontato il problema della scelta della persona a cui affidare UNIMITT, decidendo di attingere a competenze esterne di grande valore ed esperienza da trasferire all'Ateneo in modo da "fertilizzare" e far crescere un nucleo iniziale di persone, in parte già presenti nell'Amministrazione, e in parte da assumere ed inserire nel nuovo Ufficio. Questo veniva collocato in posizione di staff nei confronti della Direzione Amministrativa per sottolinearne le caratteristiche immediatamente operative, da un lato, e trasversali rispetto alle altre parti dell'Amministrazione, dall'altro. La scelta ricadde su Alberto Silvani, dirigente di ricerca del CNR nel campo della politica scientifica e del trasferimento, portatore di un'esperienza anche internazionale sulle tematiche della valutazione e della gestione dell'innovazione. Infine, il progetto venne presentato agli Organi di Governo per rendere partecipe la comunità universitaria della scelta e per raccogliere ulteriori opinioni ed indicazioni. L'approvazione fu immediata e la costituzione di UNIMITT anzi rivelò, in genere, un forte interesse alle tematiche toccate dalle sue attività.

Naturalmente l'iniziativa non trovò solo consensi all'interno dell'Amministrazione e dello stesso corpo docente oltre che negli Organi di Governo, e nel tempo è stato necessario vincere molte resistenze per chiarire il senso complessivo dell'operazione che si stava realizzando. L'obiezione principale – forse la più dura da superare e che la dice lunga sul tipo di mentalità con cui ci si è confrontati in questi anni – è che il trasferimento tecnologico non rientri nelle "funzioni fondamentali dell'Università" e cioè la didattica e la ricerca.

Essa è riemersa con rinnovato vigore in tempi come quelli attuali, in cui il problema principale è la gestione di risorse sempre più scarse e contese a fronte di compiti nuovi e affascinanti, certamente non estranei ad una concezione più aperta delle funzioni di una moderna Università.

8.2
Come siamo cresciuti

Al momento dell'inaugurazione di UNIMITT nel maggio 2005, all'insegna del motto "Perseguire l'eccellenza nella grande dimensione", l'Ateneo era già in qualche modo sensibile ai temi della protezione dei trovati della ricerca e del trasferimento tecnologico: di fatto erano operative le Commissioni per i brevetti e per gli spin-off, ed i relativi Regolamenti; le prime iniziative spin-off erano già state avviate e il portafoglio brevetti contava già circa settanta invenzioni (molte delle quali già di fatto trasferite a terzi, risultato anche di una condizione socio-politica favorevole e di crescita che negli anni '90 aveva facilitato il trasferimento dei brevetti in tempi molto brevi, evitando così all'Università l'esborso delle spese di mantenimento e costituendo sicuramente un'ottima base per lo sviluppo futuro del portafoglio). Proprio l'anno precedente, inoltre, l'Ateneo aveva attivato un corso di perfezionamento in materia di Proprietà Intellettuale, il primo allora in Italia, che negli anni ha formato molte persone oggi attive presso centri di trasferimento tecnologico o strutture simili.

Il Centro, che riceveva in eredità la gestione di un portafoglio di brevetti e spin-off, e che fin da subito fu investito di una crescente quantità di compiti, contava nella fase iniziale, oltre al Direttore, tre unità di staff con competenze giuridiche, scientifiche e contabili, anche queste fondamentali dato che UNIMITT è configurato come un centro di costo e pertanto deve provvedere alla propria gestione amministrativa.

Nel corso degli anni l'organico è cresciuto fino a raggiungere l'attuale consistenza di sei unità di cui la metà con contratti a tempo indeterminato, integrando via via competenze tecnico-scientifiche, di comunicazione, gestionali e amministrative, mantenendo sempre un'unica costante: in tutti i casi si trattava di persone giovani, dinamiche e provenienti da esperienze molto lontane dal mondo universitario. In particolare, l'aver inserito nello staff del TTO personale con esperienze pregresse nel mondo della ricerca industriale e pubblica è stato indubbiamente un ottimo colpo messo a segno dall'Ateneo. I ricercatori, infatti, spesso interagiscono con gli uffici amministrativi con un atteggiamento di diffidenza, nella pressoché assoluta convinzione che in queste sedi i loro interlocutori non possano comprendere la materia oggetto di discussione (specie se si tratta di entrare nel merito dei risultati della ricerca). Avere di fronte una persona con cui interagire sulla base di un "linguaggio comune" è spesso la discriminante affinché l'atteggiamento del ricercatore cambi per virare verso un'apertura totale e un'efficace collaborazione.

Fin dall'inizio delle sue attività il Centro ha stretto delle relazioni con le realtà esterne (Università ed enti di ricerca, enti territoriali, associazioni e agenzie), uno dei suoi assi portanti, promuovendo una politica di collaborazione per la realizzazione di attività comuni e condividendo progetti e conoscenze. In particolare, a pochi mesi dal suo avvio UNIMITT fu riconosciuto dal Miur, a seguito di una selezione competitiva, quale capofila del progetto UNIVERSITAS, realizzato in partnership con i centri per

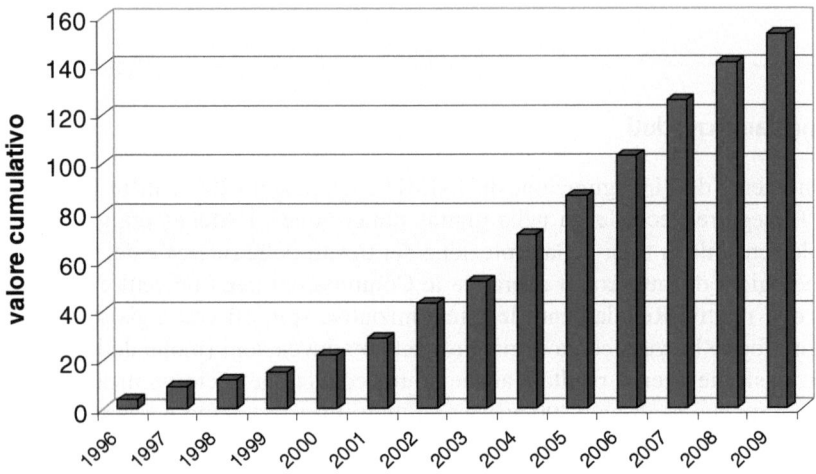

Fig. 8.1 Domande di priorità, Università degli Studi di Milano

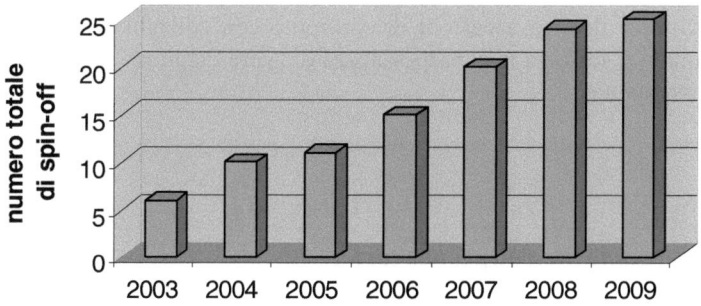

Fig. 8.2 Creazione di spin-off, Università degli Studi di Milano

l'innovazione di Politecnico di Milano, Università Bocconi e Università della Calabria con l'obiettivo di realizzare una struttura universitaria integrata di trasferimento di tecnologie. Da allora il Centro ha preso in carico numerosi progetti e intrapreso molte attività anche ben al di fuori dei suoi compiti originali ed istituzionali, quali analisi e studi relativi alla valorizzazione, al trasferimento, all'innovazione.

Nel 2006 si completa l'organigramma e il Centro si dota di un Consiglio Direttivo che affianca il Presidente di UNIMITT, nonché Prorettore alla ricerca, con il compito di definire le linee strategiche, validare il modello organizzativo del Centro e confermare o adattare la sua missione. Grazie ad esso è stato possibile implementare nel tempo un modello di governance del trasferimento tecnologico slegato da una visione amministrativa e orientato ad un approccio più propriamente "economico", sia in termini di gestione delle risorse disponibili che con riguardo alla definizione degli obiettivi e al monitoraggio dei risultati.

Uno dei punti di forza del Centro è indubbiamente il personale. Come spesso accade nelle piccole organizzazioni, tutte le risorse, a qualsiasi livello, si adattano a seconda dell'esigenza a svolgere i compiti più vari. Per motivi dovuti per lo più alla congiuntura attuale, il numero di unità di personale è rimasto pressoché invariato negli ultimi tre anni, a fronte di un portafoglio in costante crescita di brevetti (ad oggi 160 depositi per nuova invenzione) e spin-off (23 attivi), un assiduo ruolo nella negoziazione e nella stipula di contratti di valorizzazione con una sempre più attenta gestione delle clausole IP nei contratti e nelle convenzioni, un ruolo consolidato e riconosciuto per l'emanazione delle policy relative ai temi della protezione e della valorizzazione dei risultati universitari, un'intensa attività di sensibilizzazione e promozione sia verso l'interno che verso l'esterno con la partecipazione a fiere internazionali, l'organizzazione di eventi divulgativi, la predisposizione di materiali informativi e non da ultimo la messa a punto di specifici percorsi di formazione sulle tematiche della proprietà intellettuale e dell'imprenditorialità tecnologica.

Va da sé che il lavoro spesso è svolto sotto pressione, in tempi ristretti e necessita di un alto grado di specializzazione. A questo problema, comune a molti TTO, si è in parte ovviato attraverso la partecipazione di tutto il personale a percorsi di formazione specifici rivolti agli operatori dei TTO (Proton, Netval e Agenzia Nazionale per la diffusione delle tecnologie per l'innovazione). E dopo cinque anni di attività, soprattutto nelle diverse occasioni di confronto con colleghi di TTO nazionali e internazionali, si rafforza la consapevolezza di avere raggiunto una preparazione di alta professionalità.

8.3
Se volessimo essere ricordati per una cosa ...

Diverse operazioni portate a termine in questi primi cinque anni di attività sarebbero da menzionare in quanto rappresentative della politica del Centro, ma anche della sua crescita ed evoluzione all'interno dell'Ateneo. La volontà di contribuire mediante i risultati della ricerca svolta in Università ai processi di innovazione in atto, di collaborare con le diverse Istituzioni presenti sul territorio, con i Centri di Ricerca nazionali ed internazionali o con le altre Università, nonché con l'Industria, e la consapevolezza che le tecnologie provenienti dall'Università sono a uno stadio di sviluppo molto acerbo e necessitano di essere sviluppate da e con partner esterni, hanno da sempre contraddistinto l'approccio operativo di UNIMITT. Il Centro infatti ha l'obiettivo di supportare e tutelare l'attività svolta dai ricercatori, favorire l'imprenditorialità, rafforzare le relazioni con partner esterni e mediare i rapporti, non sempre facili, con l'industria. Ciò, in accordo con la policy d'Ateneo, ha portato all'emanazione di Regolamenti in materia di Proprietà Intellettuale e per la creazione di spin-off e alla firma di accordi, contratti e convenzioni con soggetti terzi per la sua valorizzazione.

Inoltre, UNIMITT ha lavorato alla definizione di un progetto, voluto dall'Università per favorire il trasferimento tecnologico e l'imprenditorialità nel settore della biofarmacologia e della biomedicina, che ha portato alla creazione di un Acceleratore di imprese oggi operativo e gestito dalla Fondazione Filarete che vede in qualità di soci la stessa Università, Fondazione Cariplo, Banca Intesa e la Camera di Commercio di Milano. L'acceleratore si pone come obiettivo quello di creare, ospitare ed accompagnare iniziative imprenditoriali high-tech offrendo supporto tecnico-scientifico da un lato e consulenza economico-finanziaria e gestionale dall'altro, ponendosi come interlocutore primario per alcuni spin-off e imprese del settore.

La multidisciplinarietà che caratterizza un grande Ateneo generalista come l'Università degli Studi di Milano e l'eccellenza scientifica dei ricercatori impegnati in aree differenti rendono il lavoro del Centro ricco di sfide. Ci si deve misurare con interlocutori che spaziano dalla multinazionale alla piccola o media impresa fino alle microimprese a gestione familiare, e di volta in volta si deve lavorare al trasferimento di tecnologie potenzialmente interessanti per il settore farmaceutico, medico e biotech così come la zootecnia, l'agricoltura e l'industria alimentare. Ciò comporta la necessità di confrontarsi con mercati diversi e di comprenderne esigenze ed aspettative, rischi e possibili ritorni.

A riprova di ciò si possono menzionare alcuni degli accordi di licenza recentemente stipulati che interessano la macroarea da noi definita "Natura", quali l'accordo per la commercializzazione di nuove varietà di piante da frutto siglato con alcuni vivai, o quello per lo sviluppo di approcci innovativi per il trattamento dei reflui, ricchi in azoto e pertanto dannosi per l'ambiente, che ha coinvolto, oltre ad un'impresa del settore, la Direzione Generale Agricoltura di Regione Lombardia, da sempre interessata alla problematica.

Sempre in campo agricolo e zootecnico, sono state recentemente messe a punto metodiche per la diagnosi rapida di alcune malattie batteriche delle piante e un prodotto per la prevenzione di infezioni dannose per le api: entrambe le tecnologie sono state trasferite ad altrettanti spin-off recentemente costituiti che permetteranno il rapido utilizzo di tali tecnologie sul campo. Per tali progetti risulta determinante l'apporto di partner finanziari, per la cui individuazione sono stati realizzati percorsi differenti: contatto diretto, nel primo, ed effetto vetrina nell'ambito di una business plan competition, nell'altro.

Nella macroarea cosiddetta "Salute", UNIMITT ha seguito la creazione di uno spin-off in cui l'Università – titolare di due domande di brevetto relative al design di inibitori del folding di proteine, successivamente licenziate allo spin-off stesso – è partner di una società farmaceutica. Dopo vari tentativi di licensing diretto alle industrie farmaceutiche (che si scontravano con un generico scetticismo legato al carattere early-stage dei trovati), l'idea di uno spin-off è maturata non tanto in relazione alla volontà di non far cadere la tecnologia brevettata, quanto piuttosto, da un lato, nella capacità dei ricercatori di disegnare uno scenario di innovazione e di business assolutamente straordinari e, dall'altro, nell'aver definito un veicolo in grado di mitigare l'elevatissimo rischio tecnologico connesso al progetto. Il caso rappresenta quindi un ottimo esempio di integrazione di competenze diverse sia dal punto di vista scientifico, dato che l'invenzione nasce in ambito fisico ma ha un'applicazione in ambito farmaceutico, sia dal punto di vista gestionale, perché lo spin-off può avvalersi del supporto di un partner industriale nella definizione delle strategie di sviluppo dei composti e nell'approccio al mercato di interesse.

Da ultimo, il caso che ha visto la collaborazione del Centro con un gruppo di studenti – inventori di un prodotto da subito risultato interessante per l'industria alimentare e vincitore di una competizione sponsorizzata dalla Federazione Italiana dell'Industria Alimentare – per la definizione delle strategie migliori per la valorizzazione dello stesso. Per questo progetto l'elemento chiave si è rivelato nella reattività del sistema universitario (a diversi livelli: dal corso di studi frequentato dagli studenti e dal suo docente responsabile, al laboratorio di ricerca che ha seguito una prima sperimentazione sul trovato, alle funzioni di gestione dell'innovazione di UNIMITT) rispetto all'intuizione di trovarsi di fronte a qualcosa di commercialmente promettente. L'operazione ha condotto ad oggi al deposito di una domanda di brevetto in cotitolarità con una multinazionale leader nella produzione di panne spray, creme da cucina e bevande, e potrà risultare in accordi di licenza per la commercializzazione del prodotto stesso.

Gli esempi citati sono rappresentativi delle attività svolte e degli obiettivi che UNIMITT si è posto in questi anni. Le prossime sfide riguarderanno, da un lato, lo sviluppo e la sistematizzazione della funzione di scouting presso le strutture di ricerca, dall'altro, l'accrescimento delle capacità di analisi del mercato e di individuazione delle opportunità di trasferimento tecnologico. Consci che l'innovazione –

dei prodotti e dei processi così come delle organizzazioni, compresa l'Università – non prosegue in linea retta, continuiamo il nostro percorso cercando di aggiungere di volta in volta un piccolo tassello nel mosaico evolutivo della nostra società. La volontà è quella di perseguire tali obiettivi non in maniera isolata, bensì in una "dimensione di sistema" che coinvolge gli altri attori del trasferimento tecnologico, un tentativo portato avanti ad esempio con il nuovo progetto SCATTO, che coinvolge i principali Atenei dell'area lombarda, in un'iniziativa condivisa di analisi e valorizzazione delle potenzialità oggi presenti nelle Università.

Questo, unitamente alla sperimentazione della "piattaforma di valutazione dei brevetti" derivante dal protocollo CRUI, ABI e Confindustria sotto il patrocinio del Ministero dello Sviluppo Economico, sono dunque le iniziative più prossime, in attesa di nuove sfide e nuovi traguardi che certamente non mancheranno.

I servizi di trasferimento di tecnologia dell'Università di Padova

Andrea Berti

Punti chiave

> Business plan competition
> Il supporto delle fondazioni bancarie nel trasferimento tecnologico
> Fare impresa con le proprie forze

9.1
Come siamo nati

Al fine di descrivere la storia e lo sviluppo dell'attività di trasferimento di tecnologia all'Università di Padova è opportuno parlare di servizi, al plurale, perché l'Università ha costituito nell'ultimo decennio una rete di iniziative coordinate e sinergiche. La scelta strategica dell'Ateneo patavino è stata quella di mantenere il controllo dell'intera filiera del trasferimento della conoscenza, pur attuando le varie iniziative con partner diversi. Il presente contributo si fonda su dieci anni di esperienza dell'autore in qualità di ideatore e/o responsabile operativo di quasi tutti i progetti realizzati.

A cavallo tra il secondo e il terzo millennio si iniziò a parlare anche in Italia di trasferimento di tecnologia tra il mondo della ricerca e il mondo dell'impresa. A Padova era Rettore il Prof. Giovanni Marchesini, un ingegnere molto aperto, grazie al suo background culturale, alle collaborazioni con le imprese. Nella primavera 2001 Marchesini contattò il collega Giovanni Costa, esperto di organizzazione aziendale ed esponente di spicco della Facoltà di Economia, incaricandolo di verificare che cosa esisteva già nel mondo accademico italiano in questo campo e soprattutto di elaborare una proposta operativa di istituzione di una struttura dedicata al trasferimento di tecnologia. Costa contattò alcuni suoi colleghi, specialmente in ambito economico-aziendale, e organizzò alcuni incontri in giro per l'Italia, ai quali partecipò portando con sé Andrea Berti, l'autore di queste righe.

A quel tempo, dopo varie esperienze in banca e nella consulenza aziendale, Berti lavorava come consulente dell'Università per contribuire allo start-up della Facoltà di Economia, occupandosi di relazioni internazionali, di rapporti con le imprese e di stage e placement dei laureati. Il preside Francesco Favotto voleva trasferire le logiche manageriali e le capacità relazionali tipiche del settore privato nell'ambito dell'Università pubblica. Berti sembrava la persona giusta, anche perché aveva conseguito un MBA al Dartmouth College, USA, nel quale aveva conosciuto l'incredibile livello di efficienza ed efficacia dei servizi ai docenti e agli studenti che caratterizza le Università americane. Lo start-up era andato piuttosto bene, tanto è vero che la Facoltà di Economia di Padova è regolarmente al primo posto in Italia nel ranking Censis-La Repubblica; quindi Berti era pronto per nuove sfide, ma non conosceva assolutamente nulla di trasferimento di tecnologia, in particolare della parte brevettuale. Aveva però una notevole esperienza nella stesura di business plan e, in generale, nella progettazione di start-up. Accolse quindi con entusiasmo l'invito del professor Costa di aiutarlo a studiare questo strano fenomeno che stava nascendo negli Atenei italiani.

Nell'estate 2001 Costa e Berti andarono in missione in terra emiliana per conoscere da vicino quella realtà, ritenuta all'avanguardia, e scoprirono una manifestazione già avviata da un paio di anni: Start Cup Bologna. Si trattava di una business plan competition, sul modello della $50K Entrepreneurship Competition del MIT di Boston, che metteva in gara progetti di imprese scritti da ricercatori universitari ed elargiva premi in denaro e contatti con investitori. Il concorso era organizzato con entusiasmo contagioso da due giovani ricercatori reduci da esperienze americane: Massimo Bergami e Maurizio Sobrero. I padovani restarono molto colpiti dalla carica di energia che caratterizzava gli organizzatori ed i partecipanti alla manifestazione. Erano gli anni della finanza facile e del boom di Internet, quando sembrava che bastasse scrivere un bel business plan per ottenere un paio di miliardi di lire di finanziamento dai fondi di venture capital. Start Cup Bologna curava molto anche l'aspetto mondano (un po' troppo, secondo l'allora Rettore di Ferrara Patrizio Bianchi, che definì la manifestazione una sorta di "festival di Sanremo"). La premiazione finale fu un evento con comici e musicisti, seguita da uno squisito buffet. Altri eventi di Start Cup erano ancora più spettacolari, in particolare "La Notte degli Angeli", a cui intervenivano star dello spettacolo come Fabio Fazio e Piero Chiambretti. Il tutto era sponsorizzato generosamente dalla fondazione bancaria bolognese. In conclusione, Costa rimase folgorato: decise subito di organizzare una Start Cup anche a Padova, chiedendo un contributo alla Fondazione Cassa di Risparmio di Padova e Rovigo (Caripario), che era in ottimi rapporti con l'Università di Padova e con la consorella bolognese. Si decise che le due manifestazioni avrebbero avuto uno svolgimento parallelo e poi una finale in comune, cosa che fu effettivamente realizzata nel luglio 2002, dando vita a quello che possiamo definire l'embrione del Premio Nazionale Innovazione (PNI). Start Cup Padova ebbe un grande successo: ben 90 gruppi presentarono le loro idee di impresa e due team padovani si aggiudicarono i premi nella finale inter-ateneo. Un aspetto curioso di quella prima Start Cup è che parteciparono anche molti docenti affermati, alcuni dei quali restarono assai delusi per non avere vinto.

Oltre alla business plan competition, che aveva lo scopo di fare lo scouting dei potenziali spin-off individuando le buone idee scientifiche da trasformare in idee di impresa, l'altro filone di attività su cui si focalizzò l'analisi di Costa e Berti fu quello dei brevetti. Per una fortunata coincidenza, nel giugno 2001 fu effettuata una "missione italiana" del Technology Transfer Office dell'Università della California, guidata dal top manager Valentin Fikovsky e da un giovane e brillante avvocato romano, reduce da un Ph.D. proprio in California, che poi sarebbe divenuto un nome importante in questo campo: Massimiliano Granieri. L'incontro si tenne a Roma presso l'Università La Sapienza e Costa, impossibilitato a partecipare, inviò Berti e un giovane professore di ingegneria elettronica, Ruggero Frezza, pupillo del Rettore Marchesini e reduce da esperienze di ricerca all'Università della California a Davis. Nel 1999 Frezza aveva avuto la temerarietà di fondare eMotion, uno dei primi spin-off della storia dell'Università italiana, in assenza di regolamenti interni e di normative nazionali e in presenza di un clima ancora piuttosto ostile all'imprenditoria basata sui risultati della ricerca scientifica. L'incontro con i californiani fu entusiasmante per Berti e Frezza, che riferirono a Costa che c'era un mondo meraviglioso ed inesplorato, nel quale l'Università poteva giocare un ruolo da protagonista, brevettando le invenzioni realizzate dai propri ricercatori e valorizzandole economicamente con gli strumenti delle licenze e degli spin-off, che sicuramente avrebbero portato miliardi (di lire) nelle casse dell'Ateneo. Quasi per suggellare questa convinzione, a fine 2001 Frezza convinse l'Università a vendere la propria quota di eMotion (il 5% acquisito gratuitamente) ad una società che aveva fatto un'offerta per la maggioranza del capitale. L'introito fu di 55 milioni di lire e tutti a Padova erano convinti che quella sarebbe stata la prima di una serie di operazioni finanziarie di successo con le quali l'Università avrebbe fatto un sacco di soldi facendo nascere spin-off e vendendo dopo pochi anni le proprie quote.

Sappiamo che le cose poi non sono andate proprio così, non solo a Padova ma in tutte le Università italiane, però quella iniezione di ottimismo fu decisiva nel convincere Costa e Marchesini ad aprire un Industrial Liaison Office (ILO), che inizialmente assunse il nome un po' roboante di "Servizio Rapporti con le Imprese e le Istituzioni Finanziarie". Ovviamente la struttura aveva bisogno di uno staff. Il Rettore, il Prorettore e l'allora Direttore amministrativo Pino Molinari valutarono che all'interno dell'Ateneo non esistevano le competenze adeguate per questo tipo di attività, per cui fu bandito un concorso aperto all'esterno per una posizione dirigenziale, a sottolineare l'importanza attribuita dall'Università di Padova alla funzione. Il concorso fu vinto da Andrea Berti e il 1° settembre 2001 nacque ufficialmente l'ILO, ospitato in tre stanze del palazzo del Bo (sede storica dell'Università di Padova), sopra il rettorato, anche per evidenziare l'importanza che veniva attribuita alla funzione. Le tre stanze erano occupate dal Prorettore Costa, dal dirigente Berti e da una persona che è stata la preziosissima collaboratrice dell'ufficio in tutti questi anni e che merita di essere ricordata per la sua competenza amministrativa e la sua dedizione: Marina Casarin.

9.2
Come siamo cresciuti

Una volta partito, l'ILO si è dedicato a monitorare l'esistente e a pianificare le attività da avviare. Sul fronte dell'esistente c'era ben poco. Per quanto riguarda gli spin-off, come già detto ce n'era uno solo, quello fondato dal Prof. Frezza in assenza di qualsiasi quadro normativo. Per i brevetti, ne risultavano nove, depositati a nome dell'Università di Padova non si sa come e da chi, perché solo di tre sono stati rintracciati i documenti. Per gli altri sei, l'ipotesi più probabile è che gli inventori siano andati da soli all'ufficio brevetti della Camera di Commercio di Padova e abbiano depositato domande di brevetto a nome dell'Università, ovviamente senza avere i poteri di firma. Ma il bello è che c'era anche un contratto di licenza di uno di questi brevetti, firmato con un'azienda a fronte di un compenso di 1,2 miliardi di lire, purtroppo da pagare solo alla prima commercializzazione del prodotto brevettato.

Non c'è da stupirsi che nell'Università mancassero completamente la cultura del trasferimento tecnologico e gli strumenti adeguati per realizzarlo. Lo stesso Andrea Berti era un neofita e cercava di fare tesoro degli errori propri ed altrui. Tra questi errori rientrano ad esempio la decisione di depositare domande di brevetto relative a invenzioni debolissime dal punto di vista dei requisiti brevettuali e senza alcun potenziale commerciale, allo scopo di ampliare rapidamente il portafoglio brevetti, e una generale sottovalutazione della difficoltà e della complessità dell'attività di licensing. Comunque Berti cercò subito di imparare velocemente da chi ne sapeva più di lui. Consultò i pochi testi disponibili sulla materia, partecipò a convegni anche all'estero, frequentò corsi tenuti da insigni studiosi, tra i quali apprezzò particolarmente un docente pisano che risponde al nome di Andrea Piccaluga. Inoltre, accortosi che il Politecnico di Milano era il più evoluto degli Atenei italiani in questo campo, chiese un incontro nell'autunno 2001 e conobbe un giovane ingegnere che poi avrebbe fatto un bel po' di strada nell'ambiente del trasferimento di tecnologia in Italia: Giuseppe Conti.

Tuttavia la vera svolta per lo sviluppo dei Technology Transfer Office (TTO) italiani accadde nei primi mesi del 2002 con la nascita, dapprima informale e poi formalizzata un anno dopo con un protocollo d'intesa, del Network per la Valorizzazione della Ricerca Universitaria (NETVAL). Alla prima riunione a Milano il 18 febbraio 2002 parteciparono una ventina di "pionieri", molto seccati nei confronti del Governo che aveva approvato qualche mese prima il nefasto articolo 7 della Legge 383–2001 (Tremonti bis) che attribuiva ai ricercatori il diritto di brevettare le loro invenzioni, ma anche molto contenti per avere finalmente conosciuto colleghi che si interessavano agli stessi argomenti. In quell'incontro milanese Berti conobbe anche il Prof. Riccardo Pietrabissa, che si affermò subito per autorevolezza, competenza e passione come il leader unanimemente riconosciuto del nascente movimento. In particolare lo colpì il fatto che i partecipanti a quella riunione si sentivano diversi dagli amministrativi "classici" che lavorano per gli enti pubblici, diversi per linguaggio (poco burocratico, molto anglofilo), per obiettivi, per mentalità: erano convinti di rappresentare l'innovazione, l'avanguardia, il futuro, insomma di stare sulla "nuova frontiera" del mondo universitario italiano. Quella sensazione non ha più abbandonato gli operatori dei TTO italiani ed è bello vedere che è condivisa dai nuovi colleghi che si affacciano a questo mondo partecipando agli eventi del NETVAL.

Fin dall'inizio il TTO di Padova iniziò a muoversi con grande dinamismo, sotto la guida di Costa e poi dal 2002 del suo successore, il Prof. Giuseppe Tondello, che in sette anni ha dato un impulso decisivo a tutto quello che è stato realizzato a Padova, grazie alla sua competenza e al suo entusiasmo. Nel 2004 l'ufficio cambiò nome in "Area Trasferimento di Tecnologia", che è più o meno il nome attuale ("Servizio Trasferimento di Tecnologia"). È interessante notare che in questi 10 anni si sono avvicendati tre Rettori e tre Prorettori, ma l'attività dell'ILO è sempre stata considerata fondamentale dal vertice dell'Ateneo ed ha sempre ricevuto le dovute attenzioni in termini di risorse e di visibilità. Questo dipende probabilmente dai buoni risultati ottenuti e dalla consapevolezza diffusa nell'Ateneo patavino che il rapporto con le imprese è una delle chiavi dello sviluppo dell'Università italiana.

Nei primi anni di vita il Servizio ha svolto le attività tipiche dei TTO in fase di start-up: ha preparato e fatto approvare i regolamenti brevetti e spin-off; ha promosso la cultura e l'informazione brevettuale in Ateneo con presentazioni e convegni; ha arricchito rapidamente il portafoglio brevetti, firmando anche alcuni accordi di licenza; ha aiutato la partenza dei primi spin-off; ha organizzato ogni anno un'edizione di Start Cup, dapprima a livello locale e dal 2005 a livello regionale, coinvolgendo le altre Università venete. Un progetto particolarmente importante sotto il profilo dei risultati ottenuti è stato l'incubatore universitario d'impresa Start Cube, ideato ancora sotto il prorettorato di Costa e poi inaugurato sotto quello di Tondello (primavera 2003). Start Cube si è subito caratterizzato come la casa degli spin-off e delle altre imprese innovative padovane. Tra quelle spartane pareti sono nate e cresciute alcune realtà di rilievo, come il distretto tecnologico Veneto Nanotech, la "galassia" di start-up high-tech M31 (creatura dell'infaticabile Ruggero Frezza, che si è addirittura dimesso dall'Università per seguire la sua impresa, caso più unico che raro nel panorama accademico nazionale) e anche realtà più piccole ma particolarmente significative, come BMR Genomics, la Start Up dell'anno 2008. Anche per Start Cube, come per Start Cup Veneto, il sostegno economico e la lungimiranza strategica della Fondazione Cariparo sono stati determinanti per il successo dell'iniziativa.

Negli ultimi 10 anni a Padova sono nate diverse iniziative di trasferimento tecnologico:

- il Servizio Trasferimento di Tecnologia dell'Università, nelle sue varie denominazioni;
- la business plan competition Start Cup Padova, poi Start Cup Veneto;
- l'incubatore universitario d'impresa Start Cube;
- il distretto regionale per le nanotecnologie Veneto Nanotech, che organizza Nanochallenge, una business plan competition internazionale;
- il Business Angel Network (BAN) Veneto.

L'aspetto interessante della realtà padovana è che questi progetti sono tutti collegati e formano una "filiera dell'innovazione", che permette ad esempio ad un ricercatore universitario di realizzare un'invenzione e brevettarla con l'Università, frequentare un corso di formazione manageriale per scrivere un business plan, partecipare alla Start Cup e al PNI per ottenere visibilità nazionale, fondare uno spin-off che colloca la sede in Start Cube e acquisisce il brevetto dall'Università a condizioni di favore, partecipare a Nanochallenge e vincere un finanziamento a fondo perduto, ottenere un finanziamento da un business angel affiliato al BAN Veneto, iniziare a produrre e finalmente a vendere il prodotto brevettato. Tuttavia ci sono anche tantissimi casi di ricercatori che hanno usato solo alcuni di questi strumenti, sempre con un alto livello di soddisfazione per il servizio ricevuto e soprattutto per il collegamento senza soluzione di continuità tra le diverse "stazioni" della filiera.

Il collegamento tra tutti questi progetti è fluido e senza ostacoli, anche perché molti sono gestiti dall'Università o da enti a cui l'Università di Padova è collegata. Paradossalmente in Veneto la scarsa presenza del governo regionale e degli enti locali nei servizi per il trasferimento di tecnologia e per la promozione di start-up innovative (relativamente ad altre regioni) ha favorito lo sviluppo di un modello più coordinato, perché centrato sull'Università. Questo ha comportato dei limiti, in particolare la mancanza di risorse economiche, anche se la Fondazione Cariparo ha sopperito egregiamente alla carenza di fondi pubblici, ma ha avuto anche il beneficio di assicurare un'armonizzazione delle iniziative e un'assenza di duplicazioni e quindi di sprechi.

Ancora adesso esistono importanti Università in cui gli spin-off vengono guardati con sospetto, le business plan competition sono attivate ad anni alterni a seconda dell'umore del delegato di turno, gli incubatori d'impresa sono iniziative immobiliari non collegate con il mondo della ricerca, l'amministrazione universitaria include più servizi che si occupano di vari aspetti, nemmeno troppo distinti, del trasferimento di tecnologia, in una grande confusione di ruoli e competenze. Tutto questo a Padova non è immaginabile. La cultura d'impresa è radicata nell'Università, il coordinamento è sempre stato assicurato, le iniziative valide non vengono lasciate morire, le duplicazioni non esistono. Ovviamente non tutto è perfetto, anzi di problemi ce ne sono stati molti. Ad esempio, all'inizio si pensava che il trasferimento di tecnologia fosse una pura attività commerciale, il cui obiettivo era quello di portare nuove risorse all'Ateneo. Con il tempo ci si è resi conto che la cosiddetta "terza missione" dell'Università non sempre può dare un ritorno economico, ma il suo obiettivo è di carattere sociale ed ha maggiore impatto sullo sviluppo economico del territorio che non sul bilancio universitario. Altre difficoltà sono venute dalla riduzione delle risorse finanziarie, che ha colpito tutto il sistema universitario italiano negli ultimi anni. A questo si è fatto fronte con recuperi di efficienza e con alleanze strategiche che permettono di erogare servizi a costi inferiori.

Il "modello padovano" è nato forse un po' spontaneamente, senza un disegno a tavolino, ma si è affermato nel tempo grazie a questi fattori principali:

- la visione strategica dei Rettori e dei Prorettori dell'Università, attenti al rapporto con il mondo della produzione e risoluti nel reprimere particolarismi e rivalità interne;

- la "mission" di una fondazione bancaria che, a differenza di altre, ha sempre investito molto nella promozione dello sviluppo economico del territorio basato sulla valorizzazione della ricerca scientifica;
- lo spirito imprenditoriale tipico della mentalità veneta, permeata dalla cultura del "fare impresa" con le proprie forze senza stare ad aspettare aiuti pubblici.

Il futuro del TTO padovano si delinea su due direttrici principali: le partnership con i privati e le partnership con gli altri Atenei regionali.

Sul primo fronte, la città di Padova presenta numerose opportunità, anche perché la sua posizione baricentrica e la presenza di una grande Università fanno sì che molte iniziative private proiettate sull'intero Nord Est stabiliscano la propria sede a Padova. In particolare lo sviluppo di start-up tecnologiche potrebbe trarre grande beneficio da un network di servizi finanziari e consulenziali che l'Università intende attivare insieme a soggetti privati.

Sul secondo fronte, i Rettori delle quattro Università venete hanno già avviato un percorso di collaborazione che riguarderà varie attività, tra cui il trasferimento di tecnologia. La sfida è quella di mettere a fattor comune le risorse e le specificità dei vari Atenei affinché l'insieme abbia più valore della somma delle parti.

9.3
Se volessimo essere ricordati per una cosa ...

Tra i vari casi di successo seguiti dal TTO in questi anni, spicca in particolare l'esperienza di Margherita Morpurgo, una giovane ricercatrice del Dipartimento di Scienze Farmaceutiche. Andrea Berti la conobbe nell'estate 2006, quando la Morpurgo andò a chiedergli informazioni su Start Cup Veneto e a presentargli la sua straordinaria idea scientifica (nano-particelle per l'immuno-diagnostica e il drug delivery). Margherita non sapeva assolutamente nulla di impresa e di affari, ma aveva intuito, forse anche grazie a precedenti esperienze in Israele e negli USA, che dalle idee scientifiche si possono fare molti soldi, se si è capaci di trasformarle in prodotti che vanno a soddisfare esigenze espresse dai clienti. Start Cup è stata l'esperienza che le ha aperto gli occhi.

Nell'ambito della competizione viene organizzato un corso di economia aziendale e business planning rivolto a giovani ricercatori privi di competenze gestionali. Frequentando il corso e facendosi aiutare da un super-consulente (detto "angelo") che l'organizzazione mette a disposizione delle idee migliori, Margherita e i suoi collaboratori scrissero un business plan fantastico, che vinse Start Cup Veneto e si piazzò al terzo posto nella finale nazionale del PNI 2006. L'anno dopo lo stesso business plan, tradotto in inglese e notevolmente sviluppato, vinse Nanochallenge, la competizione internazionale per business plan nanotech. Era giunto il momento di fare sul serio: brevettare l'idea, fondare uno spin-off (denominato Ananas Nanotech) e dedicare tempo ed energie allo sviluppo del prodotto. Ma questo richiedeva finanziamenti importanti, molto superiori all'importo dei premi vinti. Ecco allora che i neo-imprenditori si sono dovuti avvicinare al mondo della finanza d'impresa, per loro del tutto oscuro. Questi contatti hanno portato i ricercatori a conoscere la logica e le tecnicalità delle negoziazioni con i fondi di seed capital. C'era poi la questione del brevetto, di cui lo spin-off voleva acquisire la proprietà dall'Università. È stato molto interessante vedere come vengono fatte le stime del valore dei brevetti utilizzando vari metodi. Insomma, un'esperienza a 360° di grande valore formativo sia per la brillante Margherita, che adesso è un'imprenditrice lanciatissima, sia per il personale del TTO, che grazie a questo caso ha imparato sul campo tantissimi aspetti del trasferimento tecnologico.

Come è andata a finire? È presto per dirlo. Nel settore farmaceutico i tempi di avvio e sviluppo delle nuove imprese sono molto lunghi, quindi è ancora prematuro dire se Ananas Nanotech avrà successo, anche se ci sono tutte le premesse. Forse nella prossima edizione di questo libro si potrà scrivere il lieto fine di questa storia!

Il TTO dell'Università di Perugia

10

Loris Nadotti

Punti chiave

> L'anagrafe delle competenze
> Partnership inter-universitarie
> Scouting della ricerca

10.1
Come siamo nati

Il trasferimento dei risultati della ricerca al mondo dell'impresa nell'Università di Perugia è un'attività che informalmente ha radici antiche che affondano nella tradizionale collaborazione tra dipartimenti di Ateneo e imprese umbre nella ricerca di soluzioni tecnologiche per lo sviluppo del territorio. Il distretto industriale ternano, ad esempio, con le sue imprese chimiche e siderurgiche ha trovato linee di ricerca di interesse industriale che hanno motivato la nascita nel 1994 del Polo Scientifico e Tecnologico di Terni, così come sono nati nel corso degli anni diversi centri di ricerca e di eccellenza che mirano a sostenere le programmazioni regionali e che testimoniano la presenza di una domanda di innovazione da parte del comparto industriale. Ne sono un esempio il CRB (Centro di Ricerca sulle Biomasse), il CIRIAF (Centro Interuniversitario di Ricerca sull'Inquinamento da Agenti Fisici) e il CEMIN (Centro di Eccellenza sui Materiali Innovativi Nanostrutturali).

Ben diverso è il modo in cui nasce l'ILO dell'Università che non può essere ricondotto alle collaborazioni sviluppate nel corso degli anni dai singoli dipartimenti o ricercatori quanto ad azioni di più recente attuazione che vedono l'Ateneo perugino impegnato nella diffusione di una cultura sui temi della proprietà intellettuale e della creazione di impresa. Esiste infatti un filo sottile ed invisibile che lega la nascita dell'ILO di Perugia con una serie di iniziative in questo campo a partire dal 2003 quando, grazie anche al finanziamento ottenuto a valere sul "Programma regionale di Azioni Innovative Umbri@in.action" (FESR – azione 2.4), prende le mosse il Progetto "Individuazione e valorizzazione di nuovi contenuti per servizi e-based". È così che comincia a farsi strada l'idea che a partire da quella prima analisi di fattibilità e dalla ricognizione dello status e del livello della ricerca presente nei vari dipartimenti

M. Bianchi, A. Piccaluga (eds.), *La sfida del trasferimento tecnologico: le Università italiane si raccontano,* DOI 10.1007/978-88-470-1977-5_10, © Springer-Verlag Italia 2012

dell'Ateneo potesse svilupparsi un percorso imprenditoriale tipo spin-off per quelle competenze e quelle tecnologie con maggiori potenzialità di successo sul mercato. Inizialmente, dunque, il lavoro di scouting della ricerca ma soprattutto di informazione presso i dipartimenti ha permesso, da una parte una diffusione del "verbo" del TT, ingolosendo quanti all'interno dell'accademia aspettavano un'occasione per mettersi alla prova come imprenditori, dall'altra ha visto nascere un progetto organizzativo in seno all'Ateneo che potesse far maturare nuovi obiettivi e attività in risposta alle sfide della società della conoscenza.

Non deve sorprendere dunque se, sulla scia dell'entusiasmo per i buoni risultati conseguiti e dell'interesse riscontrato tra ricercatori e docenti, in quell'anno, il 2003, anche l'Ateneo Perugino si sia dotato del suo primo Regolamento di Ateneo sugli spin-off. Sempre nel 2003 nasce l'Anagrafe delle competenze, una banca dati aggiornata sullo stato della ricerca dell'Università di Perugia, elaborata e compilata in collaborazione con docenti e ricercatori dell'Ateneo, e viene pubblicato il volume "Gli Spin-Off accademici nell'Ateneo di Perugia". I numeri dell'Ateneo Perugino, soprattutto in fatto di spin-off, sono piuttosto interessanti ed incoraggianti visto il gran numero di spin-off che vengono costituendosi nei primi anni di regolamento, anche in assenza di un ILO formalizzato e di uno staff dedicato.

Durante l'anno successivo, il 2004, l'Università di Perugia partecipa alla realizzazione del "Progetto Vision – Valorizzazione dell'Innovazione e Supporto alle Imprese Organizzazioni e Network in Umbria", un'iniziativa che aveva l'obiettivo di risolvere il problema di molte aziende umbre bisognose di nuove competenze e di nuove tecnologie, oltre a mezzi di finanziamento per competere sui mercati internazionali. L'Università, insieme al Parco Tecnologico dell'Umbria Sitech, diventano gli interlocutori principali per la domanda di innovazione, mentre nello stesso periodo continuano le attività all'interno dell'Università volte ad orientare il lavoro dei ricercatori verso esperienze suscettibili di un'applicazione di mercato.

Le prime iniziative per incentivare il trasferimento tecnologico e di conoscenze dai dipartimenti dell'Ateneo di Perugia hanno aperto di fatto nuovi scenari, facendo crescere in maniera sempre più forte l'esigenza di un supporto alla creazione di imprese innovative attraverso una struttura operativa stabile.

La possibilità di costruire un ufficio ILO di Ateneo nasce quando attraverso una serie di contatti informali il Prof. Loris Nadotti, delegato al TT e attuale Presidente del PNI, avvia un dialogo attivo con l'Università di Padova che stava cercando partner universitari per la presentazione di un progetto al Ministero per lo Sviluppo Economico per la creazione di Uffici di Trasferimento Tecnologico. Il Progetto che prenderà il nome Nuovo ILO verrà approvato e vedrà coinvolte oltre a Padova e Perugia anche le Università di Trieste e Pavia, creando un quadrilatero "tecnologico" che ha messo in contatto Università con un diverso background nell'attività di TT intenzionate a sfruttare il valore aggiunto che tale diversità poteva rappresentare. L'Area per il Trasferimento della Conoscenza nasce come ILO dell'Università di Perugia alla conclusione del 2006 con uno staff di appena due unità, Laura Bizzarri, Responsabile dell'Area, e Gina Olsen. La costituzione dell'ILO non ha incontrato particolari difficoltà dato che l'intero budget dedicato allo sviluppo dell'Ufficio derivava dal finanziamento stanziato dal MISE a favore del Progetto NUOVOILO e non andava a gravare sul FFO. I problemi, semmai, nascevano dalla necessità di ricondurre ad un unico ufficio, che nel frattempo si arricchiva di una terza unità, Andrea Polizzi, tutte quelle attività che erano state sviluppate autonomamente nei dipartimenti, dai brevetti alla gestione delle numerose spin-off che si erano costituite ben prima dell'ILO.

Alla neo-nata Area per il Trasferimento della Conoscenza, infatti, sono riconosciute competenze in ambito di:

- diffusione della cultura della valorizzazione dei risultati della ricerca e scouting delle competenze;
- valorizzazione dei risultati della ricerca condotta nell'Università attraverso la promozione di azioni aventi ad oggetto la costituzione di relazioni più strette tra accademia e mondo della produzione;
- supporto allo sfruttamento economico dei risultati della ricerca e alla creazione di impresa;
- fund raising, gestione e rendicontazione dei progetti di pertinenza, assistenza ai ricercatori e al personale amministrativo nella gestione dei rapporti con soggetti pubblici e privati che abbiano ad oggetto la ricerca applicata e lo sviluppo sperimentale;
- assistenza agli spin-off accademici;
- attività di pre-incubazione ed incubazione delle imprese spin-off;
- supporto alla tutela della proprietà intellettuale e gestione del portafoglio brevetti.

Per quanto riguarda i brevetti lo staff si è dovuto confrontare da subito con la difficoltà di sviluppare competenze interne in grado di garantire la comprensione delle potenzialità delle invenzioni che venivano sottoposte all'attenzione dell'Area. Il supporto di alcuni studi mandatari si è rivelato fondamentale anche se lentamente l'Ufficio ha sviluppato una propria capacità di screening delle invenzioni, riuscendo a riconoscere quelle che ben poco vantaggio avrebbero potuto portare all'Ateneo. Lo stesso si dica per le spin-off, in cui l'ingegnerizzazione dei nuovi business plan ha coinvolto in un clima di scambio creativo l'intero staff che vedeva crescere e diventare realtà le idee degli aspiranti imprenditori. Linee di prodotto particolari, applicazioni in ambiti diversi da quelli che erano state immaginate in un primo momento da parte dello spin-off e mille altri accorgimenti sono stati adottati nello sviluppo del business plan. Un esempio: lo spin-off Bhaskara, che nasceva da un'idea non convenzionale, quella di commercializzare una valigia di giochi per la comprensione di alcuni paradigmi matematici attraverso l'attività ludica. L'ideazione dello spin-off e la progettazione dei prodotti/giochi, la protezione della componente di P.I., la verifica della presenza dei requisiti per l'accoglimento del mercato andavano ben oltre le previsioni di mercato e la redazione di un conto economico coerente.

10.2
Come siamo cresciuti

Con il tempo l'ILO cresce e acquista di prestigio, tanto da vedersi assegnata l'organizzazione della "Start Up dell'anno", premio istituito dall'Associazione PNICube e che si è svolto nel chiostro di Palazzo Murena nel 2008. Un aneddoto che pochi conoscono rispetto a questo evento è stata la situazione di emergenza in cui lo staff si è trovato la sera della cena di gala quando un improvviso acquazzone si è abbattuto sulla città, trasformando il chiostro, sede della cena, in una trincea allagata. Grazie alla complicità dei relatori del seminario che hanno diluito i loro interventi, lo staff ha potuto riportare all'interno dell'edificio tavoli, sedie e tutto quello che era stato apparecchiato per 120 invitati. Difficile dimenticare le facce degli ospiti quando sono usciti dal seminario, "stremati" da interventi "inspiegabilmente" prolissi. Lo staff ILO aveva rimesso tutto in ordine, asciugando ogni sedia e tavolo, cambiando le tovaglie, riassegnando i posti e riorganizzando tutti gli spazi. La serata si è comunque svolta nel migliore dei modi ed è stata chiusa dal concerto di archi nel chiostro, grazie alla sospensione della pioggia, mentre l'ILO dimostrava quell'affiatamento che è l'ingrediente segreto per il successo di qualsiasi attività, soprattutto nel TT.

Al fine di consentire una strutturazione più organica e sinergica del lavoro di progettazione e valorizzazione della ricerca, si decide, nel giugno 2009, di fondere sotto una stessa struttura di gestione le competenze relative alla ricerca di base con quelle che fanno capo al trasferimento tecnologico, per cui l'Area per il Trasferimento della Conoscenza viene inglobata nello Sportello di Ateneo per la Ricerca Nazionale. Nel 2010, con la creazione del Centro Amministrativo di supporto alla Ricerca (CAR), arriva anche il riconoscimento di Industrial Liaison Office, collocato nell'Area per la progettazione, valorizzazione e valutazione della Ricerca.

Il lavoro di rafforzamento dell'ILO prosegue attraverso il costante aggiornamento delle competenze dello staff, che partecipa periodicamente a seminari dedicati del Netval e delle diverse agenzie del Ministero dello Sviluppo Economico attive nel settore, IPI in primis.

Mentre le competenze aumentano, matura nell'ILO una nuova consapevolezza su quelli che sono gli strumenti che una piccola Università può mettere in campo per lo sviluppo di politiche di TT. Incominciano ad emergere le prime difficoltà rispetto alle attività delle spin-off e alla gestione del conflitto tra le attività di alcune di queste e quelle del dipartimento, che al momento della costituzione non erano state ravvisate. Allo stesso modo si sono dovuti prendere degli accorgimenti tecnici per gestire l'attività brevettuale nei limiti delle possibilità economiche dell'Ateneo, e dunque maggior selezione in ingresso e scelta delle procedure più idonee (brevetto nazionale, europeo, PCT). Allo stesso tempo l'ILO ha dovuto prendere atto del contesto economico e della cultura di impresa del territorio e quindi confrontarsi con l'oggettiva difficoltà di licenziare quelle tecnologie che erano state protette. Non è un caso se di oltre venti brevetti depositati nel primo triennio di attività, l'ILO sia riuscito a cedere i diritti di solamente due domande ad un soggetto estero, evidenziando come una certa cultura sul TT debba essere disseminata anche e soprattutto nel mondo dell'impresa italiana. Comincia così un percorso parallelo che vede l'ILO maggiormente impegnato come intermediario tra impresa e ricerca.

10.3
Se volessimo essere ricordati per una cosa...

Un caso emblematico di questo ruolo da intermediario e del suo successo è il progetto di ricerca che è stato messo a punto per la realizzazione di un cashmere "tecnologicamente avanzato" con il dipartimento di Chimica o quello che vede la Prolabin, spin-off di Perugia, impegnata nella fornitura di materiali innovativi a imprese su tutto il territorio nazionale.

Individuando soluzioni tecnologiche ad hoc per le aziende, l'ILO offre un supporto tecnico-progettuale all'avvio di spin-off innovative, atte ad operare in settori ad elevato impatto tecnologico, basate sul know how universitario e il trasferimento tecnologico, che vedono la partecipazione, diretta o indiretta, dell'Università. Per questo l'ILO è anche sede istituzionale dell'IMPAT POINT nell'ambito del "Progetto Impresa", uno sportello di contatto e supporto alle attività di trasferimento tecnologico che, tra l'altro, eroga servizi di scouting progettuale, studi di fattibilità, business planning, marketing, comunicazione aziendale e financing.

La prossima tappa che l'ILO si propone di raggiungere nel breve termine è quella di poter completare l'Incubatore di impresa dell'Università degli Studi di Perugia. Poter disporre di un incubatore fisico permetterebbe all'ILO di portare al di fuori dei dipartimenti la gran parte delle spin off incubate e di quelle che saranno incubate, garantendo un servizio completo e offrendo un maggiore incentivo alla costituzione di nuova impresa.

Il TTO dell'Università "La Sapienza": partenza per la terza missione, destinazione innovazione!

11

Daniele Riccioni

Punti chiave

> La ricerca di un linguaggio comune ricerca-impresa
> Coordinare ed integrare esigenze diverse
> Avvicinare e contaminare il mondo della ricerca e della scienza

---

11.1
Come siamo nati

L'inizio è stato un po' come iniziano tutte le storie e tutti i percorsi, professionali, personali o umani che siano. Avventuroso si potrebbe dire, pieno di ambizioni e incognite, di entusiasmo e di incertezze. Sapevamo da dove stavamo partendo, senza una esatta cognizione di dove saremmo arrivati. Con l'animo di quelli a cui sembra di salpare per uno spazio inesplorato, una terra di conquista mai posseduta da nessuno. Partivamo per la "terza missione" delle Università, un'espressione che già di per sé racchiudeva tutto il fascino di qualcosa di fantascientifico e di ignoto. Ci avevano affidato il compito di mettere in piedi il Trasferimento Tecnologico della Sapienza: una sfida non da poco per una Signora Università di 700 anni di età.

L'obiettivo era fortemente voluto dagli organi di vertice dell'Ateneo, a partire dal Rettore. I modelli americani ed anglosassoni ci erano di esempio. Il contesto europeo ci incitava ad imitarli, il Paese aveva, come ancora oggi, bisogno di innovazione, e noi potevamo contribuire a ciò, alimentando contemporaneamente anche un fondamentale processo di autofinanziamento della ricerca.

Il potenziale di Sapienza era enorme, la mission era chiara e noi, pionieri del trasferimento tecnologico (TT) chiamati a ricoprire questa responsabilità, abbiamo sin da subito raccolto la sfida. In realtà, a ben vedere, le contingenze e le indigenze dei primi anni di attività avevano ben poco di fantascientifico. E subito bisognava affrontare i primi problemi organizzativi: Il TT Office (TTO) in senso lato, sorta di pseudo spin-off, nato dalla costola del Settore Convenzioni e Consorzi di Ricerca, e incubato logisticamente in esso per diverso tempo, coordinato e gestito allora da

Maria Ester Scarano (la quale si fece carico del ruolo di antesignana nella creazione ed avvio della struttura), era costituito operativamente soltanto da due persone: Roberta Vincenzoni ai Brevetti e Daniele Riccioni al Licensing, più un paio di computer non esattamente dell'ultima generazione.

Ma la buona volontà e la voglia di rimboccarsi le maniche non mancavano e lo spirito di adattamento era una dote necessaria mentre si cercava di dare una forma compiuta ad una struttura ancora indefinita. Nacque per primo, nel 1999, l'Ufficio Brevetti, per dare una risposta alle molte istanze che già spontaneamente provenivano dai vari settori della ricerca. Sin da subito esso fu affiancato, in base ad una convenzione col Ministero, da un Patent Information Point, affidato alla gestione di due giovani e volonterose collaboratrici, le quali, a loro insaputa, inaugurarono quell'inesorabile tourbillon di avvicendamento di qualificatissime risorse umane (biologi, avvocati, giuristi, ingegneri ambientali, economisti) che, con entusiasmo paragonabile solo alla loro precarietà lavorativa, hanno dato, nel tempo, il loro contributo alla causa contribuendo con alacrità a gettare le basi di una nuova cultura brevettuale: tutti estremamente preparati e, a causa di finanze ristrette e norme restrittive, tutti inesorabilmente "di passaggio" presso la nostra struttura.

Ma non c'era tempo di scoraggiarsi, perché la cosa si fece subito seria e in poco più di un anno e mezzo l'Ufficio Brevetti, particella primigenia del TTO Sapienza, si vide travolto da una ondata di una cinquantina di invenzioni presentate dai più avanguardisti dei nostri ricercatori. Sin da subito si mise in piedi una procedura efficiente: niente delibere di organismi delegati, ma una Commissione Brevetti spedita che, visti i numeri, approvasse alla velocità della luce le invenzioni da brevettare.

A metà del 2002, il debutto in società: la struttura fu riorganizzata come Ufficio Valorizzazione Ricerca Scientifica e Innovazione (in breve UVRSI, collocato in posizione di staff alla Direzione Amministrativa e affidato al coordinamento della già citata Maria Ester Scarano). In seno ad esso fu enucleato, per occuparsi del licensing, il Settore Trasferimento Tecnologico, il fronte più pionieristico dell'azione di valorizzazione della ricerca, chiamato a rappresentare le istanze di un primordiale Industrial Liaison Office, quando ancora il concetto di trasferimento tecnologico, più che suscitare diffidenza, richiamava ai più (colleghi dell'amministrazione) una pseudo figura di ufficio tecnico, addetto al trasporto di chissà quale materiale pericoloso od ingombrante. Questa, un po' a tinte colorate, la genesi del TTO Sapienza, con tutte le difficoltà e le inevitabili peripezie di chi era destinato a partire dal basso, con dedizione, costanza e perseveranza, per conquistarsi fiducia e credibilità.

Ma non ci sentivamo soli, perché avevamo la profonda consapevolezza di essere parte di un tutto che si stava muovendo a livello nazionale. Come dimenticare la prima assemblea del Network della Valorizzazione-Netval, tenutasi proprio presso questa Università, in cui è stata sancita la nascita della "rete" tra gli Uffici TT di numerose Università italiane, prototipo funzionante dell'attuale associazione Netval. C'era un'atmosfera da "Costituente", nella quale, attraverso un confronto solidale ed un dibattito aperto, si gettarono le basi condivise, prima di tutto culturali ed istituzionali, di quello che sarebbe stato portato avanti, a dispetto dei diversi caratteristici dialetti, rilevatori delle svariate provenienze geografiche, come un discorso comune sulla valorizzazione della ricerca.

11.2
Come siamo cresciuti

Da quel momento in poi, superato il trauma della nascita, la crescita del TTO Sapienza può sostanzialmente suddividersi, a parere di chi scrive, in due fasi distinte che si potrebbero definire "a porte chiuse" e "a porte aperte".

La fase di crescita a porte chiuse ha riguardato la crescita di noi stessi, operatori del TT, legata alla necessità di definire gli strumenti, le azioni più adeguate per raggiungere gli obiettivi che ci eravamo prefissi; i primi anni, quindi, sono stati di studio, approfondimento, confronto, dibattito serrato su come e cosa costruire in termini organizzativi, operativi, strategici: occorreva sviscerare una materia in cui non c'erano punti di riferimento, percorsi formativi, modelli di paragone, se non le esperienze straniere, abbastanza lontane, non solo longitudinalmente, dalla nostra realtà.

Ci siamo quindi "rinchiusi", concentrati prevalentemente su di noi, per creare il gruppo, verificare il meccanismo, implementare il metodo, sperimentare, alla stregua di quello che fanno i nostri ricercatori nei loro laboratori. Dovevamo inventarci innanzitutto la professione del "TTO manager", la quale, ci rendemmo conto, implicava avere capacità giuridiche, economiche, commerciali, finanziarie, tecniche, legali, di marketing e non da ultimo comunicative e relazionali.

Parafrasando le vicende del più famoso degli "scopritori di terre nuove" (Cristoforo Colombo!), nell'intraprendere questo viaggio siamo salpati con tre caravelle e tre grandi illusioni:

- credevamo che avere a disposizione un patrimonio incommensurabile di ricerca da una parte e una innegabile esigenza di innovazione proveniente dall'esterno dall'altra, avrebbe reso facile il nostro compito: sommersi da richieste di tecnologia provenienti dall'universo mondo non avremmo dovuto far altro che tenere in ordine il "negozio" e fare una buona politica dei prezzi;
- credevamo che folle di ricercatori bussassero alla nostra porta presentandoci spontaneamente e fiduciosamente i risultati delle loro ricerche;
- credevamo infine che saremmo riusciti in maniera abbastanza agevole a risultare i fautori del dialogo Università-impresa, parlando la lingua dell'innovazione.

Ben presto le nostre presunzioni si infransero sui lidi della cruda ma evidente realtà. Scoprimmo a nostre spese che gli abitanti del mondo della ricerca e quelli del mondo dell'impresa parlavano linguaggi talmente differenti da avere bisogno di traduttori. Nel candidarci a tale ruolo incappammo nell'ulteriore constatazione, che noi stessi, missionari del TTO, cominciavamo a parlare, a nostra volta, un linguaggio diverso da entrambi.

Il mondo imprenditoriale a cui andavamo a proporci non ci accolse esattamente a braccia aperte come noi ci illudevamo; i nostri ricercatori, da parte loro, preferivano stanziare nelle certezze consolidate dei modelli più tradizionali di collaborazione con l'esterno: contratti di ricerca, attività conto di terzi, consulenze, incarichi vari, assegni e borse di studio. Attività sempre più essenziali per il sostentamento delle

Università, ma che spesso difettavano di quel riconoscimento ulteriore, non solo scientifico, che costituisce la "punta dell'iceberg" del concetto di valorizzazione.

Era già passato qualche anno e la "terza missione" si rivelava più difficile del previsto: quello della diffusione delle tecnologie rischiava di rivelarsi più che un trasferimento, quasi un "trascinamento".

Inoltre oggettive condizioni di avversità legate alle caratteristiche tipiche della nostra Università, rendevano pressoché utopistico il tentativo di definire una policy comune, una strategia unitaria. La forte autonomia e la multidisciplinarietà dei nostri numerosi dipartimenti nel muoversi sulle iniziative della ricerca erano paragonabili ad un arcipelago di innumerevoli piccole isole indipendenti e separate, che rendeva arduo il tentativo di imporre un'unica "legge della valorizzazione". E per di più cominciavamo a fare le nostre prime traumatiche esperienze con la nuova realtà, non prive di errori, ingenuità, grossolanerie.

Ma le sconfitte, comunque utili per la nostra crescita, non erano attribuibili solo alla nostra scarsa malizia di allora. Noi ragazzi neofiti del TT, nel cercare di aprire un dialogo tra Università e imprese, ci scontrammo contro porte sbattute in faccia, amministratori delegati armati fino ai denti, "cacciatori di frodo di brevetti", "cannibali della ricerca", "carnivori dell'innovazione", incappando il più delle volte in aziende che "non hanno soldi", non hanno tempo, non hanno interesse, non hanno voglia.

Eppure, nonostante tali peripezie, cominciarono ad arrivare i primi risultati: era già il 2006 e mentre i brevetti lievitavano a 150, riuscimmo a concludere le prime operazioni di licensing, ad avviare le prime imprese spin-off, a realizzare infrastrutture contrattuali e negoziali più solide, a mettere in piedi procedure interne più codificate ed efficienti, ad approntare regole più efficaci, a risolvere anche le apparenti contraddizioni delle normative sull'argomento. Fu così che cominciammo a far luce sulla strada del trasferimento tecnologico, che pian piano da sentiero battuto si trasformò dapprima in percorso sterrato e poi gradualmente in strada a scorrimento veloce.

E la cosa che ci confortava era il non sentirci soli: di tanto in tanto, ci incrociavamo, nei vari incontri del Netval, con gli equipaggi TTO delle altre Università, che seguivano lo stesso percorso, aiutandoci, scambiandoci idee, suggerimenti, con uno spirito di solidarietà per il quale chi era andato avanti faceva da apripista per coloro che seguivano, non perdendo di vista quelli che erano rimasti indietro e che ambivano a raggiungerci.

E poi c'è stato il grande entusiasmo del progetto ILO, finanziato dal Miur, portatore di risorse e mezzi a dimostrarci, se ce n'era bisogno, che quando si ha una buona squadra a disposizione si può giocare all'attacco senza timori reverenziali. È da quel momento, intorno al 2008, dopo la "sbornia" del progetto ILO, che può identificarsi la seconda fase, definibile di "crescita a porte aperte".

Eravamo a un punto decisivo: ci era tutto chiaro, conoscevamo la strada ma mancava qualcosa, occorreva una spinta, una svolta, bisognava uscire dal guscio di autoreferenzialità, dalla ristretta cerchia degli iniziati, aprire le porte e andare a scovare la ricerca, dipartimento per dipartimento, fare proseliti, fidelizzare, informare, accrescere la consapevolezza, la condivisione di una visione comune.

Ci rendemmo finalmente conto che fare trasferimento tecnologico non significava essere meri venditori ambulanti di oggetti innovativi da piazzare al miglior prezzo, bensì facilitatori di un nuovo approccio concettuale che avrebbe portato a trasferire non le cose, ma le persone e le idee e le loro potenzialità; che avrebbe portato ad avvicinare due mondi, a contaminare le culture, in favore del progresso, dello sviluppo e a vantaggio di tutti. Operazione complessa, che non poteva risolversi semplicemente nel costituire uno spin-off o nel vendere un brevetto o concludere un contratto, ma che avrebbe implicato la "predicazione" incessante di un messaggio che a lungo termine avrebbe determinato, per ogni singolo ricercatore e per la comunità accademica nel suo complesso, la presa di consapevolezza delle nuove opportunità derivanti da una interazione sistematica ed equilibrata con il mondo esterno. Era il momento: bisognava compattare il team e rafforzare lo spirito di gruppo.

Da allora fino ad oggi, l'attività monocorde del TTO cominciò ad evolvere in un'azione strategica a tutto campo, con l'intento di sviluppare e mettere a frutto un ventaglio di competenze, capace di ricoprire concettualmente ogni ambito della valorizzazione della ricerca, considerata un obiettivo unico e complesso, dalle mille sfaccettature, al fine di governare, piuttosto che subire o assecondare, il fenomeno del trasferimento tecnologico.

Ora si organizzano incontri collettivi nei dipartimenti, per diffondere la cultura brevettuale e quella di impresa, puntando sulle generazioni dei giovani ricercatori; si gestisce un sistema collaudato di infopoint, rispondendo a specifiche richieste individuali; si prestano consulenze in materia di contratti stipulati dai dipartimenti; si valorizzano, in riferimento a collaborazioni di ricerca, il marchio ed il brand Sapienza; si promuovono azioni strutturate di partenariato attraverso accordi quadro con i soggetti imprenditoriali e/o istituzionali del territorio; si favoriscono sinergie di rete tra associazioni e federazioni esterne e gruppi di ricerca interni; si segnalano bandi e occasioni di finanziamento; si organizzano seminari, workshops e business plan competition; si partecipa in prima persona a manifestazioni ed eventi, con stand, punti informativi, sportelli di diffusione; si realizzano brochure, opuscoli, manuali sui temi della valorizzazione.

L'Ufficio oggi, sotto la guida lucida di Sabrina Luccarini, conta sette unità di personale specificamente dedicate (quattro al trasferimento tecnologico e spin-off e tre ai brevetti) più cinque dedite alle convenzioni e ai consorzi di ricerca. Il portafoglio brevetti ad oggi conta 200 priorità, di cui più di un centinaio a livello internazionale. I ricavi da licensing hanno raggiunto una quota discreta del 10% sul portafoglio. Diciotto sono le società spin-off avviate in tre anni, decine gli accordi di confidenzialità, centinaia i contratti di ricerca negoziati specificamente dal TTO, decisivo l'avvio di una mirata politica di licensing sul brand universitario, innumerevoli gli incontri coi ricercatori. Molto c'è ancora da fare, ma la crescita del TTO Sapienza può dirsi compiuta.

Ed è confortante vedere che molti dei nostri cominciano a seguirci, ad ascoltarci, ad andare da soli, ad essere valorizzatori di se stessi, a ripercorrere la strada da noi percorsa, ad accogliere il messaggio e riferirlo ad altri, innescando un sistema di passaparola, che alimenta la credibilità e la fiducia sul nostro lavoro. E il mondo esterno, abbandonando la diffidenza iniziale, comincia a considerare il TTO un interlocutore privilegiato, portavoce ufficiale della visione strategica di Sapienza, controparte contrattuale da considerare alla pari.

È appagante constatare come i nostri ricercatori, portatori di innovazione e di conoscenze, hanno cominciato a seguirci nel "nuovo mondo", e qualche abitante di esso ha cominciato ad abbassare il livello di diffidenza ed il ponte levatoio della propria "roccaforte culturale" facilitando un processo che annichilisca il concetto stesso di "trasferimento", creando punti di incontro permanenti tra domanda e offerta di tecnologia.

11.3
Se volessimo essere ricordati per una cosa ...

Quelli che rimangono impressi nella storia sono i grandi avvenimenti. Se parliamo della storia del nostro TTO dobbiamo sicuramente citare due episodi. L'uno emblematico per l'eclatante risultato raggiunto, l'altro esemplare per il percorso intrapreso. Il primo riguarda l'operazione di licensing compiuta sul brevetto della Prof.ssa Irene Bozzoni: una possibile terapia per guarire la Distrofia di Duchenne. Oggettivamente un fiore all'occhiello per la nostra Università, per la qualità della ricerca, per il valore del contratto (5 milioni di Euro), ma soprattutto per l'utilità sociale e gli intrinseci valori di solidarietà umana in essa racchiusi; il licensing perfetto, frutto di efficaci sinergie interne e preziose collaborazioni con professionalità esterne; la prova che una buona ricerca facilita il lavoro del TTO e che quando l'innovazione incontra effettivamente le esigenze e i bisogni della collettività, il trasferimento tecnologico diventa un fiume in piena che scorre dirompente senza dighe e senza barriere.

Ma quanta fatica, quanti problemi, quante questioni e criticità contrattuali, giuridiche e amministrative abbiamo dovuto risolvere faticosamente noi del TTO sempre schiacciati tra l'attitudine ad essere imprenditoriali e la necessità di dover rispettare norme, regolamenti, vincoli, divieti. Più di un anno di intenso lavoro, condotto animati non solo dall'intento professionale, ma anche dalla consapevolezza di poter contribuire a un qualcosa di più alto valore sociale: il solo pensiero che ciò avrebbe potuto consentire un giorno la guarigione di qualche bambino ci ripagava di ogni fatica. Sì, perché ci teniamo a dire che uno degli aspetti più importanti per noi nel nostro lavoro è l'umanità, il dialogo con i nostri interlocutori, il mettere sempre le persone, il fare nostra la causa.

Così è stato anche per il secondo caso che ha segnato la storia della nostra attività, quello del Prof. Luigi Toro. Se vogliamo, un caso scuola per gli adepti del trasferimento tecnologico. Iniziando con un brevetto fortemente innovativo riguardante una tecnologia per il riciclo delle pile alcaline esauste (attraverso la quale smembrare le vecchie pile, riciclarne i componenti e farne di nuove), si è andato via via dispiegando, collaborando insieme ai ricercatori, un percorso che ha attraversato progressivamente tutte le fasi del processo di valorizzazione: e in questo excursus il Prof. Toro, con la nostra collaborazione ed assistenza, ha assunto sempre di più le vesti di inventore, imprenditore, coordinatore di un centro di ricerca, promotore di progetti regionali, nazionali ed europei, ideatore di un possibile progetto di Consorzio di ricerca, divenendo, per capacità, spirito di iniziativa, disponibilità, il prototipo del ricercatore ideale per il TTO.

Dai primi tentativi volti a licenziare il brevetto analizzando alacremente il sistema territoriale del riciclo dei rifiuti, cercando di coinvolgere nell'iniziativa enti ed istituzioni locali, interessabili al problema, si è arrivati man mano alla consapevolezza di dover dimostrare in prima persona il funzionamento di tale tecnologia. Fu così che, insieme a noi, il Prof. Toro si tuffò nella sfida a quel momento più ardua ed ambiziosa: dare vita, nel 2008, ad Ecorecycling, il primo spin-off della Sapienza e, dati alla mano, tuttora quello di maggior successo per risultati e virtuosismo nell'interazione con la realtà di ricerca di provenienza. E parallelamente a ciò, creare un Centro di Ricerca, High Tech Recycling, per catalizzare attività e risorse in favore delle ricerca sulle medesime tematiche.

Ma se è vero che la storia ricorda i grandi avvenimenti e i grandi personaggi, è vero anche che la storia è fatta dall'impegno e dai sacrifici di uomini e donne comuni, che forse non verranno mai citati nei libri della memoria, ma che innegabilmente avranno concorso nel loro piccolo ad indirizzarne il corso degli eventi.

E per questo che noi, che siamo presenti oggi, Sabrina Luccarini, Roberta Vincenzoni, Marilena Cartini, Giorgia Nanula, Daniele Riccioni, Gianluca Pane, Alberto Cucinella, e tutti coloro che ci hanno affiancato nel corso del tempo, per poco o per tanto, vorremmo, se possibile, essere ricordati un giorno per la profusione quotidiana dei nostri sforzi, per la disponibilità giornaliera offerta ai nostri interlocutori nel cercar di venire incontro alle loro esigenze, non perdendo mai di vista l'obiettivo, anche quando questo è sembrato irrealistico o irraggiungibile.

Dieci anni sono ormai passati dall'inizio di tutto: i "ragazzi del TTO" si sono fatti uomini e donne. Ci piacerebbe un giorno, ora che crediamo di aver completato la nostra crescita creando una struttura "adulta", essere ricordati per coloro che hanno cercato di mettere costantemente e generosamente a disposizione la propria "piccola sapienza" al servizio della "grande Sapienza".

Vorremmo che un giorno, quelli come noi, che hanno cominciato per primi questa avventura, possano essere ricordati come quelli che hanno partecipato, con un profondo senso di appartenenza, ad un processo culturale che avrà segnato l'evoluzione del nostro Ateneo, resistendo nel contempo alle forti spinte all'esternalizzazione, troppo facili, troppo comode, troppo estranee alla complessa identità dell'Università e alle finalità che essa da sempre persegue.

Ci piacerebbe un giorno, quando la cronaca diventerà storia e la "terza missione" potrà forse dirsi compiuta, che quelli come noi, che hanno avuto il privilegio di aver assistito al big-bang del trasferimento tecnologico, possano essere ricordati come coloro che hanno contribuito con dedizione ad avviare il motore virtuoso della "tripla elica dell'innovazione".

Università degli Studi di Roma "Tor Vergata": tutte le strade portano a ... 12

Sabrina Corrieri

Punti chiave

> La nascita della cultura del brevetto
> Ragionare in termini di impresa
> Conciliare le contraddizioni tra scienza ed industria

12.1
Come siamo nati

L'Università degli Studi di Roma "Tor Vergata" è impegnata nella valorizzazione dei risultati della ricerca pubblica sotto varie forme. Tra queste, l'Ufficio Brevetti e Spin-off si propone di aumentare la cooperazione e l'interconnessione tra Università e Imprese favorendo il trasferimento dei risultati della ricerca all'industria, promuovendo la cultura della proprietà intellettuale, tutelando i risultati della ricerca scientifica con gli strumenti giuridici offerti dall'ordinamento italiano ed internazionale, supportando la negoziazione con l'industria e la creazione di imprese spin-off.

Rispetto ai TTO delle altre Università italiane, l'ufficio non possiede specifiche peculiarità, ma sicuramente il grado di autonomia con cui ha operato nel corso del tempo ha permesso di accumulare un'esperienza diretta, anche se l'azione non è sempre stata efficace ed efficiente come poteva essere.

Questa debolezza, tuttavia, sempre più di frequente si è trasformata in un punto di forza per la nostra "voglia di andare avanti", nonostante le difficoltà, i dubbi, e gli sbagli da cui inevitabilmente si impara ancora. Non verranno quindi raccontati qui i successi o gli incassi milionari ma semplicemente noi stessi, con le nostre perplessità e i nostri recepimenti.

Dal punto di vista quantitativo si può citare qualche numero aggiornato al primo semestre 2010: 44.000 studenti, 6 facoltà, 1.538 docenti, 492 laboratori, 600 ettari di campus universitario, una società per il parco scientifico romano, un incubatore di imprese innovative, un portafoglio di 47 domande di priorità presentate, distribuite per la maggior parte nel settore salute e scienze della vita, 3 licenze esclusive, 3 accordi di riservatezza, e 2 material transfer agreement (MTA) attualmente in corso, 9 società spin-off in cui l'Ateneo partecipa alla compagine sociale e altrettante non partecipate, 4 unità di personale strutturato.

La struttura, nel suo apparato più complesso, ufficialmente nacque nel 2004, ma già a partire dal 2000 fu depositata la prima domanda di brevetto, gestita direttamente dall'amministrazione centrale. Nonostante la brevettazione non fosse una pratica del tutto estranea tra il personale docente, il fenomeno assunse rilevanza istituzionale in seguito agli effetti di sensibilizzazione di una guida pubblicata dall'Ateneo su "Il ricorso alla tutela brevettuale nella ricerca universitaria".

Il Rettore dell'epoca, infatti, aveva intuito che era necessario richiamare l'attenzione su temi che spesso esulavano dalla competenza tecnica degli studiosi e dall'esperienza quotidiana delle strutture amministrative e tecniche dell'amministrazione centrale o dei dipartimenti e che bisognava confrontarsi con un sistema di strumenti di intervento e sostegno differenti dal passato.

Quest'operazione, stimolando modelli e prassi di comportamentali efficaci, generò un adeguamento organizzativo. Si assistette, quindi, all'implementazione delle attività di brevettazione in un ufficio che, nell'ambito del coordinamento dell'attività di ricerca, già da qualche tempo, era assegnatario di tutti quei lavori che non si sapeva bene a chi assegnare perché non erano didattica, non erano ricerca, non erano amministrazione pura, ma oggetti un po' "particolari"[1], attraverso i quali l'Ateneo non agiva in veste di organo pubblico, dotato di potere di imperio, ma come soggetto giuridico qualunque, utilizzando strumenti di diritto privato ed operando con ruolo paritario nei confronti dei suoi interlocutori.

A quel tempo nessuno sapeva bene con che strano oggetto si stava lavorando e il brevetto, anche nel nostro Ateneo, era considerato un prodotto sconosciuto, una cosa che nessuno capiva in pieno, e che anzi veniva guardato con un po' di sospetto perché era ritenuto uno strumento utilizzato esclusivamente per creare un vantaggio competitivo nell'industria e quindi legato a dinamiche che poco avevano a che fare con il mondo della ricerca. Inoltre, fino a quel momento la ricerca veniva dai più considerata liberamente trasferibile e quindi non si capiva bene il senso per cui dovesse essere protetta.

Con l'aiuto di una volonterosa dottoranda di diritto industriale, che aveva ovviamente la voglia di sperimentare la procedura che aveva studiato sui libri, si cominciò a scoprire questo mondo. Tuttavia il brevetto era approcciato solo dal punto di vista burocratico, di deposito di un'istanza, senza nessun orientamento critico e contenutistico e si percepiva chiaramente come, nel nostro Ateneo, non ci fosse ancora la sensibilità di considerarlo come uno strumento per trasferire conoscenza e valorizzare i risultati della ricerca accademica.

Ricordando i primi rapporti con gli studi di consulenza brevettuale e con i ricercatori/inventori, non si può fare a meno di ripensare alle difficoltà di comprensione nel linguaggio da entrambe le parti, legate soprattutto a problemi di tempi di attesa,

---

[1] Un esempio per tutti, il progetto CampusOne che, nell'ambito di una più ampia azione d'innovazione organizzativa, prevedeva la realizzazione del management didattico.

spesso incomprensibili all'esterno. Ma poi, con il crescere della conoscenza, anche l'incremento della fiducia reciproca.

Poi le domande di brevetto divennero 3, 10, 30, 50, poi i brevetti biotecnologici, ed è stata, e per certi versi continua ad esserlo, una sperimentazione di metodi e procedure con niente di scontato e tanto di inimmaginabile. All'inizio venivano accettate un po' tutte le richieste di brevetto senza troppo selezionare, tranne ovviamente per un'analisi dei requisiti di brevettabilità; poi, anche spinti dalla riduzione dei fondi, la selezione è diventata sempre più dura ed è stata affidata ad una commissione formata da professori che operano nei diversi settori disciplinari. Attualmente non si passa alla fase PCT se non in presenza di un concreto interesse commerciale, ma si permette ai ricercatori, nel caso di rifiuto a procedere da parte dell'Ateneo, di sostenere le spese, con la promessa di restituzione in caso di commercializzazione.

Poi arrivò il D.L. 297/99 e con questo la costituzione delle prime società spin-off. Ricordiamo diversi errori di ingenuità e di inesperienza generati un po' da quello che era "l'effetto moda". Anche in questo caso l'approccio iniziale fu lo stesso che nei brevetti. A quel tempo, la maggiore preoccupazione era quella di regolamentare la partecipazione del personale strutturato all'interno delle società, in seguito all'obbligo dettato dalla norma al fine di accedere ai finanziamenti, come se questa fosse l'unica peculiarità di una società spin-off, mentre gli altri aspetti legati ad esempio alla governance o alla quota di partecipazione dell'Ateneo venivano disciplinati in maniera molto marginale. Attualmente è al vaglio un nuovo regolamento che raccoglie tutta l'esperienza fatta in questi anni.

12.2
Come siamo cresciuti

La svolta nel nostro operare è avvenuta con l'approvazione, da parte del MIUR, del progetto presentato nell'ambito dell'art.12 del D.M. 5 agosto 2004, n.262 sulla programmazione del sistema universitario per il triennio 2004–2006. Tramite tale progetto, infatti, l'ufficio ha avuto accesso a risorse aggiuntive che hanno permesso di potenziare la struttura, attraverso la stabilizzazione di due unità di personale, di accrescere le competenze professionali presenti, attraverso la partecipazione a corsi di formazione specifica e di creare strumenti in grado di realizzare una migliore collaborazione con il sistema produttivo territoriale attraverso la realizzazione di un database dei rapporti dell'Ateneo con le imprese e la promozione del portafoglio brevetti.

È stato possibile occuparsi di promozione della cultura della proprietà intellettuale attraverso l'organizzazione di una serie di seminari tematici e conseguentemente l'Ufficio ha cominciato a farsi conoscere dalle altre strutture dell'Ateneo, aumentando la fiducia nel nostro operato. È stato avviato un lavoro di razionalizzazione, grazie ad un censimento di tutte le strutture che in Ateneo erano impegnate in attività di TT, sia a livello centrale che a livello periferico e queste informazioni sono state messe in rete. Nei nostri ricordi c'è ancora la consegna del lavoro di analisi al Rettore, la titubanza nel proporci per la prima volta con un modello di estrapolazione dei dati completamente nuovo che si basava su documenti ufficiali e noti al pubblico, interpretati però in maniera differente rispetto al passato. All'inizio il Rettore era quasi incredulo, chiese dettagli sulle fonti e sul metodo e fece commenti molto positivi sulla determinazione con la quale avevamo lavorato. Analizzando nel dettaglio i casi, ricordò situazioni particolari da seguire con attenzione. All'analisi di dettaglio prodotta aggiungemmo un modello di TT da adottare che metteva a rete le risorse dell'Ateneo, fino ad allora autonome e non coordinate e su cui convogliare l'impegno dell'Ateneo stesso.

Riuscimmo anche a produrre una pubblicazione interna dal titolo "I servizi d'Ateneo per le imprese e il territorio", con la convinzione che fosse necessario dare sempre più spazio alla partnership pubblico privato, nella prospettiva di maggiore efficienza ed efficacia dei servizi. Nel frattempo è cresciuta la nostra competenza, anche grazie a un forte impegno formativo e ad un'intensa attività di networking, ed è cresciuta con essa anche la nostra sensibilità. Un passaggio ovviamente molto delicato, per gli uffici come il nostro, alle dirette dipendenze del Rettore, è stato il cambio di vertice, che non è stato un cambio di continuità e che ha dato inizio ad una fase di transizione non ancora conclusa.

Il nostro è un lavoro, per certi versi, di rottura, soprattutto in un periodo come questo, in cui gli organi di governo sono distratti da problemi enormi di finanziamento della ricerca e dove non si sa bene quale sia la direzione da prendere e quali obiettivi istituzionali assegnare agli uffici di TT. Queste funzioni sono poco codificabili e spesso non sono percepite come valore. L'efficacia del TT dipende dalla maturità del sistema dei processi interni ed esterni. Inoltre, c'è da considerare che il nostro Ateneo si colloca in una regione con un'altissima concentrazione di istituti di ricerca pubblici e privati e che tale concentrazione stenta a trasformarsi in occasioni di sviluppo per il territorio. Questo fenomeno genera un'intesa attività di concorrenza all'accaparramento delle poche risorse provenienti dal governo centrale e locale. Un sistema questo che riflette una miopia rispetto alle opportunità di collaborazione e crescita comune su come l'innovazione possa diventare occasione di qualità dello sviluppo. In tutto questo, a livello micro, l'evoluzione degli orientamenti all'interno delle Università e il suo concretizzarsi in differenti "modelli" istituzionali, mettendo in luce i nuovi spazi, produce anche conflitti e tensioni. Con fatica cerchiamo di concretizzare un modello istituzionale che renda meno deboli le azioni di TT e quindi più alto il commitment.

12.3
Se volessimo essere ricordati per una cosa ...

A distanza di diversi anni possiamo dire di aver acquisito la necessaria maturità ed esperienza per proteggere nel modo migliore i risultati dell'attività di ricerca, per supportare i nostri ricercatori sui temi della proprietà intellettuale, per accompagnare i processi di creazione d'impresa, offrendo consulenza giuridica tecnica ed economica. Una cosa però ancora non ci riesce bene ed è l'approccio comunicativo con l'industria e proprio a questo proposito, da poco tempo, abbiamo compiuto un grosso passo in avanti.

Ci riferiamo a una trattativa durata ben tre anni per la cessione di tre brevetti nel settore delle comunicazioni, alcuni già rilasciati in Europa e USA. L'inventore è un professore che conosce bene il mondo brevettuale ed altrettanto bene il mondo dell'industria, con cui collabora da sempre. Abbiamo iniziato la trattativa, un po' trascinati dal docente, con un gruppo d'imprese che, ci siamo poi resi conto nel tempo, essere unico acquirente in Italia e praticamente nel mondo. I brevetti di cui eravamo titolari erano a diversi stadi di sviluppo ed ovviamente nello stesso ambito tecnologico. La proposta fatta dall'inventore ed avallata dal nostro Ateneo era quella di adesione della nostra Università ad un consorzio già esistente, che operava come centro di ricerca e sviluppo di aziende del gruppo acquirente, attivo su diversi livelli che coprivano sia la ricerca di base che industriale, lo sviluppo precompetitivo, e la formazione di risorse per le aziende consorziate.

In quest'occasione abbiamo imparato che trattare con un consorzio è una delle cose più difficili che possa esserci, soprattutto quando le consorziate sono grandi imprese, a causa del complicarsi, in maniera esponenziale, dei processi decisionali che riflettono, a loro volta, i processi decisionali di strutture complesse. Inoltre, essendo il consorzio senza scopo di lucro, ogni nostra richiesta, legata ad un delta da aggiungere ai costi sostenuti, trovava dall'altra parte una barriera insormontabile in quanto, per politica aziendale, si dichiaravano autorizzati ad acquistare solo al costo. Quest'atteggiamento veniva da noi tradotto come la mancanza totale di riconoscimento dell'innovazione codificata dall'Università.

Siamo spesso stati sul punto di abbandonare la trattativa ma, all'improvviso, ci è sembrato di aver raggiunto un accordo e quindi abbiamo fissato un appuntamento nella sede del gruppo acquirente. Era una delle prime trattative commerciali a cui partecipavamo e sulla quale avevamo puntato molto, studiandoci i dettagli dell'accordo nei minimi particolari e presentandoci alla controparte con tutte le competenze necessarie da quelle tecniche a quelle giuridico/commerciali senza dimenticare l'abbigliamento formale, nonostante il caldo luglio romano.

Siamo stati ricevuti dai rappresentanti di diverse funzioni aziendali, da quelle tecniche, giuridiche e commerciali, con un rapporto tra la rappresentanza dell'Ateneo e dell'industria di quattro a dodici, cosa che ci inibiva, per certi aspetti. Anche il giro delle presentazioni metteva chiaramente in evidenza la nostra debolezza comunicativa; il "presentato di turno" metteva una manciata di biglietti da visita sul tavolo, a differenza nostra che ne eravamo sprovvisti, non essendoci fondi per stamparli. Questo, tuttavia, non ci ha impedito di presentarci con dignità.

Dopo il giro di presentazioni eravamo pronti a trattare e "carichi come molle"; anzi, tutto questo preambolo ci aveva motivato ancora di più. Prese la parola il responsabile dell'ufficio legale e ci disse che ci ringraziava della disponibilità all'incontro ma che la direzione non aveva più intenzione di trattare la vicenda. Abbiamo, quindi, pensato che forse qualcosa nella trattativa precedente li aveva disturbati, ma il "portavoce" si è affrettato a comunicarci che la motivazione era legata a un cambiamento di strategia dal vertice. Così si è conclusa una delle nostre prime trattative e siamo tornati a casa tutti un po' sconsolati e interdetti.

Né l'inventore né noi ci siamo dati per vinti e da allora diverse altre strade sono state percorse, ma tutte senza successo e siamo arrivati quasi al punto di adire le vie legali perché c'era un ragionevole sospetto che ci fosse un uso non autorizzato dei brevetti. Non solo, oltre il danno anche la beffa, perché ogni volta che s'interfacciava con noi un soggetto intermediario nella commercializzazione del nostro portafoglio brevetti, subito manifestava un grande interesse per quei brevetti che avevano un unico acquirente – noi sapevamo bene chi – ma poi era come se la vicenda non trovasse la giusta strada e così anche l'interesse dell'intermediario decadeva.

Poi un giorno, forse perché non eravamo riusciti a "metterci una pietra sopra", abbiamo chiesto un incontro ufficiale direttamente con l'impresa capogruppo e abbiamo completamente cambiato strategia. Già da qualche tempo non potevamo più permetterci di pagare le spese di mantenimento e queste erano sostenute dagli inventori con i loro fondi di ricerca. Abbiamo ipotizzato una cessione in gruppo di tutti i brevetti, nello stadio di protezione in cui si trovavano e abbiamo individuato come corrispettivo della cessione il finanziamento di un posto da Ricercatore Universitario oltre al rimborso di tutti i costi diretti ed indiretti sostenuti. Il corrispettivo della cessione dei tre brevetti sarebbe consistito in:

- un finanziamento di un posto da Ricercatore Universitario (nuovo regime a tempo determinato) per sei anni, che sarebbe stato erogato anno per anno, dopo la procedura di valutazione comparativa prevista dalle leggi e dai regolamenti universitari e dopo la successiva presa di servizio del vincitore;
- rimborso delle spese tecnico/amministrative e di mantenimento dei n. 3 brevetti, sostenute dall'Ateneo fino alla firma del contratto di cessione.

L'inventore inoltre si è reso disponibile a fornire all'impresa il supporto scientifico che dovesse essere necessario per l'estensione e/o il mantenimento dei brevetti in oggetto. Di fronte a questa proposta, che sinceramente era economicamente più vantaggiosa per noi rispetto a tutte quelle fatte in passato, ci aspettavamo un diniego o comunque l'inizio di una trattativa infinita, ma così non è andata. Cosa incredibile, senza battere ciglio, hanno tutti risposto che andava bene, ma così bene che quasi ci è venuto il dubbio che avessimo svenduto la nostra tecnologia. In realtà avevamo suonato le corde giuste, avevamo studiato meglio la controparte ed interpretato la strategia, anche quella inespressa. Avevamo "ragionato in termini d'impresa" che:

- poteva diluire nel tempo i costi del ricercatore ("la finanza" era salva);
- utilizzava uno strumento noto ed usato da sempre con le Università, quello di finanziare un posto da ricercatore (evitavamo problemi di "resistenza al cambiamento");
- creava un legame piuttosto stabile tramite il ricercatore e prospettive alla collaborazione ed allo sviluppo di nuovi brevetti (l'impresa si assicurava innovazione).

Abbiamo capito che quello che interessava era mantenere tramite i brevetti questo legame con l'Università. La figura del ricercatore è stata la parola chiave, in prima istanza perché utilizzavamo una procedura conosciuta all'interno dell'azienda da tempo (proponevamo una operazione di routine), e davamo respiro alla collaborazione futura nella ricerca. Inoltre eravamo venuti a conoscenza che in quel momento storico avevano bisogno di incrementare il loro portafoglio brevetti (se avessimo proposto una licenza, non avremmo raggiunto un accordo). In fondo abbiamo portato a casa un risultato migliore di quello prospettato in passato; abbiamo semplicemente cambiato vestito alla proposta, che è rimasta la stessa, non più traducibile in un risultato finanziario immediato, ma nella creazione di posti di lavoro ed il potenziamento di un gruppo di ricerca che, continuando ad operare su settori avanzati di comune interesse, è un buon esempio di collaborazione tra Università ed Impresa.

Abbiamo imparato che il tempo cambia le politiche ed il rapporto tra organizzazioni complesse che tendono all'entropia, ma la nostra impressione è (e questo ne è stato l'esempio) che là fuori ci sono persone che hanno voglia di collaborare con i nostri Atenei, di condividere più di quanto immaginiamo, perché è solo tramite la condivisione che si crea valore aggiunto. Purtroppo spesso parliamo linguaggi completamente differenti.

La scienza aspira alla conoscenza, nell'economia contano solo i risultati, il ricercatore ama e dà valore alla libertà accademica della ricerca, nell'industria la più alta autorità è rappresentata dal cliente. Chi riesce a conciliare queste contraddizioni possiede anche la capacità di trasferire.

Il nostro lavoro non è fatto d'incassi milionari ma di piccole gocce che tutte insieme costruiscono il mare. L'impegno deve essere massimo perché questo lavoro si fa dal basso, dalla volontà dei singoli, perché troppo strette sono le maglie della legislazione italiana. Spesso siamo considerati dai nostri colleghi come quelli che non "rispettano le regole", ossia che non assumono comportamenti conformi alla lettera della norma. Noi assumiamo comportamenti che rispettano "lo spirito della regola", ossia coerenti con il perseguimento dei fini che la norma si propone. I due tipi di comportamenti tendono a coincidere in realtà semplici ed in presenza di regole chiare, precise e aggiornate. I processi di valorizzazione dei risultati della ricerca in quanto recenti nelle Università italiane non hanno permesso, ancora, il consolidamento delle esperienze in regole generali, ed è difficile per i nostri Atenei avere regole aggiornate con i problemi reali e concreti.

In un mondo dove sempre più spesso pagano logiche di visibilità, i nostri risultati sono lenti a venire e forse anche non commisurati agli sforzi, ma dobbiamo renderci conto che non esistono solo le logiche immediatamente e direttamente economiche; il valore del nostro trasferimento spesso è occulto e il nostro compito deve essere quello di supportare l'amministrazione in un'opera non priva di ostacoli e resistenze. La nostra missione si deve declinare in sviluppo del territorio con la creazione di posti di lavoro, d'iniziative imprenditoriali, di sviluppo di tecnologie e nuovi prodotti e con ricadute finanziarie visibili solo nel lungo periodo. Forse, per questo, non vale la pena rinunciarci. Non vorremmo essere ricordati per qualcosa, ma vorremmo, Noi, ricordarci di qualcosa quando ci coglierà lo sconforto nei momenti di difficoltà, che inevitabilmente chi fa questo lavoro deve sopportare.

Vorremmo ricordarci dei volti di quei ragazzi che sono entrati, timidi e quasi un po' circospetti, nella nostra stanza per chiedere informazioni sulla costituzione di uno spin-off e ne sono usciti due mesi dopo un po' brilli perché erano venuti a festeggiare, con una bottiglia di spumante e una torta, la costituzione della "loro azienda", con gli occhi pieni di speranza per il loro futuro e il loro mondo bellissimo e brillante che li aspettava. Dopo tanti anni di studio e fatiche, finalmente si affacciavano a quel mercato che avevano letto solo sui libri.

Vorremmo ricordarci di quello che ci ha insegnato questo lavoro, a non essere mai autoreferenziali, a condividere, a confrontarsi perché dal confronto, anche se duro, non se ne esce mai perdenti ma accresciuti nelle diversità, con una piccola presunzione di contribuire a far in modo che la conoscenza codificata arrivi al cittadino e si trasformi in sviluppo economico e con la speranza di poterci occupare di un progetto: "il futuro, nostro, dei nostri figli, del nostro territorio".

Dalla rete ILONET all'Ufficio Trasferimento Tecnologico, i servizi di valorizzazione della ricerca nell'Università di Sassari

Giuseppe Demuro e Francesco Meloni

Punti chiave

- Trasferimento tecnologico come rivoluzione culturale
- Coordinare i rapporti tra ricercatori ed imprese
- TTO come polo di innovazione regionale

13.1
Come siamo nati

Durante il XVI secolo gli studenti sardi che intendevano conseguire titoli accademici erano costretti ad iscriversi nelle Università italiane o spagnole. In quel periodo le città di Cagliari e Sassari si batterono nei parlamenti del 1543 e del 1553 per l'istituzione nel Regno di sedi universitarie. Solamente nel 1617 Filippo III concesse il riconoscimento pubblico dei titoli accademici alle facoltà di arti e teologia, facendo così nascere l'Università di Sassari, la prima in Sardegna, come Università regia. Dopo una fase di decadimento nei primi anni dell'Ottocento, culminata nel 1847 con il provvedimento di sospensione del governo (Legge Casati) e superata grazie alla forte reazione della comunità locale e di alcuni parlamentari, l'Università di Sassari conobbe, all'inizio del Novecento, una nuova fase di sviluppo con l'istituzione di nuove facoltà ed il riconoscimento di un ruolo sempre meglio definito e rilevante nello sviluppo culturale ed economico della Sardegna settentrionale.

Oggi l'Università di Sassari conta undici Facoltà (tra cui però pesa, per lo sviluppo di innovazione e tecnologie di rilevanza industriale, l'assenza di un polo ingegneristico), oltre venti dipartimenti di ricerca e circa 16.000 studenti iscritti. L'organico è formato da 222 Professori ordinari, 249 Professori associati, 235 Ricercatori e Assistenti e 569 unità di Personale tecnico amministrativo. Sono inoltre presenti 258 Professori a contratto e supplenti esterni e 19 Lettori di madrelingua.

Sono trascorsi ormai sei anni dal momento in cui si iniziò a parlare di trasferimento tecnologico e di Liaison Office all'Università di Sassari, nel 2005. Questi termini, sconosciuti a molti nel sistema universitario, come peraltro la definizione della "terza missione" dell'Università (già esplicitata da alcuni decenni negli Atenei statunitensi ed anglosassoni), hanno suscitato la curiosità dell'allora Prorettore e attuale Rettore Prof. Attilio Mastino che, con il supporto dei Professori Francesco Morandi ed Enrico Grosso della Facoltà di Economia e di alcuni funzionari amministrativi, ebbe l'intuizione di creare un gruppo di lavoro che si concentrasse sul progetto di avvio del Liaison Office dell'Università di Sassari.

In un ambiente storicamente avulso dalle regole del mercato e restio a valutare in termini di impatto socio-economico la propria attività scientifica, il mandato era quello di lavorare il più possibile nell'ombra, nella quasi totale segretezza dell'obiettivo finale: il trasferimento tecnologico e la valorizzazione economica della ricerca. Queste finalità, se esplicitate con chiarezza già in questa prima fase, avrebbero fatto storcere più di un naso sia nel contesto accademico più radicato, che in una struttura tecnico-amministrativa spesso appiattita in un ruolo di mero servizio, a gestione della macchina burocratica.

Non era facile pensare di poter distogliere risorse e personale dalle tradizionali funzioni di un piccolo Ateneo generalista e a vocazione prettamente regionale, poco avvezzo alla competizione, più per condizione che per scelta. Le caratteristiche di Università insulare, infatti, hanno nel tempo portato ad una notevole diversificazione didattica e di ricerca, molto ampia se raffrontata alle dimensioni dell'Ateneo. Questo, se da un lato garantisce il diritto all'alta formazione ai giovani sardi, dall'altro impone, di fatto, una rinuncia alla specializzazione e comporta una parcellizzazione sia scientifica che amministrativa (per la gestione di facoltà e dipartimenti) che non facilita processi di innovazione e di efficienza gestionale.

Ancora, la ricerca finalizzata che storicamente è stata portata avanti nell'Università di Sassari ha spesso avuto come riferimento primario, se non unico, l'utilità e la fruibilità da parte del debole sistema economico regionale, in una logica di finanziamenti pubblici mirati e di non esclusività, per le imprese, nella possibilità di appropriarsi dei risultati stessi della attività di ricerca.

Era chiaro, quindi, che se i promotori del progetto erano stimolati dalle potenzialità di sviluppo del trasferimento tecnologico e dei suoi strumenti, quali spin-off, collaborazioni con l'industria, brevetti, licensing, si imponeva una vera e propria rivoluzione culturale perché questi concetti fossero digeriti e pienamente accettati dall'intera struttura e dal territorio stesso.

Esisteva, tuttavia, un'importante motivazione legata all'esigenza di poter gestire in modo sistematico e organizzato i rapporti con Enti esterni, imprese, Amministrazioni locali e tutti i soggetti che potessero essere interessati alla produzione scientifica dell'Ateneo e alla sua valorizzazione industriale, concorrendo in tal modo all'incremento della competitività del territorio. Infatti, questi rapporti erano fino ad allora orientati quasi esclusivamente dai rapporti personali dei singoli ricercatori e gestiti in maniera occasionale e scoordinata dalle strutture periferiche. Si pensava, inoltre, che dotare l'Ateneo di uno strumento istituzionale come il Liaison Office potesse costituire una fonte potenziale di entrate alternative, in tempi non facili per il finanziamento della ricerca pubblica.

Il gruppo di lavoro si concentrò così sulla partecipazione al bando del MIUR (l'avviso 527/2005 volto a finanziare l'avvio o il rafforzamento dei TTO universitari) che consentì di ottenere le risorse necessarie per lo start-up del servizio e per creare una rete interregionale con gli Atenei di Cagliari, Genova e Milano Bicocca.

L'Università di Sassari era capofila del progetto denominato ILONET (istituzione di un network ILO a carattere internazionale con avanzate funzionalità di rete), che aveva l'obiettivo di creare un centro di coordinamento fra il mondo universitario e il mondo produttivo, favorire lo scambio di buone pratiche e la definizione di linee guida comuni tra i nodi e, per le due Università sarde, di porre le basi per la "Rete Regionale per l'Innovazione" in Sardegna, già presente nei programmi nelle linee di attività del POR Sardegna 2000–2006 e rafforzata nell'attuale programmazione 2007–2013 sotto il cappello istituzionale del progetto INNOVA.RE.

Il progetto ILONET partì con lo sviluppo del nuovo database anagrafe della ricerca, con tecnologia open source, che, in un prima fase, facilitasse il caricamento della produzione scientifica dei ricercatori e solo successivamente consentisse di mettere in collegamento le competenze presenti in Ateneo con i bisogni, espressi o latenti, delle imprese. Così facendo si riuscì a conciliare le esigenze squisitamente di ricerca con quelle di un futuribile trasferimento tecnologico. Il database diventava il grimaldello che permise poi di far conoscere il Liaison Office ed i suoi servizi ai ricercatori, pur sottraendo, in un ipotetico trade off, tempo e risorse al naturale sviluppo dell'operatività reale nel campo del trasferimento tecnologico.

13.2
Come siamo cresciuti

Il processo di sviluppo dei servizi di trasferimento tecnologico all'Università di Sassari è oggi ancora lontano dal potersi considerare concluso. I servizi erogati dal Liaison Office fino a pochi mesi fa non erano accompagnati da una vera e propria autonomia gestionale ed amministrativa, non essendo ancora costituito un ufficio specifico (i servizi sono stati a lungo erogati all'interno del più ampio Ufficio Ricerca e Relazioni Internazionali), con i relativi problemi di legittimazione operativa. Tuttavia, il ruolo chiaramente assegnato ai Liaison Office universitari dalla Regione Sardegna nella programmazione delle attività della rete INNOVA.RE ed il recente riassetto della tecnostruttura di Ateneo hanno dato, finalmente, un'accelerata al processo di costituzione di un autonomo Ufficio Trasferimento Tecnologico, riconoscibile e dotato di proprie responsabilità e competenze amministrative e gestionali.

Nelle attuali scelte di politica economica nazionali, che prevedono drastici tagli alla ricerca ed al trasferimento tecnologico, gioca un ruolo fondamentale la Regione Sardegna per la sopravvivenza e lo sviluppo delle attività di trasferimento tecnologico in ambito regionale. Il progetto INNOVA.RE, che si concluderà al termine del 2015, finanziato con fondi FESR 2007–2013 per 25,6 mln. di Euro, ripartiti fra i Liaison Office di Sassari (9,1 mln.) di Cagliari (9,7 mln.) e Sardegna Ricerche (6,8 mln.) darebbe un eccezionale impulso a tale attività, consentirebbe di consolidare definitivamente la rete dei tre enti, offrendo straordinarie opportunità all'innovazione ed al trasferimento di tecnologie dagli Atenei alle imprese industriali attive sul territorio regionale.

Attualmente la situazione organizzativa di transizione nell'Ateneo genera, effettivamente, ancora alcuni problemi nella pianificazione e nello sviluppo delle attività, ma funzioni ed operatori del trasferimento tecnologico risultano ora più facilmente e direttamente identificabili.

È importante, inoltre, sottolineare gli sforzi effettuati dall'Ateneo nello strutturare il servizio con personale laureato assunto a tempo indeterminato e con un background d'esperienza sia interno che esterno al contesto accademico. Dalla fine del 2006 sono stati dedicati al Liaison Office due funzionari amministrativi, Giuseppe Demuro e Francesco Meloni, selezionati con un bando di concorso appositamente rivolto alla figura del "technology transfer manager", ed in seguito, dal giugno 2009, lo staff è stato allargato di un'ulteriore unità qualificata, Katia Manca, proveniente dall'Ufficio Politiche Comunitarie. I tre funzionari sono ora confluiti nel nuovo Ufficio Trasferimento tecnologico. Fin dall'origine, quindi, il Liaison Office ha potuto contare su uno staff (per quanto limitato a due unità) stabile e con mandato contrattuale specificamente rivolto allo sviluppo delle funzioni di trasferimento tecnologico nell'Ateneo sassarese.

I primi mesi furono dedicati quasi interamente alla pianificazione operativa, ad individuare ed esplicitare procedure e, soprattutto, alla regolamentazione ed al riordino di situazioni pregresse, dalle policy per la creazione di imprese spin-off a quelle per la gestione della proprietà intellettuale nei contratti e nelle procedure di brevettazione.

Nel momento in cui prendeva il via il progetto Ilonet, l'Università si era già dotata di un regolamento interno per la costituzione di imprese spin-off, che tuttavia era stato interpretato in maniera piuttosto bizzarra prima del 2007. In quel periodo, infatti, le società a responsabilità limitata, anche se partecipate dall'Ateneo, venivano concepite come fortemente legate alla facoltà o ai dipartimenti, al punto da costituirne una sorta di ente strumentale per la gestione dei contratti "conto terzi" e di servizi di supporto più che come entità economiche destinate a valorizzare risultati di ricerca ed ad avere vita autonoma. Il caso della prima interpretazione di spin-off è emblematico di come il neonato Liaison Office abbia dovuto necessariamente dare priorità alla corretta informazione interna, allo scouting ed alla disseminazione culturale nei dipartimenti o presso singoli ricercatori e gruppi di ricerca, anche a discapito di azioni volte ad incrementare un portafoglio brevetti pressoché inesistente (ma non gestito dal Liaison Office se non a partire dall'estate del 2009) o a portare nell'ambito di azione dell'ufficio stesso la contrattualistica che coinvolgesse rapporti con l'industria e/o aspetti di gestione della proprietà intellettuale.

Nel corso degli anni si sono poi aggiunte alle attività ordinarie, via via in lenta crescita, una serie di altre azioni specifiche quali una business plan competition (Start Cup Sardegna), attività di auditing presso le aziende del territorio, sviluppo del database della domanda e dell'offerta di tecnologie e competenze scientifiche. Nello sviluppo delle attività è stata sempre mantenuta una logica di networking molto forte, sia con i partner regionali della Rete per l'Innovazione (Università di Cagliari e Sardegna Ricerche), sia con le strutture associative nazionali ed internazionali, nella consapevolezza che, come in tutti gli aspetti più dinamici dell'organizzazione aziendale (e ancor più degli enti pubblici), la condivisione di "buone pratiche" acquista un ruolo fondamentale per lo sviluppo delle professionalità e per il rapido miglioramento ed affinamento delle funzioni. In questa chiave sono da leggere le esperienze di staff Exchange promosse dal Liaison Office con l'Università di Padova, la Heriott Watt University di Edimburgo (Scozia) e l'Instituto Pedro Nunes di Coimbra (Portogallo).

Nello sviluppo delle attività il team operativo è stato, di volta in volta, integrato da alcuni collaboratori, ma la dimensione della struttura attuale non dovrebbe essere lontana, se non per un necessario supporto di tipo amministrativo/contabile, da quella prevista per il funzionamento ordinario dell'Ufficio in un Ateneo generalista e di dimensioni relativamente piccole come quello di Sassari. L'obiettivo è senz'altro quello di mantenere una struttura di dimensioni ridotte, almeno per la regolare gestione delle attività di trasferimento tecnologico, in modo da garantire riconoscibilità di ruoli e persone, dinamicità operativa e velocità d'azione richieste dal ruolo di mediazione ed interfaccia tra mondo produttivo e struttura accademica.

Conclusa la fase di ricognizione delle competenze scientifiche interne, attraverso il ripensamento e l'implementazione della nuova anagrafe della ricerca, di regolamentazione e definizione dei processi, le prossime tappe operative per l'Ufficio Trasferimento Tecnologico sono legate al consolidamento delle attività ordinarie di scouting di nuove tecnologie e loro valorizzazione attraverso gli strumenti dei brevetti, dei contratti e della creazione di impresa, anche attraverso la creazione (in partenariato con la locale Camera di Commercio ed il Comune di Sassari) di un incubatore universitario e la presa in carico delle future attività di licensing sul portafoglio di tecnologie che si sta costituendo in questi mesi con le prime domande di brevetto.

A partire dagli ultimi mesi del 2007 gli spin-off creati sono stati dieci, tutti senza partecipazione azionaria dell'Ateneo per precisa scelta di policy. La nascita delle imprese è stata stimolata nella quasi totalità dei casi da bandi di agevolazione per la creazione di imprese innovative in Sardegna o dalla attività della Start Cup. Le aree scientifiche di riferimento sono diversificate e spaziano dalle biotecnologie all'ICT.

La Start Cup Sardegna ha complessivamente raccolto 113 idee di business con una prevalenza dei settore ICT (26%) ed energetico-ambientale (18%), sviluppate in 21 documenti di business plan, che hanno portato alla concreta costituzione di sette start-up (Hydrogenera, Eios, Lea Nanotech, Bioecopest, Biofusion, Unistrains, Oben), di cui sei spin-off sostenute dall'Università di Sassari.

Pur non essendoci ancora uno storico che permetta di valutare in maniera tangibile le performance aziendali, solo alcune di esse appaiono potenzialmente appetibili per investitori esterni, sia per le diverse prospettive di crescita, sia perché spesso la componente societaria accademica non è pronta a dedicare il tempo e l'energia necessari a dare slancio alla fase di start-up di questa tipologia di imprese. Le società spin-off nate seguendo l'iter assistito della Start Cup e del Liaison Office, tuttavia, sembrano partite con basi più solide e maggior consapevolezza rispetto a quelle attivate negli anni precedenti grazie, come sopra evidenziato, a misure regionali di finanza agevolata rivolte nello specifico alle spin-off universitarie.

In un contesto in cui i finanziamenti ministeriali dedicati a ricerca e trasferimento tecnologico degli Atenei si ridurranno sempre di più, il Liaison Office di Sassari, grazie alla strategia regionale per l'innovazione delineata nel Piano regionale per la ricerca e lo sviluppo tecnologico, ha l'opportunità ed il dovere di diventare uno dei poli chiave del trasferimento tecnologico regionale e di contribuire allo sviluppo coordinato della rete per l'Innovazione insieme all'Università di Cagliari, i parchi scientifici regionali di Sardegna Ricerche e Porto Conte Ricerche, la rete delle Camere di Commercio e delle associazioni industriali.

Alla luce dei risultati ottenuti da altri TTO italiani nel corso di questi anni, in ogni caso, e considerato il tessuto economico territoriale nel quale ci si confronta e, non ultimo, quanto stabilito dalla Regione Sardegna in sede di programmazione pluriennale, andrebbero probabilmente rivisti alcuni degli obiettivi definiti in fase di costituzione del Liaison Office di Sassari. Questo non potrà, infatti, con tutta probabilità, più essere considerato come potenziale generatore di risorse che alleggerisca le poste del bilancio ma deve essere allargato il suo ruolo economico-sociale e di promotore e diffusore di opportunità, idee, esperienze comuni che indirettamente, possa portare beneficio all'Ateneo e, più in generale, all'economia del territorio regionale.

13.3
Se volessimo essere ricordati per una cosa ...

Fra le esperienze di maggiore successo quella più apprezzabile è sicuramente la vittoria al Premio Nazionale per l'Innovazione del 2009 di Bioecopest, impresa volta alla produzione di pesticidi biologici e guidata da un giovane assegnista di ricerca dell'Università di Sassari, l'entomologo Luca Ruiu. Nel marzo 2008 il Liaison Office di Sassari decise di attivare la prima edizione della Start Cup Sardegna, una business plan competition volta a valorizzare le migliori idee innovative di impresa concepite e da realizzare nel territorio regionale, con particolare riferimento al contesto della ricerca accademica. Nella fase di avvio fu fondamentale il supporto fornito dai colleghi del TTO dell'Università di Padova, che misero a disposizione tutto il know how sviluppato negli anni precedenti. Nell'iniziativa vennero coinvolti l'Università di Cagliari e l'Agenzia finanziaria della Regione Sardegna (SFIRS), che sponsorizzò i premi finali. A livello locale, in poco tempo si riuscì a creare un ampio consenso tra Enti attorno agli obiettivi della Start Cup, allargando il partenariato al Comune di Sassari, alla Camera di Commercio, alla Confindustria Nord Sardegna e l'Unione dei Giovani Dottori Commercialisti. L'invito alla partecipazione fu esteso non solo ai ricercatori dei due Atenei, ma anche a tutti i potenziali proponenti di progetti di impresa innovativi nel territorio sardo.

Il gemellaggio con la Start Cup Veneto permise di mutuare ed adattare il modello organizzativo dell'iniziativa: dal regolamento alla comunicazione, dalla struttura del sito Internet agli incontri di formazione di base sulla creazione di impresa, sino al supporto nella redazione del business plan assicurato dai giovani commercialisti ai gruppi partecipanti e selezionati nel primo round. Il risultato, considerato il breve tempo intercorso dal concepimento al lancio dell'iniziativa, fu eccellente sia dal punto di vista organizzativo che della qualità dei progetti presentati, al punto che, già al primo anno di partecipazione al Premio Nazionale per l'Innovazione, si raggiunse il quinto posto assoluto con il gruppo Hydrogenera, spin-off sostenuto dall'Università di Sassari e proposto dal chimico Gabriele Mulas per la produzione di idrogeno attraverso una nuova tecnologia meccanochimica.

Si ponevano così le basi dell'exploit, per certi versi inaspettato, del 2009. Grazie alla costante attività di scouting del Liaison Office furono presentati alla seconda edizione della Start Cup Sardegna progetti di impresa altamente innovativi e competitivi, tanto che i tre premi regionali andarono tutti appannaggio di gruppi provenienti dall'Università di Sassari. In particolare, l'idea ed il background personale di Luca Ruiu (Borsa Fulbright BEST spesa in Silicon Valley e un brevetto in portafoglio) e del suo team erano apparsi già in fase di selezione locale particolarmente interessanti.

Il Liaison Office venne contattato dal giovane ricercatore, attirato dalla formula e dall'opportunità della Start Cup, appena pochi giorni dopo il suo rientro dagli Stati Uniti. L'esperienza dell'Executive MBA alla Santa Clara University, con un tirocinio per affinare l'idea di impresa presso aziende leader mondiali nel settore dei biopesticidi, aveva già permesso a Ruiu di elaborare una business idea ben focalizzata nei contenuti e nel piano di sviluppo, ma soprattutto aveva forgiato, nel ricercatore, una spiccata e consapevole attitudine imprenditoriale. Il supporto del Liasion Office permise poi la quadratura del cerchio grazie ad alcune consulenze mirate innanzitutto ad un corretto sfruttamento in azienda di un brevetto di proprietà dell'Università, di cui lo stesso Ruiu era coautore (si trattava del primo batterio selezionato dal gruppo di ricerca per la lotta biologica selettiva nei confronti di alcuni insetti dannosi per le colture) ed in secondo luogo ad affiancare il ricercatore nella costruzione del team imprenditoriale e nella redazione del Business Plan, in collaborazione con un consulente assegnato al gruppo dopo la prima fase della competizione.

Il progetto risultò convincente anche per i giurati (selezionati dal Polo italiano dei Venture Capital) del Premio Nazionale per l'Innovazione. Una grande soddisfazione, oltre che una concreta opportunità di facilitare la fase di start-up, per l'azienda spin-off biotecnologica costituita poi nei primi mesi del 2010 ed attualmente incubata presso il Parco Scientifico di Porto Conte Ricerche ad Alghero.

Il Liaison Office dell'Università degli Studi di Siena

14

Alberto D'Amico

Punti chiave

> TTO come promotore di dialogo con l'ambiente esterno
> Le tre funzioni del trasferimento tecnologico: conoscitiva ed informativa; di servizio; di networking
> Mappatura dell'offerta di ricerca dell'Università

14.1
Come siamo nati

L'Università degli Studi di Siena ha 770 anni, un lungo periodo di storia alle spalle, fatto di collaborazione ed integrazione col suo territorio e le sue realtà, tanto da identificarsi con la città stessa, presentandosi come vero e proprio campus naturale, dove le nuove tecnologie hanno da sempre giocato un ruolo rilevante. In particolare, per quanto riguarda la valorizzazione dei risultati della ricerca scientifica, già nel 1861 il senese Giovanni Caselli deposita un brevetto di un sistema di trasmissione di immagini a distanza con il nome di Pantelegrafo (antenato del fax) che qualcuno addirittura definisce come la pietra miliare delle telecomunicazioni. Nel 1904, invece, Achille Sclavo, che poi divenne Rettore dell'Ateneo, fonda nella sua villa di campagna alla periferia di Siena l'Istituto Siero e Vaccino Produttore: fu il primo a produrre il vaccino Sabin contro la poliomielite. È sicuramente quello il momento in cui nasce la sinergia tra il territorio senese e la ricerca e la produzione in campo biomedico, che continua tutt'oggi con la multinazionale Novartis e un rilevante indotto di settore (Toscana Life Sciences, Sienabiotech, Philogen).

Quindi, l'Ateneo ha avuto gioco facile nel cogliere le opportunità derivanti dal mutato scenario in cui le Università sono state chiamate ad operare negli anni Novanta, uscendo dai confini tradizionali dell'accademia e del sapere puro, per diventare soggetto promotore di nuove occasioni di dialogo con l'ambiente esterno. Radicarsi nel proprio territorio, sviluppare canali di raccordo con le industrie, aumentare l'attenzione alla formazione sul campo, offrire risorse umane qualificate al mondo del lavoro sono diventati obiettivi primari dell'Università in un contesto in cui le linee-guida dettate dall'autonomia hanno richiesto capacità d'interazione con l'ambiente, capacità di ricevere stimoli, di orientare i propri servizi, di impegnarsi affinché i bisogni dei propri clienti/utenti siano soddisfatti.

Proprio per adempiere a questi nuovi compiti l'Università degli Studi di Siena nel 1998 avviò un progetto nuovo ed originale: il Liaison Office di Ateneo che, a quel tempo, rappresentava in Italia una delle rare esperienze di gestione dei rapporti tra mondo accademico ed ambiente esterno (mondo imprenditoriale, enti, istituzioni, fondazioni, associazioni); l'intento fu quello di creare una struttura volta principalmente a stimolare una comunicazione continua ed efficace tra Università ed Imprese. Il modello del Liaison Office senese, che nacque sotto la regia del Prof. Fabio Pammolli, docente con forti esperienze formative e professionali statunitensi, fu progettato sulla base di un'organizzazione a rete costituita da una serie di nodi che mantenevano tra di loro rapporti sistematici e continuativi attraverso la circolazione, veicolazione e condivisione di tutta l'informazione rilevante per la gestione dei rapporti con i soggetti esterni e per il soddisfacimento di tutti i bisogni relativi all'interazione di domanda e offerta di conoscenze trasferibili.

Al contrario di altre esperienze italiane di riferimento, il Liaison Office non nacque all'interno di altri uffici già esistenti nell'Ateneo per poi acquisire una propria autonomia per successiva gemmazione, ma fin dal primo momento venne considerato come un nuovo nucleo di competenze "appoggiato" per un breve periodo all'interno della segreteria del Rettore fino a quando divenne, a seguito della riorganizzazione dell'Ateneo senese, una vera e propria unità di base nella nuova pianta organica, sempre sotto la responsabilità diretta del Rettore del tempo, il Prof. Piero Tosi. È stata questa una scelta lungimirante che ha consentito al Liaison Office di poter agire seguendo le direttive strategiche dettate proprio dalla massima carica accademica che interagiva con la struttura per mezzo di un proprio delegato (dopo il Prof. Fabio Pammolli fu la volta del Prof. Nicola Dimitri), il quale forniva gli opportuni indirizzi scientifici per lo sviluppo delle attività.

Il progetto di Liaison Office era articolato in un ufficio comunicazione interna/esterna per la raccolta e la diffusione di informazioni relative all'offerta di ricerca dell'Ateneo, in un Centro di ricerca Interuniversitario (CUSTOM), braccio operativo della struttura del Liaison, che assolveva a richieste specifiche d'intervento e in una società consortile, Etruria Innovazione, che svolgeva attività di brokeraggio tra l'Università e gli attori presenti sul territorio della Toscana Meridionale. Fu un periodo molto intenso, caratterizzato dall'avvio di una serie di servizi tecnico-amministrativi altamente innovativi per quel tempo.

Il primo passo fu la raccolta delle competenze distintive delle strutture di ricerca dell'Ateneo e la conseguente pubblicizzazione dei risultati; fu strutturata la prima mappatura dell'offerta di ricerca dell'Università di Siena (giunta poi alla terza edizione) che fu diffusa tra le imprese attraverso vari strumenti di marketing: dalla newsletter all'invio cartaceo della brochure, dall'utilizzo dei nascenti strumenti on-line, alle visite dirette presso le sedi delle aziende.

In questa attività di "porta a porta" fu decisiva l'attività svolta attraverso il CUSTOM, Centro di ricerca Interuniversitario tra le Università di Chieti, Urbino e Siena. Il CUSTOM era specializzato in attività di ricerca nel campo dell'economia e del management dell'innovazione tecnologica e, con fini sperimentali, strutturò una serie di servizi per la diffusione delle innovazioni tecnologiche di processo e di prodotto, con particolare riferimento al bacino delle piccole-medie imprese e all'uso delle nuove tecnologie dell'informazione. In questo ambito, attraverso contatti diretti con le imprese del territorio, fu diffuso il Servizio di Informazione Tecnologica (SIT) che consentiva un aggiornamento costante ed adeguato sulle innovazioni tecnologiche relative a nuovi prodotti, processi e metodi di lavorazione sviluppati in campo nazionale ed internazionale nei diversi settori di attività: in sostanza era un servizio erogato per soddisfare i bisogni delle PMI della Toscana meridionale attraverso l'individuazione di nuove tecnologie da introdurre nei loro processi produttivi. Inoltre, fu implementato anche il Servizio di Informazione Commerciale (SIC) per lo sviluppo della rete telematica a sostegno dell'attività imprenditoriale e della promozione del commercio elettronico verso le imprese di piccole e medie dimensioni e verso quelle di tipo artigianale. Con il SIC si voleva rispondere alle specifiche esigenze commerciali delle imprese proponendo siti e portali Internet per la vendita on-line dei prodotti.

Proprio dal SIC nacque, nel 2000, il primo spin-off dell'Università di Siena: Flecta srl. I collaboratori del Liaison Office che avevano acquisito competenze distintive nell'ambito dell'e-commerce divennero imprenditori, lanciando sul mercato un'applicazione, a quel tempo molto innovativa, sviluppata nel Laboratorio Multimediale dell'Università per la progettazione e gestione di siti internet.

Ma molte energie furono dedicate anche ad una serie di attività, progetti ed iniziative che potevano essere svolte per competenza da altri uffici dell'Ateneo: erano attività o procedure considerate nuove per la classica organizzazione del lavoro dell'Università che venivano smistate al Liaison Office. Rimane un simpatico ricordo l'invito rivolto al Liaison da parte di un funzionario dell'Ateneo che, attraverso una colorita e irripetibile, in questo contesto, espressione toscana, sollecitò la struttura ad entrare in una fase più matura; in sostanza, edulcorando le parole, spinse l'ufficio ad abbandonare la condizione di chi svolge per necessità più compiti e a specializzare le proprie attività verso temi strettamente legati al trasferimento tecnologico.

Successivamente alla fase pioneristica, quindi, il Liaison Office gettò le basi per la propria specializzazione mettendo in piedi, innanzitutto, una serie di strumenti regolatori per il governo delle attività legate al trasferimento tecnologico dell'Ateneo. Furono varati, così, i regolamenti per la costituzione di spin-off accademici e per la gestione della proprietà intellettuale, oltre alla codifica delle procedure interne all'ufficio per una corretta gestione delle attività di riferimento che, migliorate via via nel tempo, sono alla base della prossima implementazione della certificazione di qualità del Liaison Office.

14.2
Come siamo cresciuti

Con il passare degli anni la struttura si è orientata verso una serie di attività che possono essere suddivise in tre macro funzioni principali:

- una funzione conoscitiva e informativa: mappatura dell'offerta di ricerca, scouting tecnologico, analisi dei bisogni tecnologici espressi dalle imprese del territorio, attività di promozione e comunicazione delle attività di trasferimento tecnologico (TT), sia interna che esterna all'Ateneo;
- una funzione di servizio: assistenza per la creazione di spin-off accademici; gestione della proprietà intellettuale dei ricercatori dell'Ateneo, assistenza per i finanziamenti alla Ricerca industriale, attività di formazione (con particolare riferimento alle tematiche dell'innovazione e dello sviluppo economico);
- una funzione di networking: sviluppo di collaborazioni in contesti interni (al proprio Ateneo) ed esterni (reti di relazioni nazionali ed internazionali) riguardanti il TT.

Un importante impulso ad una organizzazione più efficace delle attività dell'ufficio è giunta con il progetto NOVA (Network per il trasferimentO della conoscenza e la Valorizzazione industriale della ricercA), a valere sul finanziamento del MIUR (art. 12 del D.M. n. 262 del 05/08/04), che ha visto impegnati in partnership gli uffici di trasferimento tecnologico delle Università di Siena e Firenze e della Scuola Sant'Anna di Pisa. Il progetto NOVA ha consentito di rispondere all'esigenza di potenziare le strutture dei Liaison Office degli Atenei partner, particolarmente attivi in Toscana nell'ambito del trasferimento tecnologico, attraverso una serie di azioni che hanno permesso di consolidare i servizi già erogati. Grazie al finanziamento ministeriale è stato possibile dotarsi di una rete più ampia di collaboratori che ha consentito di affinare l'espletamento della attività; è stato possibile, ad esempio, coinvolgere una figura professionale dal profilo scientifico con forti esperienze nel settore della ricerca sia privata, sia pubblica da impiegare come tecnologo per le attività di brevettazione, così come ingaggiare un esperto di economia aziendale per la strutturazione di business plan più efficaci per gli spin-off.

Al termine del progetto è stato anche sottoscritto un Protocollo d'intesa per la costituzione di un network informale tra i tre Liaison Office, a cui si sono poi aggregati anche quelli dell'Università di Pisa e della Scuola Normale di Pisa, il tutto per incrementare la collaborazione e condividere le best practice di riferimento.

Tali esperienze hanno anche consentito il rafforzamento della compagine dell'ufficio dal punto di vista strutturale: infatti, da una persona a tempo pieno impiegata nel 1998 presso il Liaison Office, si è passati, con l'andare degli anni e con l'incremento delle attività, ad un numero maggiore di personale impiegato sempre a tempo pieno. Attualmente, il Liaison Office di Siena, pur continuando a contraddistinguersi per un'organizzazione "leggera" in relazione all'ampiezza delle funzioni svolte, presenta quattro persone addette a tempo indeterminato, cui si aggiungono dei consulenti occasionali coinvolti sulla base di specifici progetti. In questa fase un collaboratore, finanziato con risorse esterne, ha integrato l'organico dell'Ufficio con funzioni di interfaccia con le imprese del territorio (visite aziendali, project management).

È molto importante sottolineare che il Liaison Office, per rendere rapida la propria azione a seconda delle richieste dei diversi target di riferimento (aziende, docenti, istituzioni) ha goduto di un'ampia autonomia operativa che, come già descritto, è dovuta senza dubbio dal dipendere direttamente dall'Area del Rettore: tale impostazione è continuata anche con il mandato del Prof. Silvano Focardi e del suo delegato, il Prof. Lorenzo Zanni.

Infine, dal punto di vista finanziario, il Liaison Office ha sempre provveduto ad organizzare le proprie attività attraverso il procacciamento di fondi esterni a seguito della partecipazione a progetti di ricerca oppure con attivazione di consulenze per servizi in conto terzi; infatti, l'Ateneo riserva alla struttura solo un budget minimo destinato a coprire una parte dei costi per l'attività di brevettazione, mentre l'attività di gestione è esclusivamente basata sull'autofinanziamento: dal 2008 l'ufficio ha gestito oltre due milioni di Euro di finanziamenti per le proprie attività.

Per quanto riguarda la proprietà intellettuale, dal 1998 ad oggi, il Liaison Office ha seguito il deposito di 190 domande di brevetto (suddivise in 62 famiglie brevettuali) in Italia, in Europa e a livello internazionale, oltre alla registrazione di 3 copyright e 2 marchi; sono stati rilasciati 58 brevetti e conclusi 24 accordi (licensing, MTA, NDA, co-titolarità) con istituzioni pubbliche e private. In relazione alle attività di imprenditorialità accademica, dal 2000 ad oggi, dall'Ateneo di Siena sono nati 19 spin-off, tutti ancora attivi, oltre a uno in fase di costituzione. Tre di queste iniziative imprenditoriali si sono classificate al primo posto nelle edizioni del 2007, 2009 e 2010 della Start Cup Toscana, mentre un'azienda operante nel settore dei biomateriali è stata acquistata da una multinazionale.

C'è da dire che in relazione ai brevetti e agli spin-off, molti ostacoli si sono frapposti tra le strategie messe in atto dall'Università, e probabilmente non solo quella senese, e il raggiungimento della mission di riferimento: si pensi all'articolo 65 del Codice della Proprietà Industriale che ha spogliato gli Enti Pubblici di Ricerca della titolarità delle invenzioni dei propri ricercatori, oppure, in ambito fiscale, agli studi di settore che equiparano gli spin-off ad una qualsiasi azienda manifatturiera, senza considerare le peculiarità insite nell'essere un'azienda di ricerca che nella fase di start-up difficilmente riesce a produrre profitti consistenti da poter tassare.

Per contribuire al rafforzamento della percezione delle opportunità di business derivanti da attività di ricerca universitaria e all'innalzamento della cultura del trasferimento tecnologico sul territorio, il Liaison Office durante gli anni ha organizzato una serie di seminari e corsi di formazione rivolti ai ricercatori e alle imprese. Tra questi si possono citare: il Progetto FIXO, finanziato dal Ministero del Lavoro per la formazione imprenditoriale di spin-off, vari cicli di seminari per i ricercatori e le imprese a supporto dei processi di trasferimento tecnologico dal titolo "Dalla ricerca al Business", diversi corsi di accompagnamento al lavoro e per la formazione di neoimprenditori, finanziati con fondi POR-FSE della Regione Toscana, quali "TechPath: sentieri di sviluppo tecnologico", "Diventare impresa", "Biotech manager", "Impresa e società", "La ricerca crea impresa".

Infine, per supportare le imprese e le istituzioni del territorio nei processi di innovazione tecnologica, la struttura ha partecipato ad innumerevoli progetti specifici in partnership con reti territoriali pubbliche e private sia per attività di studi e ricerche sui processi di trasferimento tecnologico, sia per l'erogazione di servizi consulenziali. Da due anni è in corso un'importante progetto di assistenza alle imprese svolto in collaborazione con Assindustria delle province di Arezzo, Grosseto e Siena.

Un'ulteriore importante iniziativa che dal 2009 vede coinvolto il Liaison Office riguarda il management del dipartimento tecnico-funzionale per la gestione interistituzionale dell'accordo tra Università di Siena e Azienda Ospedaliera Universitaria Senese, basata su di un protocollo sottoscritto con la Regione Toscana per la strutturazione di un sistema a sostegno della competitività degli attori del sistema della ricerca biomedica regionale. L'aspetto fondamentale di tale progetto, che rappresenta una grossa novità nel panorama della ricerca e del trasferimento tecnologico, riguarda, ancora una volta, la messa a sistema di competenze, procedure e strumenti riferiti alla valorizzazione dei prodotti della ricerca (know-how e brevetti) che coinvolge in un'ottica di integrazione regionale le strutture universitarie e i dipartimenti ospedalieri.

14.3
Se volessimo essere ricordati per una cosa ...

A Siena esiste da anni una struttura molto importante per il sostegno dello sviluppo industriale e scientifico-tecnologico nel comparto delle scienze della vita, il Parco Scientifico Toscana Life Sciences (TLS), accreditatosi ormai come luogo di coordinamento dei progetti regionali di ricerca e incubazione in tale settore. Ma TLS prese vita proprio all'interno del Liaison Office che nel 2001 strutturò un progetto per la costituzione di un Parco scientifico monotematico nel settore delle scienze della vita, presentato a valere su un bando di finanziamento per la selezione di progetti per interventi di promozione e assistenza tecnica per l'avvio di imprese innovative, finanziato dall'allora Ministero dell'Industria con i fondi provenienti dall'assegnazione delle licenze UMTS. Purtroppo il progetto, pur se apprezzato da molti anche a livello ministeriale, non fu finanziato ma divenne la base affinché le istituzioni locali si impegnassero a dare vita ad un organismo che potesse generare un progetto per la creazione dell'iniziativa. Nacque allora un Comitato di indirizzo, costituito da istituti finanziari, enti locali, Università di Siena e imprese, che affidò al Liaison Office il compito di strutturare tale progetto. Fu un lavoro molto intenso, caratterizzato da tematiche tecnico-scientifiche e da dinamiche squisitamente politiche, ma affrontato grazie alla messa in campo di competenze multidisciplinari che sotto il coordinamento del Liaison e nella logica del lavoro in rete produsse dopo circa sei mesi il progetto esecutivo per la nascita del Parco scientifico, fondato su analisi multi-dimensionali e di tipo comparativo, che teneva conto dei seguenti fattori:

- stato dell'arte nel contesto locale, in termini di expertise, tecnologie e piattaforme esistenti;

- benchmarking a livello internazionale;
- modelli di piattaforme tecnologiche;
- sviluppo dell'iniziativa in termini di strategia, governance, finanziamenti, marketing.

Il progetto fu di fondamentale importanza per sostenere la nascita e il consolidamento di un partenariato istituzionale ed economico-industriale in ambito regionale che ha poi consentito la nascita della Fondazione Toscana Life Sciences, realtà ormai consolidata nel panorama nazionale ed internazionale di riferimento e con cui il Liaison Office intrattiene tuttora quotidiani rapporti di collaborazione. E pensare che tutto ciò è nato da un fallimento: il mancato finanziamento di un progetto!

Infine, sempre in riferimento all'importanza dei network relazionali, è molto gratificante poter essere ricordati anche in relazione ad un rilevante ruolo di "vivaio delle competenze" svolto dal Liaison Office: infatti, molte delle persone che nel corso degli anni hanno collaborato con la struttura sono approdate in altri contesti lavorativi di sicuro rilievo sia in ambito pubblico che privato. Basti citare il ruolo di Direttore Amministrativo nella Fondazione TLS svolto da Andrea Paolini, collaboratore della prima ora (e per molti anni) dell'ufficio, oppure la funzione di responsabile per le IPR dell'Ufficio Valorizzazione della Ricerca dell'Assessorato alla Salute della Regione Toscana svolta da Andrea Frosini, già "tecnologo" del Liaison Office.

In conclusione, sembra utile ribadire che l'aver creduto fortemente nei concetti di "lavoro in rete" e di "network di competenze" abbia permesso al Liaison Office di affrontare e condurre in porto un programma di lavoro, molto difficile in Italia, rivelatosi essenziale per contribuire a riaffermare sul territorio i concetti di creazione, condivisione e valorizzazione della conoscenza.

L'ILO dell'Università Politecnica delle Marche

15

Donato Iacobucci e Alessandro Iacopini

Punti chiave

> Talenti, tecnologia e territorio
> Coordinamento, autonomia ed autorevolezza del TTO
> Far emergere talenti imprenditoriali

15.1
Come siamo nati

Fin dalla sua fondazione l'Università Politecnica delle Marche (fino al 2003 Università di Ancona) si è caratterizzata per una forte relazione con il territorio regionale e con il suo sistema manifatturiero in particolare. Ciò è anche dovuto al ruolo rilevante delle facoltà tecnico-scientifiche – Ingegneria, Economia, Medicina, Agraria, Scienze – che più di altre tendono a sviluppare collaborazioni con imprese e istituzioni.

A partire dai primi anni del 2000, sotto la spinta del Rettore Marco Pacetti, questa vocazione si è andata progressivamente traducendo in un preciso orientamento strategico all'interno del quale è maturata, tra le altre, la decisione di modificare il nome dell'Ateneo da Università di Ancona a Università Politecnica delle Marche. Gli assi portanti della nuova strategia sono racchiusi nello slogan: "L'Università delle tre T: Talenti, Tecnologia, Territorio". La prima delle tre T si riferisce ai "talenti". Per talento deve intendersi chi è capace di pensiero innovativo da porre a disposizione della sua istituzione, della sua azienda, del suo territorio. I talenti rappresentano la leva competitiva nella società della conoscenza nella quale i fattori immateriali assumono un ruolo predominante. La seconda T, "tecnologia", definisce la vocazione dell'Università Politecnica delle Marche verso l'attività di ricerca applicata, nell'ambito della quale contemperare l'elevato standard qualitativo della produzione scientifica con il contributo all'innovazione di prodotti, servizi e modelli organizzativi. L'ultima T dello slogan si riferisce al "territorio". Essa vuole sottolineare l'importanza per l'Università di un proficuo rapporto con la regione di appartenenza, intesa come l'area nella quale si concentrano i target più prossimi delle sue azioni, fermo restando l'orizzonte mondiale della ricerca scientifica.

La nuova linea strategica emerge con evidenza nella proluzione del Magnifico Rettore, Prof. Ing. Marco Pacetti, all'inaugurazione dell'Anno Accademico 2005–2006: "Nuovi compiti in particolare sembrano necessari per prospettare all'Ateneo proiezioni future di crescita ulteriore. L'Università deve organizzarsi come un network di piccole imprese dedicate alla produzione di conoscenza scientifica. Questo quadro vale soprattutto per quei settori di ricerca che caratterizzano la nostra Università Politecnica, nei quali bisogna considerare il vero e proprio posizionamento di mercato delle ricerche svolte, grazie anche ai processi di brevettazione ed alla creazione di imprese spin-off".

In tale contesto, nella primavera del 2005, il neo Direttore Amministrativo, Luisiana Sebastianelli, ha costituito il Servizio per il trasferimento tecnologico, Industrial Liaison Office (ILO). L'obiettivo era quello di dare concreta attuazione alla strategia sopra sommariamente delineata. Le attività di trasferimento tecnologico rappresentano, infatti, un'attività fondamentale per il perseguimento del nuovo indirizzo strategico.

Negli spin-off e nelle azioni di valorizzazione dei brevetti trovano espressione i talenti, cioè i giovani ricercatori che decidono di mettere alla prova non solo la bontà dei risultati dei loro sforzi di ricerca ma anche le loro capacità ed aspirazioni imprenditoriali. Nelle attività di trasferimento tecnologico trova senz'altro espressione la vocazione tecnologica dell'Università, attraverso la capacità di trasformare anche in prodotti e servizi vendibili sul mercato, oltre che in pubblicazioni scientifiche, i risultati dell'attività di ricerca svolta dalle proprie strutture. Infine, nelle attività dell'ILO si sostanzia l'attenzione per il territorio, sia attraverso la promozione delle collaborazioni con il ricco e variegato sistema manifatturiero della regione Marche, sia attraverso la promozione e il sostegno degli spin-off. Questi ultimi, infatti, sono chiamati a fornire un importante contributo alla diversificazione delle attività produttive regionali verso settori a più alto contenuto di conoscenza.

Al momento della sua costituzione, all'ILO sono stati assegnati due principali obiettivi: lo sviluppo di azioni volte a potenziare la cooperazione tra le strutture di ricerca dell'Ateneo e il sistema produttivo territoriale; la valorizzazione economica dei risultati della ricerca svolta nell'Ateneo, sia attraverso la promozione e il sostegno agli spin-off, sia attraverso il conseguimento di brevetti e la loro successiva valorizzazione sul mercato. In particolare all'ILO sono stati affidati i seguenti compiti:

- accrescere la visibilità delle competenze di ricerca e trasferimento tecnologico dell'Ateneo;
- sostenere e sviluppare le potenzialità di collaborazione tra strutture accademiche ed imprese del territorio, anche attraverso la collaborazione con enti pubblici e associazioni di categoria;
- potenziare i servizi di informazione e di supporto al trasferimento tecnologico rivolti al personale dell'Ateneo.

Dalla sua fondazione la principale criticità è stata la difficoltà di dotare l'ufficio delle necessarie risorse umane a causa dei recenti vincoli posti alla pubblica amministrazione nell'assunzione di nuovo personale. A tale criticità l'ufficio ha sopperito attivando contratti temporanei finanziati attraverso risorse proprie. Queste ultime sono state reperite anche attraverso l'offerta di servizi a pagamento.

La seconda criticità è associata alla novità, per gli uffici dell'amministrazione, di svolgere un'attività caratterizzata dalle relazioni con enti ed imprese esterni all'Università. Tale criticità è stata superata dimostrando, nel tempo, la necessità e l'efficacia di tali relazioni.

Pur disponendo di risorse limitate, in questi cinque anni di attività l'ILO ha guadagnato una buona visibilità nei confronti dei suoi diversi interlocutori ed è sempre più riconosciuto come punto di riferimento qualificato per le attività di trasferimento tecnologico all'interno ed all'esterno dell'Ateneo.

L'Università Politecnica delle Marche ha approvato, ad oggi, la costituzione di 25 spin-off, di cui 21 ancora attivi. Di queste imprese, il 70% circa si è costituito recentemente (dopo il 2006) e si trova ancora in fase di incubazione. Al 31 dicembre 2009 il fatturato complessivo di queste imprese si avvicina ai 5 milioni di Euro. I principali settori di appartenenza sono quelli dell'ICT, dell'energia e della meccanica. Nel corso del 2009 l'ILO ha organizzato una serie di focus group su tematiche aziendali per migliorare le capacità manageriali delle persone coinvolte nelle imprese nate dalla ricerca e per sviluppare networking fra gli spin-off.

15.2
Come siamo cresciuti

Nel 2005 il Direttore Amministrativo costituisce, nell'ambito dell'amministrazione centrale, il Servizio per il trasferimento tecnologico. L'ufficio è alle dirette dipendenze della direzione amministrativa, a differenza di quanto avviene in altri Atenei nei quali la collocazione organizzativa del TTO è più spesso subordinata alla ricerca. Questa scelta organizzativa è congruente con la rilevanza che l'Ateneo intende dare alle attività di trasferimento tecnologico, collocate, almeno formalmente, allo stesso livello di quelle relative alle altre missioni "tradizionali" dell'Università: la ricerca e la didattica.

I principali vantaggi derivanti da questa scelta organizzativa sono:

- un miglior coordinamento con gli altri servizi dell'amministrazione, poiché collocati allo stesso livello. Ne è esempio evidente il progetto della banca dati della ricerca che ha richiesto per lo sviluppo, l'implementazione e la gestione il coinvolgimento del Nucleo Informatico d'Ateneo, del Servizio Ricerca, del Servizio Affari Generali, tra gli altri;
- una maggiore autorevolezza nell'ambito dell'amministrazione;
- una maggiore autonomia, grazie alla possibilità di concordare direttamente con il Direttore Amministrativo come cogliere e regolamentare le opportunità che si presentano all'ufficio, stipulare convenzioni con l'esterno, disciplinare accordi, ecc.

Nei primi anni all'ufficio non sono state destinate risorse umane e materiali specifiche; l'attività è focalizzata sullo sviluppo del quadro normativo interno e sulle procedure amministrativo-gestionali necessarie alla realizzazione delle attività di trasferimento tecnologico, innovative nel contesto nazionale universitario, con particolare riferimento alle azioni di supporto per la costituzione e lo sviluppo di imprese spin-off e per la gestione della proprietà intellettuale.

La direzione dell'Ufficio è affidata ad Elisa Acampora, la quale condivide parte del suo tempo per le attività di trasferimento tecnologico e parte per altre funzioni nell'Ateneo. In questa prima fase, la direzione amministrativa ha incentivato la collaborazione degli uffici dell'amministrazione centrale per supportare, in alcune attività specifiche, il nuovo Servizio.

Nel 2005 l'Università Politecnica delle Marche, su stimolo del Rettore, decide di sviluppare e potenziare in modo significativo le attività di trasferimento tecnologico. L'occasione è data dalla partecipazione al bando del Ministero dell'Istruzione, dell'Università e della Ricerca (MIUR) per il cofinanziamento di attività degli ILO (avviso n. 527 del 18 maggio 2005). Per la redazione del progetto e la relativa presentazione ai sensi del bando ministeriale è stata costituita una task-force composta da Elisa Acampora, responsabile dell'ufficio per il trasferimento tecnologico dell'Ateneo, Michele Urso, delegato del Direttore amministrativo, il Prof. Donato Iacobucci, attualmente delegato del Rettore per l'ILO, e Loreta Menghi del MIT (Marche Innovation Training), consorzio interuniversitario per la promozione dell'innovazione con sede nell'Università Politecnica delle Marche.

Lo scopo del lavoro della task force non è solo quello di partecipare al bando ministeriale. L'intenzione è quella di definire un piano di attività dell'ILO che sarà realizzato indipendentemente dal cofinanziamento del progetto da parte del MIUR. Su sollecitazione del Rettore il piano è, infatti, approvato dal Consiglio di Amministrazione dell'Ateneo con un impegno di risorse proprie sufficiente a garantirne la realizzazione anche in assenza di co-finanziamento. Il progetto è stato considerato valido dal MIUR, ma poi non ammesso al cofinanziamento, anche per il fatto che non è stato presentato in partnership con altre Università. Nelle sue linee generali il progetto ILO comprendeva comunque tre importanti filoni di attività:

- la progettazione e l'implementazione di una banca dati delle competenze e delle attività di ricerca dell'Ateneo;
- il supporto alla nascita ed allo sviluppo degli spin-off;
- l'attività di sensibilizzazione sui temi della proprietà intellettuale e del trasferimento tecnologico nei confronti dei ricercatori e del personale docente dell'Ateneo.

Quegli aspetti del progetto che a prima vista erano sembrati delle carenze – la mancanza di partner e di cofinanziamento ministeriale – si sono in realtà rivelati elementi positivi ai fini della sua implementazione, poiché hanno garantito rapidità e flessibilità di esecuzione e maggiore certezza dei tempi e delle risorse. Oltre alle persone sopra menzionate, componenti della task-force, hanno collaborato attivamente al progetto due dottorandi del Dipartimento di Ingegneria Informatica, Gestionale e dell'Automazione, impegnati in progetti di ricerca relativi all'innovazione e al trasferimento tecnologico: Alessandro Iacopini e Simone Orsini. Simone Orsini ha ricevuto una borsa co-finanziata dall'Ateneo e dal MIT per progettare e sviluppare un sistema di rappresentazione delle competenze di ricerca e trasferimento tecnologico delle strutture di ricerca, tradottosi poi nell'implementazione della "banca dati della ricerca" (di cui si parlerà in dettaglio successivamente).

Tutti i componenti al gruppo di lavoro hanno mostrato grande motivazione e forte adesione agli obiettivi del progetto, stimolati anche dall'interesse che l'iniziativa ha riscosso sia all'interno dell'Ateneo sia fra i soggetti esterni: imprese ed enti locali. Le attività di divulgazione e sensibilizzazione nei confronti del personale dell'Ateneo si sono concretizzate in workshop e convegni sui temi della proprietà intellettuale e dell'imprenditorialità in ambito accademico. A queste iniziative sono stati invitati esperti esterni e responsabili dei TTO di altri Atenei. Le iniziative hanno riscosso grande interesse e partecipazione da parte di docenti, ricercatori, studenti e personale amministrativo. Ciò è stato di grande stimolo per il gruppo di lavoro e di incentivo al processo di graduale consolidamento organizzativo dell'ILO conclusosi con l'inserimento di figure qualificate nell'ufficio e con la nomina di un delegato del Rettore per l'ILO.

I risultati puntuali relativi alle diverse attività, tradottisi in relazioni, documenti o atti amministrativi sono stati di volta in volta messi a disposizione degli organi competenti dell'Ateneo, sia per rendere conto dell'attività svolta, sia per indirizzare in modo sempre più efficace le azioni dell'Ateneo in tema di innovazione e trasferimento tecnologico.

Ad oggi l'ILO offre informazioni, consulenza e sostegno in tema di brevettazione, cessione e commercializzazione di diritti brevettuali e accordi di licenza industriali. Attua un costante monitoraggio dei brevetti realizzati e delle innovazioni suscettibili di brevettazione. Sostiene la nascita di progetti imprenditoriali mediante supporto e consulenza nella creazione di spin-off accademici. In particolare:

- fornisce il servizio di assistenza alla redazione del business plan sia nella fase di proposta di costituzione dello spin-off, sia nella presentazione di domande di contributo o finanziamento;
- organizza moduli formativi e focus group per la diffusione della cultura aziendale ed imprenditoriale fra i promotori delle imprese spin-off e start-up afferenti all'Università Politecnica delle Marche.

Realizza, inoltre, conferenze e seminari in tema di protezione e valorizzazione della proprietà intellettuale ed in tema di valorizzazione della ricerca mediante la nascita di spin-off.

In considerazione della spiccata propensione all'imprenditorialità che contraddistingue la regione Marche, si è osservato anche a livello universitario una forte dinamicità del fenomeno dell'imprenditorialità in ambito accademico. È per questa ragione che l'Università Politecnica delle Marche ha da subito favorito la nascita degli spin-off e continua a sostenerne ed accompagnarne lo sviluppo anche dopo la fase di incubazione all'interno dei propri dipartimenti.

Il primo spin-off universitario (Nautes srl) è stato costituito nel 2001; svolge attività di progettazione e sviluppo software nell'ambito del knowledge management.

Dalla costituzione ha realizzato una crescita costante delle proprie attività e degli occupati. A fine 2008 ha realizzato un fatturato di 1,2 milioni di Euro e conta oltre 20 dipendenti. L'attivazione di spin-off è andata accelerando nel corso del tempo. A fine 2010 erano stati costituiti 25 spin-off universitari, di cui 21 ancora attivi.

Trattandosi di attività innovative e ad alto contenuto di conoscenza si tratta anche di iniziative rischiose; alcune delle quali destinate a fallire. È un'eventualità che va considerata fisiologica. Ciò che è importante è che il fenomeno continui ad alimentarsi e che di tanto in tanto emergano dei talenti imprenditoriali in grado di far crescere in modo significativo queste iniziative. Occorrono, però, anche condizioni ambientali favorevoli – accesso a finanziamenti, possibilità di adeguata localizzazione delle nuove iniziative, sinergie con il sistema produttivo regionale – ed il contributo delle altre istituzioni presenti sul territorio. L'ILO dell'Università Politecnica delle Marche svolge un ruolo rilevante di promozione e sostegno al proprio personale che intende avviare iniziative di spin-off, offrendo servizi per la valutazione dell'idea imprenditoriale, la redazione del business plan, la ricerca di partner industriali e finanziari. Consapevole dell'importanza del contesto, l'ILO è anche attivo nei confronti degli enti territoriali per iniziative di sostegno e sviluppo degli spin-off. Tali attività si sono concretizzate nell'emanazione di un bando regionale per lo sviluppo degli spin-off successivamente alla fase di incubazione nell'Università e nel sostegno ad iniziative di insediamento delle nuove iniziative in aree specificamente attrezzate.

Per le attività dell'ILO, in particolare quelle relative alla proprietà intellettuale, è stata sviluppata una specifica convenzione con la Camera di Commercio di Ancona, sede del centro regionale PatLib.

15.3
Se volessimo essere ricordati per una cosa ...

Fra le attività svolte dall'ufficio quella che ha richiesto il maggiore impegno, sia nella progettazione sia nella fase di realizzazione, è stata certamente la "banca dati della ricerca". Si tratta di un database che ha lo scopo di raccogliere, elaborare e rappresentare in modo efficace le competenze di ricerca e trasferimento tecnologico presenti nell'Ateneo. La realizzazione della banca dati gioca un ruolo strategico per la terza missione dell'Università Politecnica delle Marche, sia come strumento di informazione interna, sia per le potenzialità di relazioni con i soggetti esterni. La banca dati contiene informazioni relative a quattro principali aree: le persone, le strutture, l'attività di ricerca, l'output (pubblicazioni, brevetti). La strutturazione ed il collegamento fra le diverse informazioni consentono alla banca dati una efficace rappresentazione delle capacità e delle competenze di ricerca presenti nell'Ateneo. Inoltre, l'utilizzo di strumenti di ricerca avanzata consente ad un utente esterno di individuare in modo rapido ed efficace le informazioni rilevanti, in particolare il "chi fa cosa" o "chi può fare cosa".

Si è trattato di un progetto impegnativo per due principali ragioni: la prima è che non vi erano esempi consolidati da imitare, per cui si è dovuti partire da una ricerca preliminare relativa ai modelli di rappresentazione delle competenze di ricerca e trasferimento tecnologico; la seconda ragione è che la quantità e varietà delle informazioni contenute nella banca dati richiede il coinvolgimento di diverse strutture amministrative centrali e periferiche dell'Ateneo: l'ILO, la ricerca, il servizio informatica, i dipartimenti. Tutte queste strutture hanno un accesso diretto alla banca dati per poter inserire in modo autonomo i dati e le informazioni in loro possesso.

La banca dati della ricerca mira a rafforzare la collaborazione tra mondo accademico e imprese attenuando o risolvendo l'asimmetria informativa presente fra queste due realtà. Uno degli aspetti critici nel rapporto Università-industria è, infatti, la carenza di strumenti informativi che consentono alle imprese (o ad altre strutture di ricerca) di avere un'informazione puntuale delle competenze e delle capacità di ricerca presenti all'interno dell'Università. Tale esigenza è particolarmente sentita nella regione Marche, caratterizzata da un tessuto produttivo di piccole e medie imprese in gran parte operanti nei settori tradizionali; in tale contesto è elevata la "distanza", anche di linguaggio, fra il sistema delle imprese e quello della ricerca. A questo proposito la banca dati offre strumenti di ricerca per facilitare il raccordo fra le informazioni relative all'ambito della ricerca e quelle, più familiari alle imprese, relative alle potenziali applicazioni in ambito produttivo.

Il punto di forza dell'iniziativa sta proprio nel fatto che non si tratta di un semplice censimento delle competenze e delle infrastrutture disponibili nell'Ateneo. Per le sue caratteristiche strutturali e funzionali esso si configura come uno strumento che si propone di favorire le possibilità di relazione fra strutture di ricerca e mondo produttivo.

Dalla realizzazione di questo strumento l'Università conta di migliorare la relazione con il sistema produttivo attraverso: (i) un miglioramento della rappresentazione all'esterno delle capacità e competenze di ricerca presenti nell'Ateneo; (ii) il rafforzamento dei servizi offerti alle imprese; (iii) lo sviluppo di una maggiore collaborazione tra mondo accademico ed imprese, attraverso una più efficace identificazione delle competenze tecnologiche presenti nell'Ateneo; (iv) la possibilità di ottenere informazioni strutturate sulle competenze e capacità di ricerca dell'Ateneo, utili a fini di analisi, sviluppo e programmazione da parte degli organi amministrativi.

Il prodotto finale del progetto è costituito da una banca dati accessibile via web la quale consente funzionalità di ricerca efficaci ai fini dell'individuazione delle competenze e capacità di ricerca presenti nell'Università. In particolare, la banca dati fornisce informazioni relative a centri di ricerca presenti nell'Ateneo (laboratori, attrezzature, spazi, ecc.), le persone (competenze, aree disciplinari, ecc.) e le attività (i progetti di ricerca). Per l'individuazione delle competenze e delle attività sono previste funzioni di ricerca a testo libero e specifiche classificazioni degli ambiti tecnologici e applicativi.

La banca dati è a disposizione di tutti gli interlocutori esterni ed interni dell'Ateneo attraverso un sistema informativo dedicato e facilmente accessibile on-line. L'obiettivo è di fare di questo sistema una vetrina privilegiata per tutti coloro i quali volessero instaurare collaborazioni con il mondo accademico ed avvalersi delle competenze e conoscenze in esso sviluppate. Data la complessità della banca dati essa è stata progettata per essere sviluppata in modo modulare e per accogliere ulteriori blocchi informativi e funzionalità di ricerca. Al momento è in programma un'ulteriore fase di sviluppo della banca dati attraverso l'inserimento delle informazioni relative alle pubblicazioni scientifiche realizzate dal personale dell'Ateneo.

L'esperienza e le competenze maturate nella progettazione e realizzazione della banca dati della ricerca sono state messe a disposizione del territorio. A partire dal 2008 l'Ateneo collabora con la Regione Marche per la progettazione e lo sviluppo del portale www.marcheinnovazione.it che ha tra i principali obiettivi quello di favorire il collegamento fra sistema produttivo e sistema regionale della ricerca.

Università di Udine: passione, competenza e reputazione

16

Manuela Croatto

> **Punti chiave**
>
> ➢ Strumenti per la disseminazione dei risultati della ricerca
> ➢ Pratiche avanzate di gestione dei brevetti
> ➢ Trasferimento tecnologico come costante confronto con l'esterno

16.1
Come siamo nati

L'Università di Udine è figlia di una storia che la rende unica nel panorama accademico italiano: è infatti la sola ad essere stata istituita sulla base di una legge di iniziativa popolare. Ben 125.000 firme, molte delle quali raccolte nelle tendopoli dopo il terremoto del 1976, hanno suggellato la volontà del popolo friulano di scommettere sul suo futuro partendo dall'alta formazione, dalla conoscenza, dai giovani, dalla ricerca. La lungimirante capacità della classe politica di allora di superare le contrapposizioni portò all'approvazione della prima legge sulla ricostruzione del Friuli[1] che sancì, tra l'altro, la nascita dell'Università degli Studi di Udine, avvenuta nel 1978. Un'Università nata dal territorio per il territorio, per "promuovere lo sviluppo e il progresso della cultura e delle scienze attraverso la ricerca, l'insegnamento e la collaborazione scientifica e culturale con istituzioni italiane ed estere, per contribuire con ciò allo sviluppo civile, culturale, sociale ed economico del Friuli" citando l'articolo 1 dello Statuto di autonomia.

Insomma, il rapporto con il territorio, e quindi il trasferimento di quello che l'Università produce allo stesso, fa parte del DNA dell'Università del Friuli. L'attivazione di un ufficio finalizzato a tali funzioni è stata quindi una tappa scontata in un percorso già ben disegnato dove, oltre all'attività conto-terzi, madre dei processi di ibridazione Università-impresa, c'era già un'attenzione strutturata per i brevetti.

Tutto cominciò verso la metà degli anni Novanta, nell'ambito della riorganizzazione dell'ufficio finalizzato alla gestione dell'attività di ricerca, la Ripartizione Ricerca. La scelta dell'Ateneo di affidare tale compito ad una funzionaria laureata in legge, senza alcun background economico-industriale, era una scommessa. L'ap-

---

[1] Legge 8 agosto 1977, n. 546, *Ricostruzione delle zone della regione Friuli-Venezia Giulia e della regione Veneto colpite dal terremoto nel 1976*, in Gazzetta Ufficiale n. 227 del 22/08/1977.

M. Bianchi, A. Piccaluga (eds.), *La sfida del trasferimento tecnologico: le Università italiane si raccontano,* DOI 10.1007/978-88-470-1977-5_16, © Springer-Verlag Italia 2012

proccio che risultò più congeniale al nuovo vertice fu, ovviamente, quello legato alle norme, poche e non sempre buone.

Oltre a quella sull'attività di ricerca conto terzi, c'era la legge sulla tutela della proprietà industriale, risalente al 1939. È così che i brevetti hanno fatto ufficialmente ingresso nell'Ateneo friulano. Per la verità c'era già un precedente del 1991 curato direttamente dal docente-inventore, ma è dal 1996 che a Udine si brevetta sistematicamente.

Da allora, all'interno della Ripartizione Ricerca, sono state sviluppate competenze sempre più raffinate in materia di brevettazione e nel 2004 è nato l'Ufficio Trasferimento Tecnologico, tuttora collocato all'interno della Ripartizione, a presidio della promozione e la gestione dell'attività di ricerca, oltre, naturalmente, alla sua valorizzazione.

16.2
Come siamo cresciuti

Ripercorrendo gli anni in cui l'attività si è sviluppata possiamo individuare alcune *milestones*. Della prima, quella legata ai brevetti, si è già fatto cenno. La seconda risale al 2002, con la creazione del primo spin-off. La terza è arrivata poco dopo, nel 2003, con l'avvio di Start Cup Udine, la business plan competition affiliata a PNI Cube. La quarta si è concretizzata nel 2004, con l'elaborazione di propri progetti di trasferimento tecnologico realizzati a partire dal 2005. Un ruolo rilevante in tale ambito l'ha avuto la creazione di un incubatore per le imprese ICT, Technoseed, finanziato attraverso un bando del Ministero dello Sviluppo Economico localizzato presso il parco scientifico e tecnologico promosso dall'Ateneo. Le quindici imprese spin-off che hanno superato la selezione e sono state incubate in Technoseed testimoniano l'efficacia del progetto. La quinta è più recente e riguarda l'attività di disseminazione dei risultati della ricerca che dal 2009 si realizza attraverso canali non tradizionali: le riviste delle società sportive di serie A che operano a Udine, quindi Udinese Magazine per il calcio e Snaidero Gazette per il basket. Ognuna di queste macroattività rappresenta una tessera del grande puzzle in cui si articolano i rapporti che un Ateneo orientato all'innovazione ha con il territorio.

Ognuna di queste tessere negli anni ha subito un'evoluzione più o meno significativa. Nessuna è oggi uguale a come era all'inizio. Si pensi ai brevetti. Alla fine del 2009 l'Università di Udine aveva depositato 60 domande di priorità collegate a 102 estensioni internazionali. Con le 7 concessioni, di cui 6 per l'Italia e 1 per gli Stati Uniti, registrate nel corso dell'anno, il numero dei brevetti ottenuti ha raggiunto le 68 unità. È significativo rilevare che, mentre metà dei brevetti (31 per la precisione) sono stati registrati in dieci anni (dal 1991 al 2003), metà delle domande (29) sono state depositate negli ultimi sei. Ancora più interessante è il numero di titoli commercializzati a titolo oneroso, che dal 2000 al 2009 sono passati da 3 a 28 con tempi di valorizzazione degni di essere segnalati.

Tabella 16.1 Numero di tecnologie per tempo di valorizzazione

Tempo di valorizzazione delle tecnologie	N. tecnologie	Valore percentuale
meno di 1 mese	10	35,71
da 1 a 12 mesi	6	21,43
da 13 a 24 mesi	6	21,43
oltre 24 mesi	6	21,43
Totale	28	100%

Rapportando il numero dei brevetti licenziati o ceduti a terzi per lo sfruttamento commerciale e le domande di tutela complessivamente depositate presso le autorità competenti è possibile ottenere un indicatore dell'intensità di trasferimento tecnologico. Nel corso degli ultimi sei anni questo indicatore si è sempre attestato sopra il 40%, raggiungendo il 45% nel 2009. Questo significa che a Udine non solo si depositano numerosi brevetti, ma che tali brevetti sono anche di qualità tale da interessare il sistema produttivo che investe proprie risorse per accaparrarseli. Ovviamente non si tratta di un evento casuale, ma è piuttosto il risultato di una strategia basata su un approccio manageriale proattivo. Dopo una fase che potremmo chiamare di "deposito indiscriminato" si è passati a quella che potremmo definire del "deposito responsabile". Gli inventori sono stati invitati ad autovalutare il proprio trovato prima di sottoporlo alla Commissione Brevetti (composta da tre docenti e da un tecnico-amministrativo di comprovata qualificazione ed esperienza nel settore brevettuale, eventualmente integrata da membri del mondo accademico o industriale per specifici settori in riferimento ai trovati analizzati). Contemporaneamente si è previsto un sistema di compartecipazione alle spese da parte degli inventori direttamente proporzionale al tempo trascorso tra il momento del deposito e la successiva commercializzazione

Il numero dei depositi si è ridotto, ma è aumentato quello delle commercializzazioni. Nel 2001 è stata avviata una attenta ricognizione del portafoglio brevettuale con l'obiettivo di verificare la sostenibilità economica delle domande depositate da più di 4 anni, individuando quelle per le quali il mantenimento non è più opportuno, ossia quelle la cui tecnologia tutelata non abbia ricevuto interesse reale da parte del mercato. A fine 2009 le domande di brevetto complessivamente abbandonate erano 19.

Si è quindi attivata una sorta di selezione naturale delle domande di brevetto a fronte di una effettiva responsabilizzazione dell'inventore sia in relazione alla qualità del trovato che della sua valorizzazione economica.

Dopo i brevetti, come si è detto, sono arrivati gli spin-off. Il primo, costituito nel 2002, ha avuto una genesi classica: da progetto di ricerca sperimentale è nato un laboratorio di prototipazione rapida gestito da due giovani laureati che, dopo il dottorato di ricerca, a progetto concluso, hanno deciso di "mettersi in proprio", capitalizzando l'esperienza maturata. Alla fine del 2009 gli spin-off erano 25: ad otto di questi partecipa come socio l'Università, mentre negli altri sedici la presenza accademica è garantita da singoli docenti a cui appartengono i risultati e le conoscenze valorizzate.

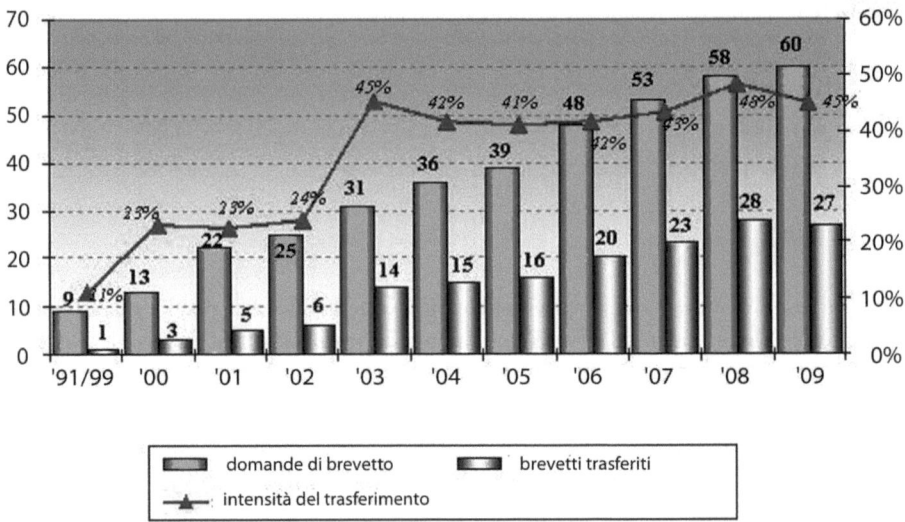

Fig. 16.1 Dinamica delle domande di deposito e delle commercializzazioni

Dopo la creazione della prima impresa ci è venuta voglia di costruire un percorso finalizzato a valorizzare la creatività e la capacità imprenditoriale dei nostri studenti e di tutti i soggetti che ritenevano di potersi mettere in gioco attraverso l'elaborazione di un progetto d'impresa. In questo contesto Start Cup Udine, business plan competition organizzata in collaborazione con la Fondazione Cassa di Risparmio di Udine e Pordenone, ha giocato un ruolo chiave e l'iniziativa è diventata per l'Ateneo un importante strumento di marketing esterno ed interno.

Marketing esterno in quanto la comunicazione realizzata per promuovere la competizione e gli eventi correlati ha consentito di mostrare ad imprenditori, investitori, autorità ed enti/associazioni locali e alla popolazione regionale, la capacità innovativa della ricerca accademica udinese e l'utilità che i suoi risultati possono avere nella vita quotidiana. Marketing interno perché, grazie ai percorsi formativi focalizzati anche sulle forme di tutela della proprietà intellettuale, è stata favorita una reale diffusione della cultura della valorizzazione della ricerca, attivando strumenti di scouting di idee meritevoli di tutela e/o applicazione non esclusivamente imprenditoriale. Infatti, differenziandosi da altre business plan competition nate con l'obiettivo di creare nuove imprese ad alto contenuto di conoscenza, Start Cup Udine è prioritariamente finalizzata a seminare spirito imprenditoriale, non necessariamente traducibile in impresa.

Start Cup Udine ha dato molte soddisfazioni all'Ateneo sia in termini quantitativi che qualitativi: dal 2003 al 2009, 2.057 iscritti, 720 business idea, 373 business plan consegnati. La formula organizzativa è sufficientemente standardizzata. Si parte a marzo e si finisce a dicembre con un'articolazione scandita da due tappe: una locale (da marzo a ottobre) e una nazionale (nel periodo di novembre-dicembre con la denominazione di Premio Nazionale per l'Innovazione e organizzata dall'Associazione

PNI CUBE). Durante la tappa locale, dopo corsi di formazione e attività di tutoring a cui i partecipanti possono accedere gratuitamente, il Comitato Scientifico – costituito da accademici e rappresentanti del modo imprenditoriale e finanziario – seleziona i business plan più promettenti. Ai vincitori della competizione locale vengono attribuiti premi in denaro e la possibilità di accedere alla selezione nazionale. A livello nazionale, dopo sette edizioni del Premio Nazionale per l'Innovazione, Udine occupa ancora il primo posto dell'Albo d'Oro: l'Ateneo è stato infatti per tre volte vincitore, nel 2003, nel 2004 e nel 2006 e una volta terzo nel 2005.

Al 2009, 11 progetti nati da Start Cup si sono concretizzati in imprese spin-off, 15 se si contano anche le start-up incubate al Parco Scientifico e Tecnologico e molte di più se si considerano le realtà aziendali non strettamente legate all'Ateneo ma nate in seguito alla partecipazione alla competizione.

Nel 2010 il pacchetto di proposte per favorire le opportunità imprenditoriali si è arricchito con Start Cup Young, una nuova business plan competition riservata agli studenti delle scuole superiori in cui il ruolo di tutor è stato svolto dai dottorandi di ricerca e il premio era costituito dall'iscrizione gratuita all'Università di Udine, insomma uno spin-off di Start Cup! Diversi i progetti di trasferimento tecnologico ideati, elaborati e realizzati dall'ufficio. Da TechnoSeed a IN-FVG, da UNISCO a INTERVALUE.

TechnoSeed, progetto nato a complemento della business plan competition, è un incubatore d'impresa per l'area ICT. Tra i risultati conseguiti c'è la creazione di 15 imprese (di cui alcune spin-off dell'Ateneo) in 4 anni. La nuova iniziativa nata per raccogliere il testimone di Technoseed, denominata IN-FVG, è volta prioritariamente a formare e incrementare le competenze di aspiranti imprenditori che intendano avviare la propria attività sul territorio regionale.

In questo contesto meritano un cenno anche i progetti UNISCO e INTERVALUE finalizzati al raggiungimento di obiettivi più generali: il primo orientato allo scambio di buone pratiche tra gli ILO dei 4 Atenei coinvolti, di cui due in Friuli Venezia Giulia e due in Campania; il secondo volto a individuare e condividere tra i partner internazionali una metodologia di raccolta, definizione di exploitation plan e valorizzazione dei risultati della ricerca.

L'ultima tappa in ordine cronologico riguarda l'attività di disseminazione dei principali risultati della ricerca. Nel 2006 nasce InnovAction, fiera della Conoscenza, delle Idee e dell'Innovazione al servizio dell'Impresa. In tale contesto, l'Università di Udine ha colto l'opportunità di realizzare la sua terza missione, mostrando in modo tangibile la ricerca realizzata in Ateneo e costituendo un momento importante di avvicinamento del mondo accademico a quello delle imprese ma anche, a livello generale, di tutta la popolazione. Coniugando momenti di divulgazione con altri più orientati alle applicazioni tecnologiche ad alto contenuto di innovazione, portando il suo contributo sia nei convegni, sia nella area espositiva, l'Università si è ulteriormente aperta alla relazione con il territorio. Dopo tre edizioni che hanno registrato mediamente 45.000 visitatori ciascuna, è maturata sempre più la consapevolezza dell'importanza di non limitare l'attività di trasferimento delle conoscenze ai soli addetti ai lavori ma di avviare un percorso di disseminazione diffusa dei risultati della ricerca.

Tabella 16.2 Principali progetti di trasferimento tecnologico

Progetto	Finanziato da	Periodo	Partnership	Obiettivi
TechnoSeed	Ministero delle Attività Produttive	2005–2008	Università di Udine, Friuli Innovazione, IRES FVG	Selezione di idee innovative nel campo delle tecnologie informatiche e delle telecomunicazioni finalizzate alla creazione di nuove imprese attraverso un percorso di formazione, consulenza, incubazione.
UNISCO, University-InduStry Community – Comunità Inter e IntraUniversitaria per la trasformazione della Conoscenza Scientifica in Competenze di Impresa	Ministero dell'Istruzione dell'Università e della Ricerca	2005–2008	Università di Udine, Università del Sannio, SISSA; Seconda Università di Napoli	Costituzione di un ILO Inter-Organizzativo (tra i partner universitari) condiviso tra i 4 Atenei e basato sul modello organizzativo della Comunità di Pratiche.
IN-FVG	Regione Friuli Venezia Giulia L.R. 26/2005 art.24	2008–2011	Università di Udine, Friuli Innovazione, IRES FVG	Sostenere la realizzazione di idee imprenditoriali innovative mediante percorsi gratuiti di formazione manageriale sulle problematiche legate allo start-up.
Intervalue, Inter-regional cooperation for valorisation of research results	SEE Cooperation Programme	2009–2012	12 enti appartenenti a ben 7 Paesi dell'area South East dell'Europa	Costruire un network internazionale a supporto dei processi di trasferimento tecnologico per aiutare gli enti partner a stimolare al proprio interno i processi di exploitation accrescendo la cultura della valorizzazione dei risultati della ricerca e migliorare i meccanismi esistenti di trasferimento tecnologico.

Il sistema economico-imprenditoriale rimane il target di riferimento ma un'Università nata sulle basi ricordate deve porsi il problema di come contribuire a far crescere tutto il contesto e non solo quello più vicino. L'avvio di una collaborazione con le principali società sportive professionistiche del territorio, Udinese Calcio, società impegnata nel campionato di calcio di serie A, e Snaidero basket, società che ha partecipato al campionato di basket di Lega A2, ha consentito di sfruttare uno spazio gratuito sugli organi ufficiali di stampa che vengono distribuiti al pubblico durante gli impegni sportivi casalinghi. Sport e ricerca, un binomio singolare con un forte valore simbolico. In una realtà come quella friulana, l'Università e la squadra di calcio, cui si affianca quella di basket, rappresentano alcuni degli strumenti principali attraverso i quali superare la storica marginalità che caratterizza la nostra terra. Ma non solo. Quello dello sport rappresenta un valore trasversale per tutte le categorie di soggetti, per età o per status, una sorta di terreno fertile dove, con pazienza e intelligenza, è sicuramente possibile seminare e, almeno con riferimento ai più giovani, raccogliere molto.

Sono stati scritti 18 articoli sulla rivista Udinese Magazine (tiratura 5.000 copie nelle partite di cartello e 3.000 nelle altre) e 15 sul giornale Snaidero Gazette (3.000 copie di tiratura) nei quali sono state raccontate con linguaggio semplice le principali sfide e i relativi traguardi raggiunti dai ricercatori dell'Ateneo. Si è trattato di un viaggio attraverso i vari ambiti del sapere in cui si sviluppa l'attività di ricerca dell'Università di Udine: dall'esame di come un'impresa sportiva estrema, come la scalata di una cima himalayana, può essere utile per capire e combattere le malattie renali a come migliorare il rapporto sport-diabete. Dalle ultime novità per sfruttare l'energia del sole e produrre elettricità all'uso del carbone vegetale per ridurre le cause dell'effetto serra e contribuire contemporaneamente allo sviluppo di Paesi svantaggiati in quanto base per nuove occasioni imprenditoriali. Ci siamo anche occupati delle nuove frontiere della genetica che consentono di prevenire malattie invalidanti e di produrre piante più resistenti ai patogeni senza necessità di pesticidi, ambito nel quale il nostro Ateneo eccelle a livello mondiale. Nel nostro percorso non potevano mancare alcune informazioni sui principali ferri del mestiere: brevetti e business plan competition arricchiti da esempi di successo, come i kiwi gialli studiati e brevettati dai nostri ricercatori e prossimamente in arrivo sulle nostre tavole.

16.3
Se volessimo essere ricordati per una cosa ...

L'ultima e più importante tessera del puzzle in cui è articolato il nostro TTO è quella delle persone, tessera che rappresenta il cuore del puzzle e che dà senso al disegno. La costruzione di professionalità qualificate ed autonome è stata la scommessa più importante. Chi opera nel nostro Ufficio Trasferimento Tecnologico non solo è competente ma gode di una reputazione interna ed esterna all'Ateneo che è il vero valore aggiunto.

Tutto il personale che lavora all'interno della Ripartizione Ricerca e quindi anche quello del TTO è stato abituato a "mostrare la faccia", ad uscire dall'ufficio per interfacciarsi con i colleghi dei dipartimenti, con quelli di altri Atenei o di altri enti, con le imprese e con le associazioni imprenditoriali. Mostrare la faccia significa assumere in proprio la responsabilità del proprio lavoro, sapendo che c'è comunque qualcuno gerarchicamente sovraordinato che può intervenire in caso di necessità, ma abituandosi a dare risposte e ragionare con un'ottica orientata al risultato più che all'adempimento.

Mostrare la faccia significa misurare direttamente i propri progressi ed essere parte di un meccanismo di crescita condivisa della propria professionalità e di quella dei colleghi. Significa, per esempio, vincere la paura di parlare in pubblico per poi raccogliere gli applausi o imparare a confrontarsi con l'esterno per acquisire sicurezza sulle proprie conoscenze. Imparare ad esplorare ambiti anche completamente diversi da quelli del proprio background formativo, non necessariamente scientifico-tecnologico, è un prezioso valore aggiunto. A Udine la formazione umanistica si è rivelata utilmente complementare alle competenze giuridico-economiche del team grazie anche ad un rapporto proficuo con i ricercatori di ambito tecnologico.

Per mostrare la faccia ci vuole passione, impegno, serietà e un contesto favorevole. Per questo il lavoro all'interno del TTO non può essere svolto da chiunque. Ci vuole personale selezionato, formato e motivato; insomma, non è un lavoro per tutti.

Parimenti, l'approccio manageriale non può essere quello stereotipato del pubblico impiego, teso a privilegiare l'attenzione per le procedure più che per le persone e i risultati. Stimolare i propri colleghi a mostrare la faccia significa investire sulle relazioni all'interno dell'ufficio, significa anche accettare il rischio che la delega possa essere confusa con disinteresse o che qualcuno possa aspirare a sostituire il delegante. Ma sono rischi che vale la pena di correre perché danno la misura della qualità dell'organizzazione e di ogni singolo componente.

In questo contesto la reputazione dell'intera struttura cresce e giustifica il ruolo di interfaccia privilegiata con il sistema economico-territoriale cui aspiriamo. La reputazione consente di pensare che le imprese passino attraverso il TTO per individuare il ricercatore più adatto per una commessa di ricerca. È l'affidabilità dell'ufficio che garantisce l'affidabilità del ricercatore. Esistono ottimi scienziati poco orientati al rapporto con l'impresa; ne esistono altri capaci di valorizzare il proprio sapere contribuendo ad innescare un prezioso circolo virtuoso con il territorio. Riuscire a indirizzare la commessa di ricerca verso i secondi o mediare il rapporto con i primi è fondamentale per l'efficacia delle strategie dell'Ateneo. Ciò è possibile solo se il TTO è ben incardinato nella struttura che si occupa di gestione di tutta l'attività di ricerca, sia di base che applicata. In tal caso il modello organizzativo può fare la differenza. Una struttura di valorizzazione slegata da quella che presidia, e quindi vede, le attività di ricerca svolte in Ateneo corre il rischio di perdere occasioni importanti: non sempre il ricercatore pensa alle potenzialità della sua ricerca in relazione al mercato. Non sempre è interessato a brevettare. Anzi è abbastanza frequente che l'obiettivo dell'attività scientifica sia la dimostrazione di una tesi per la successiva pubblicazione su una prestigiosa rivista scientifica internazionale. Il rischio di compromettere l'eventuale brevettabilità del risultato della ricerca è fondato. Se invece l'attività di ricerca è intercettata per tempo, si possono prendere i famosi due piccioni con una sola fava. Per questo, un TTO inserito nella macrostruttura che gestisce e promuove la ricerca ha maggiori possibilità di uno completamente slegato che, ragionevolmente, deve essere attivato dal ricercatore, mentre il nostro può attivarsi autonomamente sulla base delle informazioni che raccoglie nel rapporto quotidiano con i colleghi di ufficio e con i ricercatori che intrattengono relazioni con gli stessi.

I tasselli del percorso delineato costituiscono un unico puzzle tenuto insieme dalle persone, vero valore aggiunto del sistema, dove la metafora della Tripla Elica, spesso utilizzata per descrivere un modello di sviluppo basato sulla conoscenza, trova piena conferma nell'esperienza dell'Università di Udine.

La sintesi del percorso è chiara: dove c'è un'Università fortemente radicata sul territorio, con persone competenti e appassionate del proprio lavoro, i progetti di sviluppo e rinascita si realizzano più facilmente perché la fabbrica della conoscenza produce investimenti per il futuro.

Il puzzle del Liaison Office dell'Università di Verona

17

Luca Guarnieri

Punti chiave

> Favorire la nuova imprenditoria
> Il manager dell'innovazione in Università
> Attivazione di progetti congiunti di ricerca con le imprese

17.1
Come siamo nati

Il 20 gennaio 2004, con delibera del Senato Accademico dal titolo "Potenziamento della Ricerca di Ateneo: costituzione di un Ufficio di collegamento Università-Imprese", l'Università di Verona istituiva il Liaison Office di Ateneo.

L'allora Rettore, Prof. Elio Mosele, tenuto conto del D.Lgs. n. 297 del 1999 che invitava ad un "riordino della disciplina e snellimento delle procedure per il sostegno della ricerca scientifica e tecnologica, per la diffusione delle tecnologie, per la mobilità dei ricercatori", aveva conferito mandato ad un gruppo di lavoro[1] di elaborare un documento in cui fossero evidenziate le imprescindibili esigenze e necessità da soddisfare per il potenziamento dei servizi alla ricerca. Infatti, il Rettore Mosele sosteneva che "il settore della ricerca scientifica universitaria ha assunto recentemente maggiore importanza all'interno del panorama nazionale ed europeo, sia in riferimento all'individuazione di obiettivi strategici volti al sostegno delle attività di ricerca scientifica, sia in relazione allo sviluppo della cooperazione tra Università ed Impresa".

Il gruppo di lavoro produsse in pochi mesi un dossier di nove pagine basato principalmente su due obiettivi fondamentali:

- creazione di uno sportello o ufficio Università-Imprese con la finalità di favorire, attivare e saldare i legami tra il mondo della ricerca e quello dell'industria, nonché

---

[1] Il gruppo di lavoro era composto dal Prof. Bernardo Dalla Bernardina, Presidente della Commissione Istruttoria Permanente per la Ricerca, dal Prof. Giampaolo Dalle Vedove, Delegato del Rettore per la tutela e la valorizzazione della proprietà intellettuale, dal Prof. Nicolò Rizzuto, Delegato del Rettore per la ricerca, dal Prof. Vittorio Murino, Delegato del Rettore per le Relazioni Internazionali e l'Internazionalizzazione e dal Prof. Giovanni Tondini, Delegato del Rettore per le problematiche relative alla mobilità studentesca.

M. Bianchi, A. Piccaluga (eds.), *La sfida del trasferimento tecnologico: le Università italiane si raccontano,* DOI 10.1007/978-88-470-1977-5_17, © Springer-Verlag Italia 2012

la gestione delle procedure per la brevettazione di prodotti/servizi emergenti dall'attività di ricerca;
- potenziamento del servizio informativo sui fondi di ricerca nazionali ed internazionali e relativo follow-up a seguire i progetti prima e dopo la loro presentazione, oltre all'individuazione di consorzi di ricerca che potessero offrire supporto per la ricerca di partner e la creazione di network nazionali ed internazionali.

Il 6 febbraio 2004, il Consiglio di Amministrazione espresse parere favorevole al potenziamento della struttura di supporto alla ricerca di Ateneo e a seguito di una procedura selettiva, il 10 maggio 2004 furono attivati due contratti di collaborazione coordinata e continuativa con due figure professionali altamente specializzate dotate di specifici requisiti professionali e culturali (come da definizione prevista da bando) che potessero essere impiegate allo scopo.

Al fine di realizzare il primo obiettivo viene individuato da subito Luca Guarnieri come referente per il costituendo Liaison Office all'interno dell'Ufficio Ricerca di Ateneo.

Gli inizi del neo-nato Ufficio videro tuttavia un impiego massiccio in attività dedicate al servizio informativo sui fondi di ricerca nazionali ed internazionali e minor tempo veniva dedicato all'unica domanda di brevetto nazionale. Nonostante ciò, il personale dell'Ufficio Ricerca partecipava ai corsi Netval e già dai primi mesi di attività, cominciava a familiarizzare con le tematiche inerenti alla brevettazione, al licensing, all'impatto economico dei risultati della ricerca, alla costituzione di spin-off e all'incubazione di impresa.

Con il passare dei mesi l'Unità Operativa Territorio e Sviluppo (questo era il primo nome dell'attuale Liaison Office) diviene in tal senso il punto di riferimento per la gestione e tutela della proprietà intellettuale, con particolare coinvolgimento nella predisposizione delle clausole attinenti le privative inserite in convenzioni che riguardassero la ricerca, la cooperazione e il trasferimento di tecnologia. È nel 2006 che il Liaison Office uscì allo scoperto a livello di Ateneo e anche nazionale organizzando il Convegno "Cooperazione Università-Territorio, Proprietà Intellettuale e Know How, Trasferimento di Tecnologia" che precedette i tre giorni di Corso Base del Piano di formazione Netval. Al convegno del 13 marzo 2006, pensato soprattutto per l'Ateneo veronese, partecipano solo una ventina di persone tra docenti, ricercatori, personale tecnico-amministrativo ed esponenti del mondo imprenditoriale. La scarsa affluenza, dipesa anche dalla concomitanza di altri eventi istituzionali nei giorni successivi, venne subito compensata dalla presenza di circa 30 funzionari provenienti da più di 20 Atenei, oltre a circa una quindicina di Segretari di Dipartimento dell'Università di Verona. Per quei tempi (quando non esistevano ancora le Summer School Netval) si parlò di un successo del corso e le schede di valutazione testimoniarono l'apprezzamento per i relatori, gli argomenti trattati e l'organizzazione in generale.

17.2
Come siamo cresciuti

La storia e lo sviluppo del Liaison Office dipendono dall'apporto fondamentale ed insostituibile del Prof. Giampaolo Dalle Vedove, instancabile docente di Diritto Industriale presso la Facoltà di Economia, nonché esperto avvocato del Foro veronese. Già il Rettore Mosele nella lettera in cui nominava il Prof. Dalle Vedove come Delegato per la proprietà intellettuale lo ringraziava per la sua disponibilità, peraltro già largamente dimostrata in più di un'occasione, nel definire tutti gli aspetti giuridico-amministrativi inerenti ad una procedura così articolata (riferito ai temi del trasferimento di tecnologia). Il Prof. Dalle Vedove da subito coinvolse il Liaison Office nella revisione del "Regolamento dell'Università di Verona per la tutela e la valorizzazione dei risultati della ricerca scientifica", promulgato con D.R. del 18 agosto 2003, n. 1647–2003 e nell'emanazione del "Regolamento per la partecipazione dell'Università di Verona ad imprese finalizzate all'utilizzazione industriale dei risultati della ricerca accademica" (spin-off universitari).

L'adeguamento al Codice della Proprietà Industriale (D. Lgs. 10 febbraio 2005) e la costituzione della Commissione Brevetti e spin-off, (prevista dal Regolamento Brevetti del 2003 ma fino ad allora mai istituita), erano indispensabili per istituire il primo spin-off dell'Università di Verona. Infatti, era necessario un parere favorevole della suddetta Commissione per avviare l'iniziativa imprenditoriale dal titolo "Progetto e sviluppo di sistemi embedded per l'elaborazione di immagini e visione tridimensionale", presentata dal Prof. Vittorio Murino del Dipartimento di Informatica. L'iniziativa con tale nulla osta poté ricevere il contributo previsto di 315.770 Euro da parte del MIUR (D.M. 593 dell'8 agosto 2000) per la costituzione di start-up di impresa. Il Consiglio di Amministrazione di Ateneo riunitosi il 29 aprile 2005 fece propria la valutazione della Commissione Brevetti e Spin-Off e, attraverso l'acquisizione di una quota del 5% del capitale sociale di eVS embedded Vision Systems S.r.l., consentì in data 13 giugno 2005 di costituire il primo spin-off dell'Università degli Studi di Verona composto da personale dell'Università di Verona, dalle aziende SITEK S.p.A di San Giovanni Lupatoto e NAVIOP S.r.l. di Forlì.

Allo scopo di meglio conoscere le reali risorse presenti presso l'Università di Verona e le potenziali applicazioni derivanti dai risultati della ricerca scientifica realizzata dai ricercatori veronesi nel dicembre 2005, la Commissione istruttoria permanente per la Ricerca decise di realizzare il Catalogo della ricerca, ossia un repository istituzionale dotato di un motore di ricerca che consentisse di individuare una serie di informazioni basilari su competenze dei ricercatori, gruppi e tematiche di ricerca. Attraverso un lavoro molto impegnativo di aggregazione in categorie funzionali dei prodotti della ricerca (articoli su rivista, proceedings, monografie, capitoli di libro, progetti, ecc.) realizzati da autori afferenti a diversi dipartimenti, si creò uno strumento indispensabile per la valorizzazione di migliaia di risultati della ricerca accademica. In questo progetto il Liaison Office venne immediatamente coinvolto, vista la possibilità di poter utilizzare questa fonte informativa per comunicare anche con l'esterno ed in particolare con le imprese del territorio.

Nel 2006, l'Università di Verona attraverso il Liaison Office e la Direzione Informatica avviò una stretta collaborazione con il CINECA. Tale Consorzio iniziò con l'Ateneo veronese i primi test su U-GOV Ricerca, la piattaforma messa a punto per la gestione dei prodotti della ricerca. La prima versione di questo software, sicuramente innovativo e molto efficace in ambito accademico, fu presentata a Bologna nell'aprile 2008 e in quell'occasione l'Università di Verona fornì la sua diretta esperienza. Dopo quell'incontro, a cui parteciparono più di 50 Atenei, Verona fu indicata come punto di riferimento, e quindi nei mesi successivi furono diverse le Università che contattarono il Liaison Office per capire come valorizzare al meglio lo strumento. D'altra parte è inutile nascondere che, soprattutto nella prossimità delle scadenze, quali ad esempio la richiesta di finanziamenti per i fondi PRIN, l'ufficio fosse completamente assorbito da problematiche di carattere tecnico che non permettevano di concentrare le risorse sui temi *tout court* del trasferimento tecnologico.

Il 2007 è stato sicuramente un anno da ricordare per il Liaison Office principalmente per tre motivi: in primis perché l'unico collaboratore fino ad allora impiegato con collaborazione coordinata e continuativa venne definitivamente assunto a partire dal 1° aprile (non era un pesce d'aprile!). Altro importante cambiamento che influì favorevolmente sulla gestione dell'intera Area Ricerca fu lo spostamento delle unità operative dalla Direzione Affari Legali e Istituzionali, Ricerca e Relazioni Internazionali alla Direzione Amministrativa, oltre che al cambio della guida dell'Area, a cui fu chiamata Maria Gabaldo. Da subito la nuova Responsabile capì l'importanza delle attività svolte dal Liaison Office e cercò di aumentare le attività di:

- valorizzazione e diffusione dei risultati della ricerca universitaria e del loro utilizzo presso imprese ed enti;
- intensificazione dei legami con l'industria e messa a disposizione delle imprese di nuove tecnologie, personale di ricerca e strutture;
- individuazione e sfruttamento delle opportunità per la ricerca nei campi delle tecnologie che genereranno e sosterranno nuove industrie;
- offerta di sostegno a ricercatori nel riconoscere le implicazioni commerciali dei risultati della loro ricerca.

Per questi motivi, con il sostegno del Prof. Dalle Vedove, fu bandito un concorso per una collaborazione a tempo determinato con il compito di occuparsi principalmente di attività di supporto alla brevettazione, catalogo dei prodotti della ricerca e progetti congiunti Università e Imprese. Da allora ci sono due persone a tempo pieno che si dedicano alle attività del Liaison Office. Nonostante le capacità e l'esperienza maturata in questi anni, l'ufficio presenta alcune criticità nelle attività di comunicazione verso l'esterno. Nonostante il portale di Ateneo sia ben strutturato e consenta a tutto il personale di apportare modiche e/o creare nuove pagine web contenti informazioni aggiornate dettagliate, il Liaison Office stenta a pubblicare documenti e notizie riguardanti le attività di trasferimento tecnologico. Il motivo è semplice e risiede nella mancanza di tempo da poter dedicare a questo importante servizio. La comunicazione per un Liaison Office è fondamentale e non può essere relegata a poche ore alla settimana e solo per le informazioni che (a causa di scadenze o bandi) devono per forza essere pubblicate. È sicuramente indispensabile investire sulla divulgazione dei contenuti. Per questo motivo, con il supporto di collaboratori a progetto, si sta lavorando al miglioramento delle pagine on line e degli attuali contenuti attraverso un linguaggio facile da intendere per ricercatori ed imprenditori.

17.3
Se volessimo essere ricordati per una cosa ...

Ogni ufficio di trasferimento di tecnologia nel tempo ha realizzato qualcosa per cui vale la pena essere ricordato. In generale la filosofia che da sempre il Liaison Office ha portato avanti verte su quattro punti:

- la promozione delle competenze tecnico-scientifiche della ricerca del personale accademico dell'Università di Verona (Catalogo della Ricerca di Ateneo);
- l'attivazione di programmi comuni di ricerca in collaborazione con imprese;
- la gestione delle procedure di brevettazione di prodotti/servizi emergenti dall'attività di ricerca;
- l'incentivazione della creazione di imprese all'interno dell'Università (spin-off).

L'ordine delle suddette attività non è casuale. Infatti, quando è stato costituito il Liaison Office si doveva trovare un modo per conoscere i quasi 1.000 ricercatori (senza contare i collaboratori della ricerca, assegnisti, dottorandi, borsisti, specializzandi, ecc.) ed è stato quindi necessario "censire" la ricerca presente in Ateneo. Il Catalogo dei Prodotti della Ricerca ad oggi contiene oltre 60.000 prodotti (articoli su rivista, atti di congresso, monografie, capitoli di libro, brevetti, ecc.) ed è servito a questo. Attraverso questo institutional repository il Liaison Office, con un'interrogazione precisa per parole chiave e categorie standard (promosse dalla CRUI), riesce a meglio identificare le aree di ricerca e i progetti nati dall'Università di Verona, consentendo alle imprese di individuare il partner ideale fra i diversi gruppi di ricerca.

In questo modo si è potuto rispondere molto più agevolmente ed in maniera efficace alle diverse ricerche di partner provenienti da piccole e medie imprese, associazioni di categoria, enti territoriali che avevano la necessità di incontrare gruppi di ricerca per collaborare a iniziative comuni.

Di fatto quest'ultima miglioria va incontro alla "terza attività" sopracitata. In particolare, il Liaison Office si sta specializzando in ricerche di anteriorità, utilizzo banche dati brevettuali, scadenze brevetti, contatti con le società di consulenza in proprietà industriale.

Infine, da qualche anno è stato ridotto il numero dei componenti della Commissione Brevetti e Spin-Off allo scopo di istruire meglio le pratiche avvalendosi anche del parere di società esterne che sicuramente risultano imparziali e competenti. Per tale ragione il Liaison Office è dotato di un apposito capitolo di spesa che gestisce direttamente le spese relative a ricerche di anteriorità, banche dati per ricerca brevettuale, domanda in Italia e all'estero dei brevetti, mantenimento in vigore delle domande di brevetto, acquisizione di quote in spin-off di Ateneo.

In merito alla creazione di spin-off, l'Università di Verona, sotto la guida del Prorettore, Prof.ssa Bettina Campedelli, ordinario del Dipartimento di Economia Aziendale, si sta muovendo nella giusta direzione, ossia quella di avvalersi di manager dell'innovazione che conducano per mano i ricercatori nella difficile ma sorprendente impresa di costituire una società che si basi sulle conoscenze accademiche. L'Ateneo con Confindustria Verona e PerInnovare SpA (PerInnovare SpA creata da Confindustria Verona per portare competenze e contatti alle aziende che vogliono crescere e diventare più competitive attraverso l'innovazione) ha approvato ad inizio estate 2011 un Protocollo di intesa dal titolo "Alleanza per l'innovazione" per promuovere il dialogo tra mondo della ricerca e mondo imprenditoriale. Con questo accordo si intende veicolare alle imprese il patrimonio di ricerca applicata generata in ambito accademico e fare sì che le stesse, a loro volta, scambino con le strutture dell'Ateneo le proprie esperienze tecniche e commerciali. Inoltre con PerInnovare SpA è realizzata annualmente l'iniziativa Venture Community promossa dal Gruppo Giovani Imprenditori di Confindustria Verona, che nelle precedenti edizioni ha consentito a tre idee di impresa presentate da ricercatori dell'Università di Verona di entrare in contatto diretto con imprenditori e potenziali creatori d'azienda. Una di queste, la spin-off AltairMed partecipata da Surgica Robotica SpA, ha visto l'interesse del fondo AlAdInn Ventures gestito da Friulia SGR che ha confermato un investimento complessivo di circa un milione di Euro. Lo spin-off sta sviluppando un sistema robotico per chirurgia minimamente invasiva a partire da una tecnologia originariamente sviluppata per la NASA dalle competenze di un team di ricercatori dell'Università di Verona. Il mercato della chirurgia robotica ha una dimensione già oggi di circa un miliardo di dollari, è in continua e rapida espansione e presenta un limitatissimo numero di aziende attive con propri prodotti. AltairMed sta sviluppando un prodotto più avanzato e flessibile di quelli attualmente disponibili sul mercato.

Un'altra interessante iniziativa è il progetto SINERGIA – "Sistema INtegrato Efficace per Rapporti da Gestire fra Imprese ed Ateneo", finanziato dalla Regione Veneto attraverso il FONDO FESR "Fondo Europeo di Sviluppo Regionale" Programma Operativo Regionale Obiettivo Competitività Regionale e Occupazione 2007–2013. Con poco meno di un milione di euro l'Università di Verona intende raggiungere entro il 2013 i seguenti obiettivi:

- rafforzare e coordinare la ricerca scientifica attraverso la diffusione e la valorizzazione di quanto già prodotto dall'Università e dalle imprese;
- migliorare la competitività e l'innovazione del sistema produttivo tradizionale favorendo i processi di interazione e di convergenza sistemica tra le imprese e le istituzioni nel territorio di riferimento, coinvolgendo nel processo il maggior numero di attori;
- valorizzare e favorire le collaborazioni internazionali con l'incremento della competitività e dell'innovazione delle imprese maggiormente in grado di recepire e valorizzare l'innovazione;
- contribuire alla qualificazione della formazione delle risorse umane ed in particolare dei "manager dell'innovazione" che, adeguatamente affiancati da dirigenti

d'azienda, possano sfruttare le proprie competenze per aumentare la quota degli investimenti in ricerca e sviluppo;
- favorire la nuova imprenditoria e sviluppare i poli di innovazione mediante la realizzazione di infrastrutture, fra cui un incubatore di imprese, da cui far emergere il ruolo che l'Università e gli altri attori devono avere nella promozione dei processi di innovazione come "motore di sviluppo" anche della ricerca applicata.

Infine il motivo del titolo di questo capitolo. Da qualche anno il logo del Liaison Office rappresenta due tessere che fanno parte del grande puzzle che l'Università di Verona sta componendo sul trasferimento di conoscenze e tecnologie. I due tasselli (gialloblù come i colori della città e delle squadre di calcio di Verona) sono pronti ad accogliere altri elementi che siano di ulteriore supporto ai ricercatori come ad esempio:

- attività di *temporary management* attraverso professionisti che con le proprie competenze manageriali, tecniche e commerciali consentono alle nuove idee di impresa di gestire al meglio la fase di start-up;
- attività di gestione della proprietà intellettuale dell'Università di Verona grazie a professionisti che cercano di valorizzarne i possibili sbocchi commerciali mediante azioni di marketing, conclusione di accordi di cessione, di licenza, di licenza incrociata, di trasferimento di materie organiche.

Un'esperienza pilota in Italia: la Rete ILO Puglia

18

Adriana Agrimi, Paolo D'Addabbo e Stefano Marastoni

Punti chiave

> Promuovere e consolidare il sistema di innovazione regionale
> Coordinamento inter-universitario nella gestione del trasferimento tecnologico
> Misure di finanziamento dell'innovazione

18.1
Come siamo nati

L'Agenzia per la Tecnologia e l'Innovazione della Regione Puglia (ARTI) nasce nel 2004 con l'obiettivo di promuovere e consolidare il sistema dell'innovazione regionale, avviando la sua operatività con la prima ricognizione delle attività di ricerca e sviluppo del sistema scientifico pugliese ed il monitoraggio periodico dell'attività innovativa e delle necessità di innovazione del sistema produttivo regionale.

Dall'analisi condotta era stata rilevata nella ricerca pubblica la presenza di un ingente patrimonio di competenze, conoscenze e risultati ancora non sufficientemente valorizzato sul piano economico e industriale. Per quanto riguarda l'organizzazione dell'attività di trasferimento tecnologico (TT), le Università pugliesi si trovavano in una fase embrionale mentre numerose altre Università italiane avevano già costituito uffici dotati di risorse umane ed economiche per la gestione dei processi di TT. I portafogli delle Università regionali erano caratterizzate da uno scarso numero di brevetti internazionali, cui corrispondeva una scarsa valorizzazione dei risultati della ricerca. Altrettanto insoddisfacente era il volume degli accordi di ricerca con le imprese, mentre era già in corso un trend di crescita nella creazione e partecipazione a nuove imprese *science-based* ed incubatori, con la presenza di 22 società spin-off accademiche localizzate in Puglia. Tuttavia, di queste non tutte risultavano essere effettivamente high-tech ed i dati troppo recenti relativi a dimensioni e tassi di crescita non consentivano di indugiare in eccessivi trionfalismi.

Le Università pubbliche pugliesi stavano conducendo un progetto inter-ateneo cofinanziato dal MIUR, denominato "Network degli Industrial Liaison Office" (NILO) ed avevano riconosciuto l'importanza di un coordinamento nella gestione delle attività di trasferimento tecnologico. Contestualmente, a livello regionale, si assisteva ad un rafforzamento della politica dell'innovazione anche attraverso la creazione di distretti tecnologici, ovvero centri di competenza interuniversitari che presupponevano l'esistenza di uffici di trasferimento tecnologico.

A seguito di un intenso confronto con le esperienze in corso nelle altre regioni italiane e con il contributo determinante di referenti tecnico-scientifici di istituzioni nazionali maggiormente impegnate nella valorizzazione dei risultati della ricerca, come il Politecnico di Milano, la Scuola Superiore Sant'Anna di Pisa, Netval e Torino Wireless, si decideva di dare forma alla proposta di fornire al territorio strutture stabili, operanti all'interno delle Università, in grado di realizzare operazioni di trasferimento tecnologico anche a favore di altre istanze territoriali – come distretti high-tech, incubatori, centri di competenza regionali – su tutte le varie problematiche e su tutti i settori tecnologici, favorendo la condivisione di queste strutture, piuttosto che la moltiplicazione di enti e uffici.

Fu sulla base di tali premesse che nel novembre 2006, nell'ambito degli interventi dell'Accordo di Programma Quadro tra il Ministero dell'Università e il Ministero dell'Economia e delle Finanze finanziati dai Fondi per le Aree Sottoutilizzate, Arti ricevette in affidamento dall'Assessorato allo Sviluppo Economico della Regione Puglia l'incarico di realizzare una misura dedicata alla nascita e allo sviluppo della Rete pugliese di Industrial Liaison Office con il coinvolgimento dei cinque Atenei regionali: l'Università di Bari, il Politecnico di Bari, l'Università del Salento, l'Università di Foggia e la LUM.

Sotto la guida del Prof. Gianfranco Viesti, al tempo Presidente dell'ARTI, fu formata la squadra di coordinamento, definita l'articolazione operativa del Progetto, e sottoposto agli Atenei un protocollo d'intesa per l'avvio delle attività. Con la firma del protocollo d'intesa, la misura "Rete regionale degli ILO" (ILO Puglia) divenne operativa nel luglio del 2007 (poi convertita, con apposito provvedimento di equivalenza da parte della Regione, in "Intervento co-finanziato dall'Unione Europea nell'ambito del POR Puglia 2000–2006, Misura 3.13").

L'adozione del Progetto assunse fin da subito una funzione strategica per i suoi *stakeholders*. La misura si saldava infatti con i nuovi orientamenti della politica industriale regionale che metteva al centro della propria strategia il rafforzamento delle sinergie tra ricerca e industria finalizzate allo sviluppo di prodotti, attività e comparti innovativi, con la prospettiva di ulteriore supporto dall'impulso dei quattro Distretti Tecnologici che operano in Puglia, il Distretto delle Nanotecnologie (DITECH), il Distretto Agroalimentare (DARE), il Distretto della Meccatronica (MEDIS) ed il Distretto Nazionale dell'Energia (DITNE).

Le Università pugliesi riconobbero l'utilità di un coordinamento delle attività di TT, dimostrandosi interessate ai possibili benefici che sarebbero scaturiti dall'integrazione degli ILO su scala regionale, nella consapevolezza che la valorizzazione dei risultati della ricerca è un ambito in cui la "massa critica" costituisce un presupposto per l'implementazione di azioni efficaci ed economicamente sostenibili.

L'ARTI, dal canto suo, aveva l'opportunità di esercitare le proprie competenze nel quadro delle scelte di programmazione e pianificazione regionali e concorrere, in armonia con le politiche nazionali ed europee, alla crescita sostenibile della Regione Puglia, promuovendo una rete di relazioni e scambi fra soggetti coinvolti nella creazione ed utilizzazione di nuove conoscenze e nuove tecnologie, stimolando e favorendo, con azioni differenziate, comportamenti innovativi nella società pugliese. L'ARTI di fatto acquisiva uno strumento operativo per svolgere il proprio compito di coordinamento e sostegno del sistema innovativo regionale, in costante raccordo con le strutture di servizio, le realtà produttive e gli enti di ricerca presenti nella regione.

Tuttavia, vi era consapevolezza dei numerosi ostacoli che si sarebbero frapposti alla costituzione della rete. L'approccio degli Atenei in relazione al TT era ancora piuttosto disomogeneo. L'Università del Salento aveva avviato un'esperienza di collegamento Università-industria attraverso una società a responsabilità limitata e contava inoltre su una commissione brevetti interna; le Università di Bari e di Foggia erano già dotate di alcuni regolamenti, procedure interne e talora anche di personale parzialmente dedicato al TT.

Inoltre, le azioni specifiche sul TT fino ad allora svolte da parte delle Università si erano focalizzate sui settori tradizionali, mentre la missione degli ILO, secondo le migliori esperienze italiane ed estere, avrebbero dovuto orientarsi anche ad operazioni di valorizzazione della ricerca nei settori ad alta tecnologia. Sarebbe stato quindi necessario definire regole condivise e standardizzate, partendo da una base comune di know-how e di strumenti operativi standard ed allo stesso tempo dare agli Atenei la possibilità di diversificarsi sul piano esecutivo.

Tale consapevolezza spinse a ricorrere all'istituzione di un comitato tecnico-scientifico composto dal Presidente dell'ARTI, dal coordinatore tecnico del progetto, dai referenti accademici delle Università e dagli esperti esterni che avevano contribuito alla progettazione della misura. L'organo avrebbe garantito l'aderenza delle attività ai principi ispiratori del Progetto, svolgendo una funzione di orientamento nelle scelte più delicate, offrendo una costante occasione di confronto con il contesto nazionale ed internazionale e fornendo supporto nell'evoluzione della misura nel corso del tempo.

18.2
Come siamo cresciuti

Per rendere efficace l'impatto della misura nel contesto in cui andava ad agire fu adottata una specifica strategia che doveva consentire la preparazione di un terreno fertile per il follow-up dell'intervento. Gli obiettivi che il Progetto si prefiggeva richiedevano un'attenta costruzione del consenso come presupposto per un cambiamento – soprattutto organizzativo – negli Atenei e culturale nel sistema produttivo locale. Fu così deciso di concentrare i primi sforzi per favorire l'acquisizione, nell'ambito degli ILO, di competenze specialistiche per lo sfruttamento dei risultati della ricerca, prevedendo un percorso finalizzato alla catalizzazione di primi casi di successo relativi a spin-off e brevetti, allo scopo di generare un clima di fiducia all'interno ed all'esterno del contesto organizzativo di riferimento.

Successivamente, in occasione dell'approvazione del Piano Pluriennale di Attuazione dell'Asse "Promozione, valorizzazione e diffusione della ricerca e dell'innovazione per la competitività" riguardante il Programma Operativo FESR 2007–2013, la misura è stata riprogrammata dalla Regione Puglia con l'Azione 1.2.3: "Rete regionale per il Trasferimento di Conoscenza", resa operativa nel novembre 2009 attraverso l'approvazione del Progetto ILO2 e nuovamente affidata all'ARTI che, nel frattempo, era passata sotto la presidenza della Prof.ssa Giuliana Trisorio Liuzzi.

Come ha spiegato la vicepresidente della Regione Puglia e assessore allo Sviluppo economico Loredana Capone in occasione della conferenza stampa di presentazione, "si aggiunge un altro tassello all'immenso cantiere della ricerca made in Puglia, che si sta rivelando sempre più un'officina di idee e una fabbrica della creatività dell'intelligenza. Il precedente intervento, concluso nel 2008, ha coinvolto più di 800 ricercatori ed esteso a livello internazionale 28 brevetti di proprietà degli Atenei; adesso puntiamo a dare sistematicità alla rete per il trasferimento della conoscenza, focalizzandola sulla valorizzazione dei risultati della ricerca finanziata da iniziative regionali e favorendone il raccordo con le reti di laboratori e i distretti".

Le due edizioni del Progetto, la prima rivolta solo alle cinque Università pugliesi e la seconda ampliata a CNR ed ENEA, di fatto si sono svolte in continuità tra di loro, presentando una struttura strettamente collegata. Nello specifico, il Progetto prevede interventi di supporto all'organizzazione interna ed esterna degli uffici, al licensing e alla creazione d'impresa, mentre alcune attività trasversali sono legate alla promozione dei risultati dell'interazione tra sistema della ricerca e sistema delle imprese.

Tra le azioni indirizzate a creare e potenziare un modello di funzionamento di Uffici ILO, attrezzati per gestire con un approccio professionale i processi di valorizzazione della ricerca e del trasferimento tecnologico in senso lato, è stata prevista la conduzione di audit presso gli uffici degli Atenei, l'assistenza alla predisposizione del modello di funzionamento ed il supporto alla definizione di un sistema comune di regolamenti, linee guida, procedure, strumenti negoziali e informatici per realizzare attività di TT dalla ricerca applicata verso il mercato. Inoltre, sono state organizzate attività di sensibilizzazione in favore del personale impiegato nelle attività di ricerca al fine di contribuire alla conoscenza e all'utilizzo di strumenti per la protezione dei risultati che potessero favorire l'avvio alle attività cooperative con l'industria.

Azioni specifiche di formazione ed informazione dei ricercatori e del sistema innovativo regionale sono invece state dedicate ad accompagnare la crescita di competenza interna degli ILO con un'equivalente sensibilità e consapevolezza dei potenziali utenti degli uffici ILO.

Per ovviare ai principali fallimenti di mercato connessi al processo di valorizzazione dei risultati della ricerca, sono stati progettati ed implementati una serie di misure di supporto finanziario, di seguito descritte.

In primo luogo, un voucher in favore degli Enti Pubblici di Ricerca (EPR) per attività consulenziali finalizzate all'estensione internazionale dei brevetti e alla loro valorizzazione attraverso i contratti di licenza. Il voucher brevettuale prevede inoltre premialità aggiuntive per le procedure brevettuali associate a specifiche azioni in corso per la valorizzazione della tecnologia o a rapporti di ricerca favorevoli dall'autorità brevettuale.

Inoltre, nel 2008 è stata introdotta con il Progetto ILO, per la prima volta sull'intero territorio regionale la Start Cup Puglia, la nota gara annuale tra Business Plan del circuito del Premio Nazionale dell'Innovazione, offrendo ai giovani ricercatori e aspiranti imprenditori un'opportunità di verifica e confronto della propria idea imprenditoriale innovativa nell'ambito di un processo altamente selettivo per l'identificazione delle migliori proposte di impresa tecnologica da realizzarsi in Puglia. L'iniziativa è stata ripetuta con cadenza annuale nella convinzione che tale modello rappresenti un valido strumento di politica regionale per incoraggiare e sostenere con un premio e poi valorizzare, con la sua vetrina, le migliori idee imprenditoriali innovative provenienti sia dagli EPR, sia da altre imprese, sia dal territorio. In più, nelle successive edizioni, è stato introdotto un sistema di tutoraggio e formazione per i partecipanti che ha contribuito a far emergere un numero maggiore di potenziali idee imprenditoriali e a far crescere la qualità dei piani d'impresa proposti.

Inoltre, al fine di sostenere la nascita delle spin-off in via di costituzione e il consolidamento di quelle "già costituite", gemmate in ambito accademico ed aventi come finalità la valorizzazione imprenditoriale dei risultati della ricerca tecnologica, è stato varato un voucher "a sportello". L'impostazione del voucher è scaturita dal quadro completo dei fabbisogni, espressi dalle imprese innovative, che è stato elaborato a valle di una consultazione sistematica con le stesse spin-off pugliesi. Con tale misura è stato messo a disposizione delle spin-off un elenco di esperti qualificati, iscritti obbligatoriamente ad un Albo appositamente istituito e validato dall'ARTI, per l'erogazione di uno o più servizi reali ad alto valore aggiunto per l'avvio e lo sviluppo di imprese spin-off. Sono stati introdotti sia dei massimali per ogni tipologia di servizio reale, sia delle valutazioni di merito da parte di valutatori indipendenti non residenti in Puglia, vincolanti per le spin-off. In particolare, per le spin-off costituende è stato previsto un sostegno finalizzato al rafforzamento *ex ante* delle compagini sociali nelle competenze manageriali e nella focalizzazione del business, mentre per le spin-off di recente costituzione un supporto finalizzato all'accompagnamento delle compagini imprenditoriali verso l'industria, il mercato e gli investitori.

Volendo tracciare un bilancio, seppur provvisorio in quanto la seconda edizione è tuttora in corso, l'esperienza di ILO Puglia presenta a nostro avviso numerosi risultati positivi ed allo stesso tempo alcune criticità che cercheremo di descrivere nel dettaglio.

Come si è detto, la rete degli Uffici ILO è operativa ed è stata dotata di un set di strumenti comuni. Si tratta di un pezzo fondamentale del capitale organizzativo della Rete ILO Puglia, costituito da un insieme di modelli contrattuali che dovrebbero essere utilizzati per la negoziazione degli accordi di TT con l'industria, tra cui la clausola risolutiva espressa per gli spin-off, il contratto di opzione, il contratto di licenza, il contratto di co-sviluppo, l'MTA in italiano, l'NDA bilaterale, il contratto di cessione, una checklist per il licensing e le linee guida per l'accordo di gestione della co-titolarità del brevetto. Sono stati anche creati un portale federato e alcuni strumenti software per la gestione del back office degli uffici ILO.

Complessivamente, al ciclo di seminari di sensibilizzazione sui temi della valorizzazione dei risultati della ricerca hanno partecipato ad oggi circa 1.500 utenti fra ricercatori, docenti, addetti ai lavori, imprenditori, manager, dirigenti, funzionari, quadri e soggetti interessati.

Sono stati già estesi a livello internazionale 28 brevetti di proprietà degli Atenei. Inoltre, è ancora attiva la seconda edizione del voucher brevettuale a sportello ed è attualmente in corso un'azione di sostegno a favore di dieci procedure di brevettazione internazionale connesse ad azioni di supporto al licensing, a beneficio degli EPR.

È ancora attiva anche la seconda edizione del "voucher" per le spin-off attraverso cui stanno ricevendo supporto cinque nuove spin-off ed undici spin-off recentemente costituite. La precedente edizione del voucher aveva supportato undici nuove spin-off nella valutazione di fattibilità della loro costituzione e sette spin-off già costituite nella loro fase di start-up e consolidamento.

Nelle tre edizioni della Start Cup Puglia fino ad ora organizzate dalla rete ILO Puglia sono stati presentati 127 Business Plan di potenziali imprese innovative e, tra questi, sono stati selezionati i 9 migliori piani di impresa che hanno partecipato alla competizione nazionale "Premio Nazionale dell'Innovazione". Nel 2009 due start-up pugliesi, Ecolight e Osteoinvent, si sono classificate rispettivamente al 4° e 5° posto, mentre nel 2010 il business plan di "Amolab", spin-off del CNR Salento, ha vinto la competizione nazionale. Sempre nell'edizione del 2010, altre due spin-off pugliesi, Type One e Biofordrug, hanno nuovamente consegnato alla Puglia il 4° e 5° posto. Infine, Biofordrug ha anche vinto il premio speciale "Uk Trade & Investment" offerto da UK-Italy Enterpreneurship Award, l'agenzia governativa presso la Missione diplomatica britannica, per l'importanza sociale e sanitaria del progetto.

Sono state realizzate due edizioni del Festival dell'Innovazione presso la Fiera del Levante di Bari con cadenza biennale, 200 espositori e quasi 12.000 visitatori.

È stato varato e consolidato l'Albo degli Esperti del Progetto ILO in cui sono presenti soggetti esperti e qualificati, tra persone fisiche, professionisti, studi associati e società, con competenze tali da poter fornire servizi reali riguardanti attività essenziali per l'avvio e lo sviluppo delle imprese spin-off e per la valorizzazione della proprietà intellettuale.

Con l'obiettivo di qualificare la spesa e innalzare il rendimento dell'intervento, sono infine stati introdotti criteri selettivi, discrezionali e negoziali, incentrati sulla figura del valutatore indipendente o del Nucleo di Valutazione esterno, finalizzati ad assegnare i finanziamenti previsti nel Progetto ai soggetti beneficiari interessati – Uffici ILO e compagini delle spin-off – sulla base del merito di proposte progettuali presentate nell'ambito di specifici avvisi pubblici.

Tra i maggiori ostacoli incontrati, rileviamo le debolezze nella struttura organizzativa degli ILO, determinate principalmente dalla riduzione dei finanziamenti ministeriali alle Università e agli altri enti. Infatti, al di là del modello organizzativo teorico adottato, possiamo osservare come gli enti non riescano a reclutare tutte le risorse e le competenze specialistiche, necessarie alla messa a regime piena degli uffici ed alla loro completa autonomia, relative a scouting delle attività di ricerca, analisi e ricerche di mercato (osservatorio sulla domanda di ricerca industriale e tecnologica e mappatura dei risultati della ricerca), interazione con le imprese e i soggetti intermediari della conoscenza e dell'innovazione, marketing e commercializzazione dei portafogli tecnologici (scelta delle modalità di trasferimento delle conoscenze), ricerche sullo stato della tecnica, negoziazione sui diritti di sfruttamento dei titoli di proprietà intellettuale, supporto al licensing, networking locale, nazionale e internazionale, assistenza tecnica alle spin-off, assistenza alla definizione delle collaborazioni partecipative dei progetti e dei contratti di ricerca. Infine, abbiamo avvertito qualche parziale deficit di commitment da parte dei vertici degli Atenei in merito al raggiungimento dei risultati target stabiliti nei documenti ufficiali del Progetto ILO, mentre da parte di CNR e di ENEA, seppur aggregate solo nella seconda edizione del Progetto, si riscontra grande attenzione strategica. Tuttavia, dobbiamo correttamente rilevare un argomento a favore della Rete ILO Puglia, considerando che nel Rapporto 2010 di Netval emerge che alcuni importanti interventi avviati nel 2001 in Italia, diretti alla creazione e all'organizzazione di diversi Uffici per il TT, hanno dispiegato pienamente i loro effetti solo cinque anni più tardi, nel 2006 appunto, anno in cui i predetti uffici sono entrati pienamente a regime.

Riteniamo che le sinergie e le interazioni con gli altri soggetti intermediari della conoscenza e dell'innovazione operanti sul territorio regionale − Distretti Tecnologici, Distretti Produttivi, Centri Interuniversitari di Competenza, Laboratori Pubblico-Privati, Reti di Laboratori Pubblici − non siano ancora state sviluppate in misura adeguata.

Tra le maggiori criticità della Rete ILO, osserviamo una ridotta capacità di realizzare accordi di TT con le imprese, basati sul trasferimento di tecnologie proprietarie degli enti. Risultano molto più diffusi i contratti conto terzi per il trasferimento di know-how consulenziale. Tuttavia, mancano dati completi e strutturati sui risultati della ricerca già trasferiti o potenzialmente trasferibili alle imprese, soprattutto in relazione alle tecnologie non brevettate ed il know-how derivanti da attività di ricerca, trasferiti o trasferibili all'industria. A ciò si aggiunge che non risultano ancora disponibili gli applicativi del sistema informativo per la gestione del back office − gestione delle attività e dei risultati connessi alla valorizzazione dei risultati della ricerca e del TT − utili a realizzare una efficace informatizzazione della Rete ILO Puglia, mentre lo strumento tecnologico per la gestione del front office necessita di un restyling e di un utilizzo costante da parte dei singoli uffici. La capacità di relazionamento degli uffici ILO con il sistema delle imprese a livello regionale presenta ancora margini di miglioramento.

Fra i brevetti estesi a livello internazionale con il supporto della prima edizione del voucher brevettuale, dobbiamo purtroppo registrare un'insoddisfacente valorizzazione commerciale. Anche in questo caso mancano i dati strutturati, ma dalle informazioni raccolte presso gli uffici ILO risulta un basso tasso di trasferimento verso il mercato.

Alla luce di quanto appreso dalle esperienze fino ad ora accumulate nelle due edizioni del Progetto, per il suo follow-up riteniamo che sia opportuna un'evoluzione dell'intervento sulla base di alcuni impegni fondanti volti a potenziare e razionalizzare la filiera regionale della conoscenza. Tra questi, massimizzare gli impatti previsti dalle attività Progetto ILO in termini di ricaduta industriale, proprietà industriale e interazione tra ricerca pubblica e imprese, avviare la costituzione di uno sportello unico regionale ILO, costituire un ricco patrimonio e organizzare un flusso costante di dati e informazioni con cui alimentare la Strategia Regionale dell'Innovazione e gli altri documenti programmatici della Regione Puglia ed infine confermare e potenziare i criteri di qualificazione della spesa e di innalzamento del rendimento, già avviati con la seconda edizione dell'ILO Puglia, degli interventi progettuali.

Con il Progetto ILO intendiamo contribuire all'attuazione della Strategia Regionale per l'Innovazione, ponendo la Rete ILO nella posizione privilegiata, ma anche assai impegnativa ed onerosa in termini di impegno organizzativo, di soggetto "catalizzatore" e "riordinatore" del sistema regionale dell'innovazione poiché il fulcro del medesimo sistema è costituito dalla componente degli EPR. Infatti, vorremmo evidenziare che in ambito regionale, pur essendo attiva una pluralità di soggetti "intermediari della conoscenza e dell'innovazione" (in particolare: ILO, Distretti Tecnologici, Centri Interuniversitari di Competenza, Distretti Produttivi, Laboratori Pubblico-Privati, Reti di Laboratori Pubblici), si registra il perdurare di una scarsa ricerca di complementarietà degli interventi e dei soggetti che inficia la messa a sistema di una vera e propria filiera della conoscenza e dell'innovazione. Per tali ragioni, nel seguito del Progetto, confermando la strada intrapresa dalla seconda edizione, intendiamo promuovere e favorire la professionalizzazione della Rete verso obiettivi di integrazione, efficientamento e razionalizzazione della predetta filiera – collegamenti efficaci tra scuola, formazione professionale, Università, ricerca, sviluppo del capitale umano, innovazione, trasferimento tecnologico e imprese – onde realizzare concretamente l'infrastruttura immateriale e organizzativa per le attività di ricerca ed innovazione in Puglia, essenziale per avviare un moderno modello di sviluppo. La rifocalizzazione delle strutture tecnico-amministrative e di ricerca degli Enti partner in riferimento al loro rapporto con il territorio e con il sistema delle imprese si baserà su quattro linee di azione principali: mappatura dei risultati della ricerca degli EPR già trasferiti o trasferibili all'industria; raccordo organizzato e programmato con tutti gli intermediari regionali della conoscenza, finalizzato a strutturare e concentrare l'offerta di ricerca tecnologica e industriale da presentare alla componente industriale e imprenditoriale; presentazione organica e periodica dell'offerta di ricerca tecnologica, prodotta dal sistema della ricerca pubblica pugliese nel suo complesso, alla componente industriale e imprenditoriale; ascolto e registrazione della domanda di ricerca tecnologica, proveniente dall'industria pugliese, onde avviare ed implementare il riorientamento delle attività di ricerca industriale nell'ambito dei dipartimenti e dei gruppi di ricerca degli EPR sulla base delle caratteristiche della domanda.

È nostra convinzione che questo percorso della politica regionale abbia incrociato in maniera sinergica quello intrapreso dal MIUR nell'attuazione del PON Ricerca e Competitività con riferimento ai distretti tecnologici e ai laboratori pubblico privati. Riteniamo allora che tale impegno possa rappresentare un concreto contributo all'attuazione del Programma "Europa 2020" che chiede a tutte le regioni di investire sul futuro, effettuando un cambio di passo per costruire una "crescita intelligente, sostenibile e inclusiva".

18.3
Se volessimo essere ricordati per una cosa ...

Per concludere la narrazione dell'esperienza della Rete degli ILO pugliesi ci piace riportare un caso particolarmente emblematico di TT realizzato dalla rete con il sostegno delle attività del Progetto.

Attraverso un'azione di scouting realizzata nei laboratori dei dipartimenti, l'ILO dell'Università di Bari ha dapprima identificato una ricerca condotta dal Dipartimento Farmaco-Chimico della Facoltà di Farmacia, dedicata allo sviluppo di traccianti per la diagnosi precoce di patologie neurodegenerative mediante Tomografia ad Emissione di Positroni (PET). Dopo averne valutato le potenzialità in termini industriali e commerciali, l'ILO ne ha protetto i risultati attraverso il deposito di un brevetto internazionale con procedura PCT con il sostegno del voucher brevetti del Progetto ILO Puglia. A seguito di riscontri positivi ricevuti dal confronto con gli operatori del mercato, ed in particolare con l'avvio di una collaborazione con un'azienda farmaceutica pugliese, il gruppo di ricercatori ha deciso quindi di valorizzare il brevetto attraverso una propria iniziativa imprenditoriale. Anche con il supporto dell'incubatore d'impresa Tecnopolis, i ricercatori hanno messo a punto un business plan con cui hanno partecipato ed ottenuto il primo premio della Start Cup Puglia 2010. Il piano di impresa della proposta denominata Biofordrug, come ricordato sopra, ha poi ottenuto la quinta posizione al Premio Nazionale dell'Innovazione ed il riconoscimento speciale dell'agenzia governativa presso la Missione diplomatica britannica per l'importanza sociale e sanitaria del progetto. Infine, Biofordrug è stato costituito quale spin-off accademica dell'Università di Bari, con la missione di sviluppare e commercializzare radio traccianti innovativi per la diagnosi precoce dell'Alzheimer.

Il Prof. Nicola Colabufo, fondatore di Biofordrug, in una recente intervista ha affermato che "l'incentivazione di microimprese come spin-off va particolarmente sostenuta sia perché le realtà delle grandi imprese fanno fatica ad emergere ed a proporsi da volano dell'economia territoriale sia perché le realtà degli spin-off, in particolar modo quelli accademici, permettono di valorizzare l'attività di ricerca che si svolge nei nostri Atenei. È fondamentale anche dal punto di vista della formazione e degli stimoli per un ricercatore la consapevolezza che la ricerca ha un costo ma soprattutto un valore che genera altro valore".

Il nostro auspicio è che l'impresa, anche attraverso il sostegno delle politiche regionali nelle prime fasi di start-up, ma soprattutto con l'intervento di investimenti di capitale privato e con la risposta del mercato, possa crescere, assorbire forza lavoro qualificata e contribuire allo sviluppo del territorio.

Conclusioni

19

Mattia Bianchi e Andrea Piccaluga

> **Punti chiave**
> - I fattori umani nel trasferimento tecnologico
> - I fattori finanziari
> - I fattori organizzativi

La tesi di fondo del presente volume è articolabile in cinque punti:

- i processi di valorizzazione dei risultati della ricerca pubblica sono importanti per la crescita socio-economico-culturale della società nel suo complesso, degli stati nazionali e di singole imprese e regioni in particolare;
- tali processi sono complessi, presentano molte sfaccettature e che talvolta l'ottenimento di un risultato che alcuni possono ritenere positivo può generare anche effetti ritenuti di dubbia utilità o addirittura negativi da altri; i processi di valorizzazione assomigliano più ad un'attività sartoriale, che richiede abilità e creatività, piuttosto che ad una produzione di fabbrica standardizzata;
- per l'ottenimento di risultati positivi, o comunque a somma nettamente positiva, gli enti pubblici di ricerca devono conoscere bene tutte le implicazioni e le tecnicalità che caratterizzano il processo di valorizzazione e devono attrezzarsi con apposite strutture per la sua gestione consapevole e professionale;
- in Italia le Università negli ultimi dieci anni hanno compiuto enormi progressi nella gestione della conoscenza in generale ed in particolare nella gestione professionale dei processi di valorizzazione, soprattutto – sebbene non solo – tramite la costituzione di appositi TTO;
- tali TTO dispongono ad oggi, mediamente, di buone professionalità, sono posizionati abbastanza bene negli Atenei dal punto di vista organizzativo, ma sono generalmente sotto-dimensionati rispetto alle necessità; a fronte di una mole di attività in aumento, il loro dimensionamento non sembra aumentare proporzionalmente, ed anzi è a rischio di diminuzione alla luce dei tagli recenti.

I cinque punti che costituiscono la tesi di fondo sono stati illustrati (i) citando evidenza empirica e risultati scientifici altrui, (ii) utilizzando dati aggiornati e piuttosto dettagliati di fonte Netval e, soprattutto, (iii) descrivendo 16 casi di TTO di Università italiane. Ci sembra infatti che sia a livello nazionale che internazionale esistano numerosi studi basati sulla raccolta di dati relativi ai processi di TT pubblico-privato. Tali studi risultano estremamente utili, essendo per lo più molto rigorosi dal punto di vista metodologico, ma solo in minima parte essi entrano anche nel dettaglio della concreta attività dei TTO che invece, in questo volume, hanno fornito dati, descrivendo la loro storia, il loro contesto operativo, i loro successi e fallimenti.

Siamo infatti convinti che il "vissuto" dei TTO e delle loro Università di appartenenza costituisca una parte fondamentale per la piena comprensione del fenomeno. Soprattutto, è nostro auspicio che la lettura dei casi consenta ai Rettori, ai componenti dei CdA e dei Senati Accademici, ai delegati al trasferimento tecnologico, alle imprese e tutti gli altri attori del sistema economico sociale, di farsi un'idea più "informata" di quanto sta accadendo intorno a loro, al fine di prendere le migliori decisioni in materia, al limite anche in contrasto con le tesi da noi proposte.

E proprio sull'analisi dei casi raccolti abbiamo proceduto ad un tentativo di individuazione e trattazione delle evidenze qualitative emerse con maggiore chiarezza, raggruppandole in:

- fattori umani;
- fattori finanziari;
- fattori organizzativi.

19.1
I fattori umani nel trasferimento tecnologico

Le persone contano. Questo è il principale messaggio che emerge dalle testimonianze dei TTO manager che hanno contribuito a questo volume. È evidente che un TTO non può ottenere risultati di rilievo senza contare su ricercatori che producono scienza di qualità, ma al di là del posizionamento organizzativo dell'ufficio e della ricchezza del tessuto economico regionale, la vera differenza la fanno le persone che lavorano nel TTO. Quando queste lavorano con entusiasmo si nota sempre che il loro livello di formazione aumenta costantemente e i risultati progressivamente arrivano. Ovvio che le persone lavorano con entusiasmo quando l'entusiasmo fa parte del loro DNA e/o quando vengono messe nelle condizioni di lavorare con passione e soddisfazione. Abbiamo visto casi di persone entusiaste che lavorano in contesti organizzativi deludenti, ma anche persone di buona qualità che sono via via cresciute grazie al contesto che è stato costruito intorno a loro. È evidente che se una Università assume una persona piuttosto in gamba e poi le consente di frequentare corsi di formazione, la responsabilizza, la motiva e la valorizza, questa darà risultati sempre migliori. Abbiamo anche visto casi di persone competenti che non sono state confermate negli uffici e di persone che si trovano a lavorare in uffici senza chiari posizionamenti organizzativi, con cali progressivi di motivazione. Sono evidenti casi in cui le persone hanno "fatto gruppo" grazie a dinamiche sia di tipo bottom-up che top-down, come nel caso di Udine, e di gruppi in cui il fattore umano viene citato come elemento chiave al pari di quello organizzativo e manageriale (come nel caso della Sapienza di Roma).

Quasi in ogni caso di costituzione di un TTO c'è una persona o un ristretto numero di persone che hanno preso l'iniziativa e che si sono date da fare per il progetto, generando discontinuità positive anche in fase di sviluppo. Ciò che è interessante è che esistono diverse tipologie di gruppi "iniziatori". Fermo restando che non è sempre possibile indagare su cosa ha impattato sul processo decisionale di una persona, l'iniziativa è stata talvolta presa da singoli docenti (come nei casi di Verona, Sant'Anna, Padova), dai Rettori (come nei casi di Cagliari, Politecnica delle Marche, Sassari, Padova, Sapienza), mentre più raramente è il personale amministrativo che ha preso l'iniziativa. Infatti, il personale amministrativo, per come sono organizzate le nostre Università, più che altro può fare opera di persuasione e preparare dossier per i Rettori o per i delegati al TT.

La performance delle persone coinvolte nei TTO dipende, tra gli altri, da due fattori che sono stati chiaramente identificati. Il primo ha a che fare con il sostegno da parte dei vertici dell'Ateneo; è infatti noto che nei TTO si prendono decisioni che in alcuni (pochi) casi hanno un notevole impatto economico, ma che in (molti) casi hanno un certo impatto sulle procedure, sui rapporti con le imprese, ecc. Ebbene, è importante che le scelte compiute dai TTO (presumibilmente, dal delegato al TT, d'intesa con il senato accademico) non siano poi "sconfessate" o ridimensionate in seguito a pressioni di varia natura o provenienza. In secondo luogo, la performance delle persone nei TTO è fortemente influenzata dalla capacità dell'Ateneo di dare continuità di azione; in questi casi, può anche succedere che un nuovo Rettore introduca dei cambiamenti nell'operatività di un TTO, ma è importante che non avvenga niente di simile allo spoil system e che le strutture organizzative non vengano cambiate inutilmente.

La lettura congiunta del Capitolo 2 e dei casi di studio ha confermato l'esistenza di talune competenze chiave che devono essere presenti, o comunque disponibili, presso i TTO. I casi riportati confermano l'importanza di tali competenze e confermano che sono necessarie competenze multidisciplinari (giuridiche, economiche, commerciali, finanziarie, tecniche, legali, di marketing, comunicative, relazionali) e che dove queste vengono mixate con efficacia i risultati poi emergono, come nel caso della Sapienza. Se nei Politecnici le competenze tecniche hanno un ruolo fondamentale sia per questioni storiche e culturali che per la necessità di interagire quotidianamente con interlocutori di formazione ingegneristica, alcune Università hanno prestato particolare attenzione allo sviluppo di conoscenze differenzianti, come ad esempio le raffinate competenze in materia di brevettazione presenti ad Udine oppure le spiccate capacità amministrative e contrattualistiche che caratterizzano il TTO della Statale di Milano.

Ma ciò che forse più ci preme sottolineare è che la lettura dei casi conferma che esistono dei tratti personali ed attitudinali che più di altri caratterizzano le risorse umane dei TTO e che si rivelano molto importanti per il successo degli uffici e delle iniziative. Ogni TTO ne sottolinea alcuni piuttosto che altri: si va dalla predisposizione alla sperimentazione sottolineata da Ferrara, Tor Vergata, Verona e dal Sant'Anna, dove iniziative condotte in via euristica, pionieristica e volontaristica, senza un esito scontato, hanno permesso ai rispettivi TTO di crescere esplorando ambiti diversi e di imparare a fare il proprio mestiere; alla capacità di adattamento ("abbiamo affinato l'arte del doversi arrangiare" dicono al TTO di Cagliari); ad un'ottica orientata al risultato, che porta a privilegiare il raggiungimento degli obiettivi rispetto all'adempimento delle procedure, come avviene ad Udine; all'assunzione delle responsabilità e dei giusti rischi, che permette di rispondere con tempestività agli stimoli esterni; all'attenzione verso la reputazione, quale meccanismo fondamentale per essere credibili verso l'esterno e vincere le barriere che rendono l'attività di TT così difficile; al multilinguismo, cioè alla capacità di saper parlare, e comprendere, linguaggi differenti: quello tecnico e rigoroso dei ricercatori, quello del profitto proprio delle imprese, il burocratese delle amministrazioni pubbliche e così via. Solo attraverso la conoscenza di idiomi differenti è possibile ottenere un'apertura totale verso il mondo circostante e un'efficace collaborazione con tutte le componenti del sistema di TT. E ancora, al gioco di squadra, al metterci la faccia, al rimboccarsi le maniche. In buona sostanza, in situazioni difficili, dove i mezzi non sono mai sufficienti rispetto agli obiettivi prefissati, le persone sono per definizione le uniche risorse che possono fare il cosiddetto colpo di reni. E senza curiosità, entusiasmo, passione, dedizione, costanza, perserveranza, quel quid in più non viene fuori.

Vogliamo inoltre sottolineare che il personale dei TTO è costituito da dipendenti pubblici che devono però avere un certo orientamento – o sensibilità – nei confronti del mercato; qualità che non è richiesta alla maggior parte dei loro colleghi. E non a caso alcuni uffici sono diretti da persone con precedenti esperienze nella consulenza, come nei casi di Padova e della Statale di Milano. Occorre infatti coniugare la domanda di conoscenza emergente dal tessuto produttivo con l'offerta da parte dell'Università. Qualcuno ha detto "pensare con la testa dell'impresa ricevente, mettersi nei loro panni". Qualcuno ha anche parlato delle ovvie difficoltà nel conciliare le contraddizioni tra scienza ed economia. Peraltro, avere una buona "sensibilità al mercato" non significa perseguire solo le logiche economiche per il bene dell'Università di appartenenza, ma anche i benefici sociali che ne possono derivare, come lo sviluppo del territorio, l'afflusso di maggiori finanziamenti dalla ricerca, ecc. Queste dinamiche rendono il lavoro dei TTO particolarmente delicato poiché, nonostante l'esistenza di linee guida a livello di Ateneo, è poi lo specifico ufficio di TT a dover prendere delle decisioni mixando i diversi obiettivi che ne caratterizzano l'attività. Dalla lettura dei casi il TT emerge come "gestione quotidiana dello straordinario", in cui le persone sono chiamate a confrontarsi con strumenti e problematiche diverse da quelle tradizionali, per fronteggiare le quali devono creare ex novo nuovi modi di fare. Le persone dei TTO devono quindi essere caratterizzate da spiccato spirito imprenditoriale, spirito d'iniziativa e forte determinazione. Se non altro perché in tempi di risorse scarse, un ufficio come questo deve provare a reperire i finanziamenti per il proprio funzionamento e per la propria crescita. Non perché il TTO, a differenza di altri uffici (come l'ufficio stipendi o la biblioteca), debba per forza reperire le risorse per il proprio funzionamento. È questa infatti una visione alla quale non aderiamo, poiché il TTO, al pari degli altri uffici, svolge una funzione di servizio per l'Ateneo e per questo motivo deve essere finanziato. Ma piuttosto perché, oggettivamente, i TTO incontrano occasioni (progetti regionali, bandi ministeriali, ecc.) che possono dare luogo a finanziamenti aggiuntivi utilizzabili per la loro crescita. Infine, i casi fanno emergere chiaramente il forte senso etico e sociale che caratterizza le persone che lavorano nei TTO. Con questo non si vuole affermare che gli altri funzionari universitari non ne siano dotati, o lo siano in maniera minore. Si vuole altresì sottolineare che non c'è TTO in cui le persone non si mettano costantemente e generosamente a disposizione dell'istituzione.

Tra tutte le risorse umane che compongono l'universo del TT, questo volume si è concentrato sugli operatori che lavorano all'interno dei TTO, professionisti in prima linea nel processo di commercializzazione e trasferimento delle tecnologie provenienti dai laboratori universitari. In questo capitolo conclusivo non vogliamo tuttavia dimenticare altri attori fondamentali del trasferimento tecnologico, in primis i ricercatori e i docenti, creatori creativi di nuovo sapere tecnologico all'interno delle Università. Senza entrare nel merito dei fattori che influenzano la produttività scientifica dei ricercatori, argomento che ovviamente esula dagli obiettivi di questo volume, ciò che interessa ai nostri lettori e che emerge dai casi raccolti è che l'efficacia del processo di TT dipende in maniera sostanziale dall'instaurazione di un clima di fiducia e di comprensione reciproca tra i produttori di tecnologia, i ricercatori, e i trasferitori di tecnologia, le persone che operano all'interno dei TTO. Perugia lo definisce affiatamento, mentre ARTI Puglia parla di attenta costruzione del consenso. Secondo Tor Vergata, è fondamentale vincere la possibile diffidenza dei ricercatori nei confronti dello sfruttamento economico del loro sapere. A tal scopo, molti TTO, tra cui Udine, Perugia, il Politecnico di Milano e la Sapienza di Roma solo per citarne alcuni, ricorrono ad una serie di strumenti per promuove la cultura della proprietà intellettuale e l'approccio imprenditoriale: corsi di formazione, incontri tematici, marketing, interno networking informale. Il problema è che, molto spesso, i ricercatori non considerano le attività dei TTO come un servizio a loro disposizione, ma lo ritengono un appesantimento ed un ostacolo alle proprie iniziative individuali. I casi inoltre suggeriscono che non solo i ricercatori devono saperne di TT ma devono anche supportarne attivamente l'esecuzione. Questo significa che essi devono fare disclosure in maniera puntuale e spontanea delle loro invenzioni, devono sfruttare i propri contatti nell'industria per favorire l'identificazione di potenziali partner, devono mettere a disposizione la loro approfondita conoscenza della tecnologia nelle fasi di negoziazione e di realizzazione, devono partecipare a progetti di ricerca congiunta. In sintesi, i ricercatori devono sentirsi co-responsabili del processo di valorizzazione economica del ritrovato tecnologico, "owner" secondo i professionisti del Sant'Anna.

19.2
I fattori finanziari

La disponibilità di risorse finanziarie da parte dei TTO è ovviamente una condizione sine qua non per il raggiungimento di performance di rilievo. L'ottenimento di fondi attraverso bandi ministeriali o programmi regionali è vissuto dal personale dei TTO come una boccata d'ossigeno. È interessante osservare come i TTO protagonisti di questo volume condividano un approccio attento alla gestione dei fondi a disposizione in cui ogni Euro aggiuntivo viene prontamente investito per la crescita delle proprie risorse. Tor Vergata, Ferrara, Perugia e Sassari sono solo alcuni dei TTO che hanno utilizzato i finanziamenti per stabilizzare o assumere risorse umane qualificate, per la loro formazione o per potenziare la struttura. Il caso di Padova è particolare e degno di nota, in quanto, a differenza degli altri casi, il finanziatore è una banca privata che in modo lungimirante riconosce l'importanza dei processi di TT Università-industria per la crescita del sistema economico locale e pertanto è pronta a supportarne lo sviluppo, consapevole che essa stessa ne beneficierà in termini di maggior volume di attività nei propri business tradizionali. Inoltre, i bandi del Ministero dell'Istruzione, Università e Ricerca (MIUR) hanno avuto un duplice effetto: non solo quello di fornire agli istituti universitari un certo, probabilmente non sufficiente, ammontare di risorse finanziarie per istituire o sviluppare operare uffici dedicati al TT, i TTO appunto, ma soprattutto quello di spingere i responsabili del TT a ragionare "a rete". Sotto la spinta del MIUR e di alcune Regioni, Puglia e Sardegna su tutte, si sono formate cordate di Atenei che hanno creato network di collaborazione tra i relativi TTO. ARTI Puglia è un esempio a livello intra-regionale mentre ILONET, che riunisce le Università di Sassari, Cagliari, Milano-Bicocca e Genova lo è a livello interregionale. Due sono i principali vantaggi di un'organizzazione a rete: il raggiungimento di massa critica e la diffusione di best practices, descritti rispettivamente dalle seguenti citazioni: "la valorizzazione dei risultati della ricerca e' un ambito in cui la massa critica costituisce un presupposto per l'implementazione di azioni efficaci ed economicamente sostenibili" (ARTI Puglia) e "dal confronto non se ne esce mai perdenti ma accresciuti nelle diversità" (Tor Vergata). Iniziative come il Netval e la Start Cup a livello nazionale e Proton a livello europeo non fanno che rafforzare la condivisione di conoscenza e la sussidiarietà tra le Università.

In conclusione, la nostra analisi suggerisce che le risorse finanziarie sono un fattore igienico per le performance di un TTO, nel senso che la loro mancanza pregiudica l'operato di tali uffici ma la loro presenza non ne garantisce il successo. Sono invece le persone con le loro competenze ed attitudini a fare la differenza.

19.3
I fattori organizzativi

Se le risorse finanziarie hanno un ruolo abilitante nel TT, i fattori organizzativi hanno un effetto di moderazione positiva sulle performance dei TTO. Detto più semplicemente, essi servono a creare le condizioni affinché le potenzialità delle risorse umane in un TTO si trasformino in valore effettivo sia dal punto di vista economico che sociale. Gli operatori di TT possono dare un contributo tanto più positivo alle performance dei propri uffici quanto più sono immersi in un'organizzazione che ne valorizza i punti di forza e permette loro di operare efficacemente.

La lettura dei casi ci suggerisce una verità ben precisa: non esiste un'organizzazione dei TTO migliore delle altre sempre e comunque, a livello assoluto, ma la convenienza di una certa soluzione organizzativa dipende dal contesto in cui essa viene implementata, dalle caratteristiche del TTO e dell'Università di appartenenza, dall'attività svolta e così via. Questo vale, ad esempio, per il grado di formalizzazione del processo di TT. Secondo le testimonianze dei TTO manager, un'eccessiva sistematizzazione delle attività di commercializzazione danneggia le performance degli uffici. Questo è comprensibile se si pensa al trasferimento tecnologico come ad un processo complesso, incerto, ad alta intensità umana e difficilmente automatizzabile, il cui avanzamento può avvenire su molteplici binari paralleli. È evidente che procedure rigide finiscono per vincolare i comportamenti degli individui e per limitarne la creatività e lo spirito d'iniziativa. Ma allora quanto formalizzato deve essere il processo di TT? La risposta che viene dai casi è: dipende dall'attività. Alcuni TTO come Udine, il Sant'Anna di Pisa e la Sapienza di Roma sottolineano i benefici d'efficienza derivanti dall'avere codificato e strutturato le procedure di brevettazione e la parte contrattualistica. Lo stesso Sant'Anna, tuttavia, afferma che per altre attività come il contatto con potenziali partner e la gestione dei rapporti con i ricercatori, è preferibile un approccio informale e flessibile, un coordinamento cosiddetto "in corridoio". Secondo Tor Vergata, è fondamentale che la negoziazione avvenga in maniera flessibile, e non costretta da norme e da prassi convenzionali. Il rischio è che, ad aderire alla lettera alle regole, si perda di vista l'obiettivo chiave di ogni iniziativa di TT: la stipula di un accordo di condivisione della ricerca scientifica con una o più imprese che permetta a quest'ultime di sviluppare applicazioni industriali di beneficio per il sistema economico e sociale.

Il carattere contestuale dell'organizzazione del TT si conferma anche considerando la dimensione "centralizzazione". Quanto distribuita deve essere l'esecuzione dei tasks che compongono il processo di TT ed il relativo potere decisionale? Da una parte, i casi riportati in questo volume sono concordi nel descrivere i vantaggi derivanti dall'avere un unico ufficio dedicato al TT dove concentrare le competenze e le responsabilità. La Politecnica delle Marche definisce il proprio TTO un punto di riferimento qualificato, attraverso cui mantenere vivo il dialogo con il territorio e con le istituzioni. In altri casi, l'ufficio di TT è visto come un tetto dove integrare competenze eterogenee, come canale di accesso facilitato al sapere universitario, come centro di coordinamento interno. Secondo Sassari, il TTO è fondamentale per la legittimazione operativa di cui gode, mentre il Sant'Anna sottolinea l'opera di alleggerimento dalle pratiche amministrative e dalla selva di relazioni esterne che un ufficio centrale garantisce ai ricercatori. In generale, la centralizzazione permette lo sfruttamento di economie di scala e di apprendimento soprattutto per tutte quelle attività dove tali economie sono rilevanti, ad esempio la brevettazione o la contrattualistica. Un ulteriore esempio che emerge in tanti casi è quello legato alla realizzazione di un unico database a livello di Ateneo che raccoglie le competenze e le aree di ricerca della popolazione dei ricercatori (Perugia), l'elenco dei progetti di ricerca attivi (Marche, Verona, Sassari) e/o dei rapporti esistenti con le imprese (Tor Vergata).

Invece, una maggiore decentralizzazione ed autonomia decisionale sembrano caratterizzare quelle attività dove la dinamicità e la velocità d'azione sono fattori critici di successo. Attività a forte contenuto esecutivo, invece che analitico: la promozione della tecnologia sul mercato, le iniziative di networking con potenziali partner, l'implementazione di progetti di ricerca congiunti.

Se confrontiamo l'evidenza empirica emersa dai casi con le tematiche affrontate nel Capitolo 2, si nota la totale assenza di incentivi estrinseci, cioè di natura monetaria, nel contesto dei TTO. Un risultato del tutto prevedibile, se si considera la natura pubblica degli istituti universitari e la difficile situazione finanziaria in cui versano, ma che dà ancora più risalto al ruolo degli incentivi intrinseci, come l'opportunità di affrontare sfide più stimolanti e la possibilità di usufruire di corsi di formazione. Anche su questo punto, comunque, c'è da lavorare, soprattutto a livello di sistema, visto che non esiste ancora un percorso di carriera chiaro e definito per gli operatori di TT.

Concludiamo sottolineando l'importanza del fattore esperienza per gli uffici di TT. La ripetizione costante del processo di TT, attraverso l'attivazione di iniziative sempre nuove, fa maturare i sistemi di funzionamento dei TTO e ne migliora le prestazioni. Allo stesso tempo, agisce a livello individuale favorendo la costruzione di professionalità qualificate e capaci di prendere decisioni in autonomia. La buona notizia che viene dai casi è che tutti i TTO sembrano aver attivato profondi processi di apprendimento. C'è chi sta ancora imparando a fare le cose per la prima volta e chi, avendole già fatte, si sta aggiornando e raffinando. L'importante è andare alla ricerca di quelle discontinuità positive, di quei momenti topici, come la firma del primo accordo di licenza o il lancio di un nuovo prodotto sul mercato da parte di un'impresa incubata, che fanno fare il salto di qualità ai TTO. Non c'è dubbio che quegli uffici che hanno percorso un maggior numero di scalini, magari con le stesse persone, possono guardare con maggiore ottimismo al proprio futuro. L'augurio è che questa condizione "privilegiata" divenga presto la condizione di tutti i TTO, perché se lo meritano!

Sxi – Springer per l'Innovazione

Sxi – Springer for Innovation

1. L. Cinquini, A. Di Minin, R. Varaldo (a cura di)
   Nuovi modelli di business e creazione di valore: la Scienza dei Servizi
   2011, xvi+254 pp, ISBN 978-88-470-1844-0

2. H. Chesbrough
   Open Services Innovation – Competere in una nuova era
   2011, xiv+216 pp, ISBN 978-88-470-1979-9

3. G. Conti, M. Granieri, A. Piccaluga
   La gestione del trasferimento tecnologico. Strategie, modelli e strumenti
   2011, x+218 pp, ISBN 978-88-470-1901-0

4. M. Bianchi, A. Piccaluga (a cura di)
   La sfida del trasferimento tecnologico: le Università italiane
   si raccontano
   2012, xviii+194 pp, ISBN 978-88-470-1976-8

5. M. Granieri, A. Renda
   Innovation Law and Policy in the European Union. Towards
   Horizon 2020
   2012, ISBN 978-88-470-1916-4 – in preparazione

6. P. Quintela, T. Sánchez, G. Parente, A. Martínez, A.B. Fernández
   TransMath. Innovative Solutions from Mathematical Technology
   2012, ISBN 978-88-470-2405-2 – in preparazione

http://www.springer.com/series/10062

Editor in Springer:
F. Bonadei
francesca.bonadei@springer.com